AF568664

Der große Silber-Bulle

1. Auflage August 2023

Titel der Originalausgabe:
The Great Silver Bull

Übersetzung: Matthias Schulz
Lektorat: Alain Estermann
Satz und Layout: Martina Kimmerle, Stefanie Huber
Umschlaggestaltung: Nicole Lechner

ISBN: 978-3-86445-948-1

Gerne senden wir Ihnen unser Verlagsverzeichnis
Kopp Verlag
Bertha-Benz-Straße 10
D-72108 Rottenburg
E-Mail: info@kopp-verlag.de
Tel.: (0 74 72) 98 06–10
Fax: (0 74 72) 98 06–11

Unser Buchprogramm finden Sie auch im Internet unter:
www.kopp-verlag.de

Der große Silber Bulle

Peter Krauth

Wie Sie die Inflation abwehren und profitieren, während der Dollar stirbt

KOPP VERLAG

Hinweis des Verlegers

Diese Veröffentlichung soll über das behandelte Thema zutreffend und qualifiziert Auskunft geben. Der Autor spricht aus seiner eigenen Erfahrung und gibt Anlegern hilfreiche Vorschläge an die Hand, aber Sie sollten vor jeder Investmententscheidung stets gebührend Sorgfalt walten lassen.

INHALT

Für meine Frau und ihr endloses Maß an Geduld und Verständnis, für meine Eltern und ihre nie endende Unterstützung, und für meinen Vater, weil er mich mit Silber vertraut gemacht hat und außerhalb des Mainstreams investierte.

Danke an

Sarah Jamieson,
die mir den gesamten Prozess über mit fachkundiger Beratung und vorzüglicher Hilfe zur Seite stand,
Gwen Preston,
für ihre wunderbare und konstante Unterstützung,
Bill Patalon III,
der mir vorschlug, dieses Buch zu schreiben, und mich dazu ermutigte, und
all die anderen,
die mir bei diesem Vorhaben mit Feedback, Erkenntnissen und auf andere Weise zur Seite standen.

Vorwort

Silber ist das vielseitigste aller Metalle und so unverzichtbar wie kein anderes. Unsere Industriewirtschaft kommt ohne Silber nicht aus, und außerdem dient es seit Jahrtausenden als Geld. Heute ist Silber mehr denn je im Einsatz, insbesondere in der ökologischen Wirtschaft, wo es bei der Solarenergie und praktisch sämtlichen Digitalprodukten aufgrund seiner guten Leitfähigkeit unerlässlicher Bestandteil ist. Aber die künftige Preisentwicklung von Silber hängt in erster Linie mit seiner Nutzung als Wertanlage zusammen.

Weltweit haben in den vergangenen Jahren das Gelddrucken und das Schuldenmachen explosionsartig zugenommen. Wie abzusehen, stieg daraufhin die Inflation an, und der Wert von Papiergeld nahm deutlich ab. Für Edelmetalle ist dies das perfekte Umfeld, zu tun, was sie seit Tausenden von Jahren getan haben – Vermögen zu schützen und Wert zu erhalten. Im Laufe der Zeit sind die Preise von Silber und Gold gestiegen, häufig auf spektakuläre Weise, wenn die Bedingungen ähnlich den heutigen waren.

Dieses Buch erklärt ausführlich, warum Silber eine großartige Sache ist, wenn man sich vor der Abwertung seines Papiergelds schützen möchte, warum sich Silber im heutigen Finanzklima besser als Gold entwickeln sollte und warum jeder Anleger physisches Silber halten und in Unternehmen investiert sein sollte, die Silber abbauen oder danach suchen. Das Buch legt umfassend dar, was dafür spricht, in Silber zu investieren, um das Vermögen und die Kaufkraft der Menschen zu erhalten.

1994 gründete ich die Pan American Silver Corporation, weil ich von denselben Grundvoraussetzungen des Silbers profitieren wollte, über die Peter Krauth in diesem Buch schreibt. Als Anlageklasse war Silber damals aus der Mode geraten, der Silberpreis war niedrig, es wurde nur sehr wenig in Silberminen investiert, und die Investoren konzentrierten sich auf andere Produkte. Unser Fokus lag darauf, eines der größten Silberbergbauunternehmen der Welt aufzubauen, und wir waren erfolgreich – Pan American Silver ist, was den primären Silberbergbau angeht, heute die Nummer zwei weltweit.

Peter erklärt, warum die Silberbergbauaktien bei einem Bullenmarkt derart explosive Anlagerenditen abwerfen. Pan American ist zweifellos so ein Beispiel – als der Silberpreis 2001 mit knapp über 4 Dollar die Unze seinen Tiefstand erreichte, lag die Aktie bei 2,52 Dollar. Bis 2008 stieg dieser Preis auf 42,5 Dollar – ein Kapitalzuwachs von 1587 Prozent. Das ist die Art Anlagerendite, die in Reichweite rückt, wenn Silber wirklich ins Laufen gerät.

Investitionen in Silber und Gold machen heutzutage gerade einmal 0,5 Prozent des gesamten US-amerikanischen Spar- und Anlagemarkts aus, während es in den vergangenen drei Jahrzehnten im Schnitt 1,5 Prozent waren. Als Erklärung könnten die außerordentlichen Renditen gelten, die die herkömmlichen Anlagemärkte im Verlauf des vergangenen Jahrzehnts abgeworfen haben. Doch die Inflation nimmt zu, die Zentralbanken versuchen, das Geld zu verknappen, und den Anlegern wird immer mehr bewusst, dass sie sich mit Anlageklassen wie Gold und Silber befassen müssen, die im Verlauf der Historie ihren Wert bewahren konnten. Deshalb schätze ich, dass die Investitionen in Gold und Silber zu ihren Langzeit-Durchschnittswerten zurückkehren werden. Das entspräche einer Verdreifachung der allgemeinen Nachfrage nach Edelmetallen – nach physischen Edelmetallen, nach ETFs und nach Aktien von Produzenten und Explorationsunternehmen.

Silber ist nicht nur eine fantastische Anlageklasse, es ist auch sehr schön. Kein anderes Metall reflektiert so stark wie Silber, insofern strahlt es zugleich Schönheit aus und spiegelt Schönheit. Egal, ob Sie Silberbarren oder Silberaktien besitzen – ich hoffe, Sie können die Schönheit genießen und ziehen etwas zusätzliche Freude daraus, dass Sie, direkt oder indirekt, ein derart wunderbares Metall besitzen.

Ich bin überzeugt, dass wir uns in einem langen Bullenmarkt für Silber und Gold befinden, und ich erwarte, dass sich die Anlagerenditen von Edelmetallen in absehbarer Zukunft besser als die aller anderen Anlageklassen entwickeln werden. Peters Buch ist eine hervorragende Einführung, warum dies möglich ist. Ich hoffe, Sie finden Gefallen daran und nehmen sich die Lektionen, die dieses Buch zu bieten hat, zu Herzen.

Ross J. Beaty
Chairman Emeritus
Pan American Silver Corporation

Einleitung

Silber ist eine Chance, wie man sie nur einmal pro Generation hat

»Meine gesamte akademische Laufbahn habe ich damit verbracht, die Weltwirtschaftskrise zu studieren. Begonnen hat die Depression möglicherweise mit einem Crash an der Börse, aber was der allgemeinen Wirtschaft vor allem zugesetzt hat, waren die Verwerfungen an den Kreditmärkten. Gewöhnliche Menschen konnten kein Geld aufnehmen, sie konnten überhaupt nichts tun. Kein Haus kaufen, kein Geschäft gründen, ihre Regale nicht auffüllen. Kredit ist imstande, eine moderne Wirtschaft aufzubauen, aber fehlender Kredit ist imstande, sie zu zerstören, rasch und vollständig. Wenn wir nicht entschieden und unverzüglich handeln, werden wir die Depression der 1930er-Jahre wiederholen, mit dem Unterschied, dass es dieses Mal viel, viel schlimmer sein wird. Tun wir das nicht, werden wir am Montag keine Volkswirtschaft mehr haben.«

Fed-Chef Ben Bernanke (gespielt von Paul Giamatti)
im HBO-Dokudrama *Too Big To Fail* (2011)

Fragen Sie zur Covid-19-Pandemie, wen Sie wollen, und Sie werden hören: »Die Pandemie hat alles verändert, und zwar für immer.«

Und wer so antworten würde, hätte recht. Jedenfalls fast.

Die »Große Pandemie« hat die Welt technologisch verändert (durch Möglichkeiten der Fernarbeit, mit Telemedizin in der Biotechnologie und mit neuem Wissen um Impfstoffe). Sie hat die Welt geopolitisch verändert (und die Beziehungen zwischen Washington und Peking dauerhaft beeinflusst). Sie hat die Gesellschaft verändert (Millionen Menschen fragten sich, was ihnen wirklich wichtig ist – eine gesellschaftliche Nabelschau, die zum »großen Kündigen« führte). Aber ich würde – voller Inbrunst – behaupten, dass sie sich finanziell nicht in diesem Maße als »Agent des Wandels« niederschlug.

Diese Veränderung setzte über ein Jahrzehnt zuvor im Anschluss an die Finanzkrise von 2008/2009 und der folgenden Weltwirtschaftskrise ein.

Diese Krise pulverisierte nahezu 20 000 Milliarden Dollar an Haushaltsvermögen – darunter 7400 Milliarden Dollar an Aktienvermögen (was durchschnittlich nahezu 70 000 Dollar pro Haushalt entspricht). Nicht nur brach der Aktienmarkt (gemessen als Standard & Poor's 500, S&P 500) 2008 um knapp 40 Prozent ein, auch die Immobilienpreise gaben um durchschnittlich 40 Prozent nach – mit noch höheren Verlusten in einigen Metropolregionen.

Wie es zu dieser globalen Vermögenskatastrophe kommen konnte und was die Dinge beschleunigte, ist eine komplexe Frage, die bis heute debattiert wird und auf die wir hier nicht in gebührender Ausführlichkeit eingehen können. Eines jedoch ist bei alledem ganz klar und steht auch nicht zur Debatte: Wir sprechen über eine Katastrophe epischen Ausmaßes, eine Katastrophe, die das globale Finanzsystem an den Rand des Abgrunds führte.

Und die dazu führte, dass der große Liquiditätshahn aufgedreht wurde.

Das Zitat aus dem HBO-Dokudrama, das ich an den Anfang der Einleitung gestellt habe, zeigt eines: Der Chairman der US-Notenbank Ben Bernanke, US-Finanzminister Hank Paulson und andere Personen, die damals an den Schalthebeln der Macht saßen, begriffen Folgendes: Wollte man verhindern, dass das Finanzsystem über die Klippe geht, musste man die Fehler vermeiden, die während der Weltwirtschaftskrise in Sachen Kreditpolitik begangen wurden, und stattdessen die Wirtschaft mit Liquidität fluten.

Wortwörtlich sagte Bernanke: »In den 1930er-Jahren, während der Weltwirtschaftskrise, verhielt sich die Federal Reserve trotz ihres Auftrags recht passiv. Das führte dazu, dass die Finanzkrise sehr schwer wurde und im Grunde von 1929 bis 1933 anhielt.«

In den rund 6 Jahren ab Dezember 2008 ließ die amerikanische Notenbank ihre Anleihebestände um 3700 Milliarden Dollar anschwellen, ihre Bilanzsumme sprang entsprechend auf über 4500 Milliarden Dollar.

Nur den allerwenigsten von uns war klar, dass wir damit an einem entscheidenden Wendepunkt der Geschichte standen – einem Punkt, der unsere Zukunft auf Jahrzehnte hinaus prägen wird.

Es war der Startschuss der sogenannten Modern Monetary Theory, die aus einem ganz einfachen Grund sehr verlockend ist: Sie bietet simple »Abhilfe« für die Probleme von heute – ohne dass man sich dabei groß Gedanken darum machen muss, wie morgen die Folgen aussehen.

Doch das ändert nichts daran, dass dies die Regeln sind, nach denen heute gespielt wird, und dass die globalen Finanzentscheider zu eben diesem Regelwerk griffen, als die »nächste« Krise aufzog.

Ich spreche von der Covid-19-Pandemie Anfang 2020.

Regierungen ließen die meisten Unternehmen schließen. Bis auf Krankenhäuser, Lebensmittelgeschäfte, Apotheken und einige andere systemrelevante Dienstleistungen kam die wirtschaftliche Aktivität nahezu vollständig zum Stillstand.

Das fühlte sich bereits surreal an, aber dann wurde es noch schräger.

In den folgenden Tagen und Wochen verfolgte ich auf meinem Computerbildschirm in Echtzeit mit, wie die Aktienmärkte den schnellsten Crash aller Zeiten hinlegten. Der S&P 500 stürzte von seinem Allzeithoch und verlor innerhalb von gerade einmal 22 Handelstagen 30 Prozent – der schnellste Bärenmarkt der Geschichte.

Viele Menschen mussten einen furchtbaren Tribut zahlen, und die persönlichen Geschichten zerrissen einem das Herz.

Das Gesundheitssystem ging in die Knie. Der Reiseverkehr kam rund um den Globus zum Erliegen. Die weltweiten Lieferketten knirschten wie ein Motor ohne Öl.

Und das Gelddrucken begann von Neuem – aber dieses Mal in einem Ausmaß, wie man es nie zuvor gesehen hatte.

Die folgende Infografik von *Forbes* zeigt (basierend auf unterschiedlichen Quellen) den Haushaltsüberschuss beziehungsweise das Haushaltsdefizit der Vereinigten Staaten vom 30. Juni 1901 bis zum 30. September 2020.

Wie Sie sehen, hielten sich über weite Teile des 20. Jahrhunderts, bis in die erste Hälfte der 1970er-Jahre hinein, Ausgaben und Einnahmen der Bundesregierung mehr oder weniger die Waage – trotz zweier Weltkriege und einer Weltwirtschaftskrise.

Aber dann wurde der »Goldstandard« abgeschafft, und in Washington fielen, was die Ausgabenpolitik anbelangte, sämtliche Hemmungen.

Der wahre Kontrollverlust jedoch kam erst mit der Modern Monetary Theory – in deren Verlauf die amerikanischen Staatsschulden auf beispiellose Weise in die Höhe schossen. Mitte 2021 überschritt die Verschuldung die Grenze von 28 000 Milliarden Dollar – nachdem sie, wie *Forbes* errechnete, in den gerade einmal 14 Monaten zuvor um 5000 Milliarden Dollar geklettert war.

Bis 2029 wird die Staatsverschuldung nach Berechnungen von *USDebtClock.org* knapp 89 000 Milliarden Dollar betragen – und da sind einige Finanzmaßnahmen noch gar nicht berücksichtigt, die folgten, nachdem diese Rechnung angestellt worden war. Die Schuldenquote der USA betrüge dann 277 Prozent – und läge damit noch über den 272 Prozent, mit denen sich das dahinsiechende Japan derzeit auseinandersetzen muss.

Zu alledem haben wir es nicht mit einem rein amerikanischen Problem zu tun, es handelt sich vielmehr um ein globales Thema. Die weltweite Verschuldung ist auf 296 000 Milliarden Dollar angeschwollen – um 36 000 Milliarden Dollar innerhalb von nicht einmal 2 Jahren.

Die Berge an Geld, mit denen die Wall Street und die Wirtschaft insgesamt überschüttet wurden, *schienen* etwas bewirkt zu haben. Als die Menschen im Grunde gezwungen waren, zu Hause zu bleiben, schossen die Arbeitslosenzahlen in die Höhe, während sich die

US-Bundeshaushalt (Überschuss oder Defizit)
Juni 1901 bis September 2020

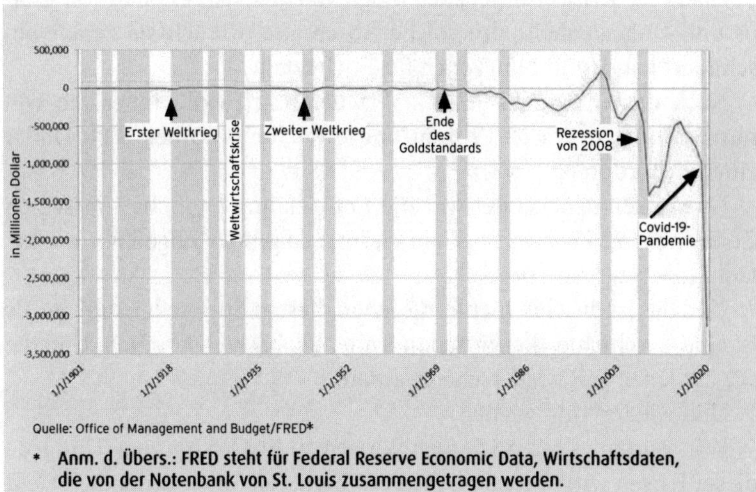

Quelle: Office of Management and Budget/FRED*

* **Anm. d. Übers.: FRED steht für Federal Reserve Economic Data, Wirtschaftsdaten, die von der Notenbank von St. Louis zusammengetragen werden.**

Quelle: *Forbes*

Aktienkurse nach einem halben Jahr erholt hatten. Die Dinge sahen besser aus, doch hinter den Kulissen konnte man sehen, dass dem nicht so war.

Während der vergangenen zwei Jahrzehnte ist die globale Geldmenge um das Fünffache explodiert.

Und ein Ende ist keineswegs absehbar.

Unter der Modern Monetary Theory (MMT) immer weiter anschwellende Haushaltsdefizite und Schuldenberge werden im Zusammenspiel mit digitalem Zentralbankgeld (CBDC) – Landeswährungen, die digitalisiert werden – das Ableben des US-Dollar beschleunigen.

Das Problem: Diese Schuldenbombe ist nicht nachhaltig. Diese Schulden werden niemals abbezahlt, jedenfalls nicht in einer Währung, die sich auch nur einen Rest ihrer Kaufkraft bewahrt.

Indem sie dermaßen viel Geld in dermaßen kurzer Zeit drucken, werten die Fed und andere Zentralbanken ihre Währung rasch und dramatisch ab. Selbst der einstmals so mächtige US-Dollar wird empfindlich an Wert einbüßen.

Aber jede Krise eröffnet auch Möglichkeiten, denn Zeiten von Chaos und Ungewissheit, also solche Abschnitte, wie ich sie gerade geschildert habe, sind Blütezeiten für Edelmetalle.

Nach dem Covid-19-Schock verteuerte sich Gold innerhalb von nur 6 Monaten um 38 Prozent und erreichte mit über 2000 Dollar einen Rekordpreis.

Noch beeindruckender war die Entwicklung bei Silber im selben Zeitraum: 152 Prozent Plus, ein viermal so großer Zugewinn wie bei Gold …

Und das ist die Geschichte, die ich in diesem Buch teilen möchte. Es ist eine Geschichte, die wir schon früher beobachten konnten. Und die wir auf jeden Fall wiedersehen werden.

Und wieder. Und wieder.

Wir werden es mit noch mehr Krisen zu tun bekommen. Und jede dieser Krisen wird Gelegenheiten eröffnen, mit Silber ordentlich Geld zu verdienen.

Sie sind noch nicht überzeugt?

In den 1970er-Jahren war die wirtschaftliche Situation ähnlich der heutigen – hohe Inflation als Folge davon, dass in großem Stil Geld gedruckt worden war.

Amerikas Geldmenge vervielfachte sich, woraufhin der Dollar allein in diesem Jahrzehnt zwei Drittel seiner Kaufkraft einbüßte.

Rohstoffinvestitionen legten deutlich stärker zu als die Aktienkurse, während die Inflation anstieg.

Die Zinsen erreichten 1980 mit 20 Prozent ein Rekordhoch, Hypothekenzinsen lagen bei 18 Prozent.

All das ging auf eine groß angelegte Neuordnung des globalen Finanzsystems zurück. 1971 beendete US-Präsident Richard Nixon die Kopplung des Dollar an Gold.

Die Inflation sorgte dafür, dass Geld an Kaufkraft verlor. Man benötigte schlicht mehr Dollar, um denselben Warenkorb zu befüllen.

Das führte zu einer massiven Umschichtung von Vermögen, als die Inflation stieg, der Aktienmarkt strauchelte und die Anleihepreise abstürzten. Die großen Gewinner waren die Leute, die in Rohstoffe und Edelmetalle wie Silber investiert hatten.

Tatsächlich überstrahlte Silber alles. Zwischen 1971 und 1980 legten die Silberpreise um unfassbare 3700 Prozent zu, während Gold sich um immer noch ausgesprochen satte 1400 Prozent verteuerte.

Wenn, wie kürzlich wieder geschehen, Silberpreise rascher als die Goldpreise ansteigen, spricht dies dafür, dass wir uns in der zweiten Hälfte eines Bullenmarkts für Edelmetalle befinden.

Die Inflation ist so hoch wie seit 40 Jahren nicht mehr. Defizite und Verschuldung sind in den vergangenen Jahrzehnten explosionsartig angestiegen. Und dank der Covid-19-Pandemie haben sie sich in den vergangenen Jahren weiter vervielfacht.

Rund um den Globus steigen die Schulden und wird Geld gedruckt. Das führt dazu, das sich Währungen immer rascher abwerten. Nicht mehr lang, und wir stehen vor einer neuen, epischen Krise.

Und aus diesem Grund haben wir nun ideale Voraussetzungen für den *Der große Silber-Bulle.*

Ich kann nicht oft genug betonen, welch gewaltiges Potenzial sich da eröffnet.

Es wird der **größte Bullenmarkt für Silber werden, den wir je erlebt haben,** größer noch als in den verrückten 1970er-Jahren.

Das liegt daran, **dass wir auf einen weiteren globalen Neustart der Finanzwelt zurasen** – einen, der alles in den Schatten stellen wird, was wir beobachteten, als der US-Dollar seine Goldbindung verlor.

Dieses Mal ist die Schuldenlage viermal so schlimm.

Und der Neustart wird den größten Vermögenstransfer der Menschheitsgeschichte mit sich bringen.

Die meisten Menschen werden davon überrascht werden. Sie haben fast alle ihr finanzielles Vermögen in ETFs, in Investmentfonds, Aktien und Anleihen gesteckt – Bereiche, die der nächste Bärenmarkt *dem Erdboden gleichmachen* wird.

Sie müssen nicht unter den Opfern sein. Sie müssen nicht um die Rücklagen für den Ruhestand betrogen werden. Die großen – und möglicherweise die ***einzigen*** – Gewinner werden diejenigen sein, die auf Alternativen wie Edelmetalle setzen … und insbesondere auf Silber.

Genau das war während der Finanzkrise von 2008 der Fall. Einige Fondsmanager erkannten, wie die Dinge laufen würden, brachten ihre Investitionen Jahre im Voraus in Sicherheit und strichen dafür ansehnliche Profite ein.

Silber und Gold schnitten herausragend ab. Der Goldpreis verdoppelte sich, während sich der Silberpreis zwischen 2008 und 2011 verdreifachte.

Das werden wir erneut erleben.

Das ist der Blick auf die Zukunft, den ich mit Ihnen teilen werde. Das ist die Anlage-Blaupause, die ich Ihnen *überreichen* möchte.

Weshalb ich *Der große Silber-Bulle* geschrieben habe

Für Menschen, die überleben wollen, was auf uns zukommt, führt kein Weg an Silber als Anlage vorbei.

Silber hat sich über Tausende Jahre hinweg als hervorragende Wertanlage und als Absicherung gegen Inflation erwiesen. Gleichzeitig ist es eine großartige Versicherung gegen Chaos und Ungewissheit.

Zentralbanken kostet es keinerlei Mühe, Geld zu erschaffen. Ein paar Klicks auf dem Computer können innerhalb weniger Sekunden Milliarden Dollar entstehen lassen. Die Banken halten keine Rücksprache mit den Menschen, geschweige denn warnen sie die Menschen, die ihre Lebensersparnisse in dieser Währung angelegt haben.

Silber zu erschaffen, erfordert im Vergleich dazu große Anstrengung. Und das Angebot ist sehr begrenzt. Das macht Silber zum ultimativen Schutz vor Regierungen, die ohne Unterlass die Geldmengen erhöhen, um ihre fortwährenden Fehler zu vertuschen.

Die meisten Menschen werden sich des Potenzials von Silber leider erst bewusst, wenn die Preise bereits gestiegen sind und sie darüber in der Zeitung lesen. Sie stürzen los, sind aber spät dran – und bescheren den Leuten, die vorher investiert haben, enorme Gewinne.

Leuten wie Ihnen. **Silber ist Ihre große Gelegenheit.**

Es ist Ihre Chance, Ihr Vermögen zu schützen, es auszubauen und einen Schritt in Richtung finanzielle Unabhängigkeit zu machen.

Das Großartige ist: Dieser Silber-Bullenmarkt befindet sich immer noch in der Frühphase.

Seit mehr als zwei Jahrzehnten beobachte ich Edelmetalle (und insbesondere Silber), schreibe über Edelmetalle und investiere in Edelmetalle. Insofern kann ich aus tiefster Überzeugung sagen: Ich habe *noch nie* eine bessere Ausgangslage für Silber und Silberaktien gesehen, als sie gerade gegeben ist.

Während der vergangenen 15 Jahre habe ich Finanz-Newsletter zu zahllosen Silberinvestments herausgegeben. Ich habe Minen besucht und mich mit Führungskräften getroffen, um Chancen zu bewerten. Über die Jahre habe ich mir ein umfassendes Netzwerk an Kontakten aufgebaut, das mir Zugang zu den besten Brancheninsidern ermöglicht.

Als Silberexperte habe ich bei zahlreichen Kongressen präsentiert und Investment-Diskussionsrunden moderiert. Ich bin von Institutionen wie *Forbes*, Kitco, BNN Bloomberg, *The Financial Post*, Seeking Alpha und anderen interviewt worden oder habe für sie geschrieben.

Nach der Coronavirus-Panik verfolgte ich, wie Silber nach oben schoss und dabei sogar Gold hinter sich ließ. Das war der Augenblick, in dem ich beschloss, mein Wissen über Investitionen in Silber zu teilen.

Also habe ich einen speziellen Silber-Newsletter ins Leben gerufen: **Silver Stock Investor** (*silverstockinvestor.com*). Mit ihm möchte ich meinen Abonnenten in Echtzeit meine besten Ideen näherbringen. Bei Silver Stock Investor geht es darum, was ich kaufe und was ich verkaufe, um mit Silber Gewinne zu machen.

Aber das reichte mir nicht, ich wollte meine neuesten Prognosen – und das System, mit dem man sie zu Geld machen kann – an einem einzigen Ort bündeln.

Deshalb schrieb ich den *Der große Silber-Bulle*.

Ich möchte, dass dieses Buch Ihr Leben verändert.

Der große Silber-Bulle ist Ihre persönliche Blaupause für den Umgang mit einer Möglichkeit, wie sie sich auf dem Silbermarkt meiner Meinung nach nur einmal pro Generation eröffnet.

Dieses Buch vermittelt Ihnen alles, was Sie wissen müssen – von der entscheidenden Rolle, die Silber in der Geschichte gespielt hat, bis zum Aufbau und der Verwaltung eines eigenen Portfolios an Silberinvestitionen.

Zu diesem Zweck ist das Buch in fünf leicht verständliche und leicht umsetzbare Abschnitte unterteilt.

In **Teil I: Eine kurze Geschichte des Silbers** zeige ich Ihnen, aus welchen großartigen Gründen heraus Silber und nicht Gold zur ersten wirklich internationalen Währung wurde – und welche einmaligen Eigenschaften Silber zur idealen Geldform machen.

Die heutigen Zentralbanken und Regierungen lehnen Silber ab, weil es sie in ihrer Fähigkeit einschränkt, ohne Ende Papiergeld zu drucken. Aus diesem Grund wurde Silber – genauso wie Gold – vor über 50 Jahren aus unserem Geld entfernt. Aber ungefähr alle 100 Jahre verliert die globale Leitwährung ihren Status. Das zieht finanzielle Umwälzungen nach sich und befeuert den Wert von Silber. Sie werden erfahren, wie Berkshire Hathaway, das vom legendären Investor und Milliardär Warren Buffett geführte Unternehmen, mit Silber ungefähr 100 Millionen Dollar verdiente.

In **Teil II: Warum Silber heute wichtig ist** erkläre ich, wie Zentralbanken früher mit der Geldmenge umgegangen sind und wie sie es heute tun. Sie werden lernen, warum das für Investoren, die das nicht kommen sehen, stets böse endet. Ich gehe auf sämtliche Tricks und Strategien ein, die die Zentralbanken genutzt haben und weiterhin verwenden bei dem Versuch, aus den tiefroten Zahlen herauszukommen. Spoileralarm: Es ist der kleine Mann, der dabei auf der Strecke bleibt.

Ich zeige Ihnen auch die versteckten Signale, anhand derer Sie erkennen können, dass die Umstände »richtig« sind – und es praktisch garantiert ist, dass die Silberpreise steigen werden. Wir sprechen über einen wenig bekannten Indikator, der das Wechselspiel von Inflation und Zinssätzen abbildet. Und Sie werden lernen, wie Ihnen dieses Wissen helfen kann, von Silber zu profitieren.

In **Teil III: Silber – das unersetzbare Metall** erfahren Sie, warum Silber sowohl als monetäres Metall wie auch als Industriemetall einzigartig ist. Es reflektiert stärker und leitet besser als jedes andere Metall, deshalb ist Silber aus zahllosen Anwendungen nicht wegzudenken. Und Mutter Natur verlieh Silber auch noch ein ausgefallenes Angebotsprofil, das ihm hilft, die üblicherweise in der Wirtschaft geltenden Gesetzmäßigkeiten zu ignorieren.

Bei Solaranlagen, Elektronik, Telekommunikation, Medizin und Elektrofahrzeugen spielt Silber bereits eine wichtige Rolle, aber aufgrund der globalen Bemühungen, etwas gegen den Klimawandel zu unternehmen, gewinnen erneuerbare Energien und die Elektrifizierung noch stärker an Bedeutung. Mehr noch: Als Reaktion auf die Covid-19-Pandemie leiteten Regierungen massive Infrastrukturprogramme ein, die eine »grüne Wirtschaft« begünstigen. Das facht die Silbernachfrage stärker denn je an – und erschafft ein ideales Szenario, um in großem Stil von Investitionen in Silber zu profitieren.

Meine Analysen haben mich zudem einen interessanten Zusammenhang zwischen Silber und Kryptowährungen erkennen lassen. Denn wissen Sie: Die Menschen werden irgendwann den Glauben an ihr Geld verlieren und damit einen globalen finanziellen Neustart anstoßen. Sie werden sich umsehen nach einem Geld, das so bequem wie eine Kryptowährung ist und das durch einen Rohstoff abgesichert ist. Ich denke, bei einer neuen digitalen Währung, die auch intrinsischen Wert besitzt, könnte Silber eine wichtige Rolle übernehmen.

Aber was ich Ihnen damit eigentlich sagen möchte: All diese monetären und industriellen Treiber der Silbernachfrage kommen gleichzeitig zusammen, und zwar in einem Maße wie nie zuvor. Das eröffnet fantastische Möglichkeiten, Geld mit Silber zu verdienen. Silber neigt dazu, gewaltige Bullenmärkte hinzulegen, die sich über mehrere Jahre hinziehen.

In **Teil IV: Silber – einzigartig und unaufhaltsam** zeige ich, welche Faktoren die Nachfrage nach Silber und Investitionen in Silber befeuern. Ein Beispiel: Der Silbermarkt hat nur ein Zehntel der Größe des Goldmarkts, der Druck von der Käuferseite muss also deutlich weniger zunehmen, um die Preise in die Höhe zu jagen. Mehr noch: Die sozialen Medien haben auf dramatische Weise die Möglichkeiten beleuchtet, die Silber eröffnet, was die Silber-Enthusiasten aufrüttelte. Eine ganz neue Investorengeneration ist gerade dabei, Silber für sich zu entdecken. Diese Aspekte werden dazu beitragen, den Silberpreis in neue Rekordhöhen zu treiben – deutlich höher, als es selbst die größten Optimisten prognostizieren. Um Sie von meiner Vorhersage zu überzeugen, zeige ich Ihnen fünf unterschiedliche Wege, wie ich zum selben Kursziel für Silber gelangt bin.

Noch wichtiger jedoch: In **Teil V: In Silber investieren – der ultimative Leitfaden** lernen Sie alle unterschiedlichen Wege kennen, wie Sie in Silber investieren können, von Münzen und Barren bis hin zu Aktien von Explorationsfirmen und alles dazwischen. Ich habe in sie alle investiert, lasse Sie an meinen Erkenntnissen teilhaben und zeige Ihnen, was meiner Meinung nach der **ideale Weg** ist, ein Portfolio von Silberinvestitionen aufzubauen. Ich verrate Ihnen auch meine **fünf Geheimnisse beim Risikomanagement.**

Wissen Sie, Silber durchläuft mehrjährige Bullenmärkte und steigert seinen Wert dabei um Tausende Prozent. Und Silberaktien nutzen diese Profite als Hebel und können Renditen von Zehntausenden Prozent erwirtschaften.

Aber auch der größte Bullenmarkt endet irgendwann, das gilt sogar für den großen Silber-Bullenmarkt. Aus diesem Grund nenne ich Ihnen meine vier Hinweise, anhand derer Sie ablesen können, dass der Tag gekommen ist und Silber sich dem Höhepunkt nähert. Bis dahin werden noch Jahre ins Land gehen, aber das ändert nichts daran, dass Sie bestimmt Ihre Gewinne maximieren und Ihre Investitionen abstoßen wollen, bevor der Silber-Bullenmarkt sich *tatsächlich* seinem Ende nähert.

Wenn Sie dieses Buch gelesen haben, wissen Sie mehr über Silber als 99,99 Prozent aller Investoren. Sie werden mehr wissen als Ihre Freunde und Kollegen. Sie werden sogar mehr wissen als die meisten sogenannten »Experten«.

Dabei ist es völlig egal, ob Sie ein Einzelanleger sind, der sein Konto selbst verwaltet, oder ob Sie ein Investmentprofi sind, der das Geld anderer Leute verwaltet. Ich möchte, dass Sie erkennen, welche Möglichkeit sich bei Silber auftut, und Sie für sich herausfinden, wie Sie am besten davon profitieren können.

Das Fazit lautet: Wir stehen vor dem größten Silber-Bullenmarkt, den wir je gesehen haben.

Ich bin hier, um Ihnen den Weg zu zeigen.

Und ich freue mich, dass Sie diesen wichtigen Schritt für Ihre finanzielle Zukunft getan haben.

Teil I

Eine kurze Geschichte des Silbers

Einleitung

Die Silber-(R)Evolution

Geld ist die großartigste Erfindung der Menschheitsgeschichte. Eine gewagte Aussage, ich weiß. Gewagt … aber zutreffend.

Aber was ist mit der Landwirtschaft, dem Transportwesen, der Druckerpresse, der Medizin, Flugzeugen oder Computern? Sind die nicht noch großartiger?

Alles großartige Erfindungen, gar keine Frage, aber keine von ihnen wäre möglich gewesen, hätten die Menschen keine »Transaktionen« vornehmen können. Unsere Fähigkeit, Waren und Dienstleistungen miteinander zu tauschen, hat den Grundstein für erstaunliche Fortschritte der Menschheit gelegt.

Am Anfang gab es den Tauschhandel, aber der war kompliziert und nicht sehr praktisch.

Nachdem man Silber entdeckt hatte, stieg es rasch zur Wertanlage auf und vereinfachte auf diese Weise den Handel spürbar. Der Handel ermöglichte es Gesellschaften, zu wachsen und zu prosperieren.

Zufall war das nicht. Silber verfügt – genau wie Gold – über Eigenschaften, die es zum idealen Geld machen.

Silbermünzen waren die erste wirklich internationale Währung und erlaubten es Menschen aus unterschiedlichen Ländern und Kulturen, Handel miteinander zu betreiben.

Über Jahrtausende hinweg blieb das Edelmetall eine verlässliche Form von Geld – es überdauerte Imperien, Dynastien und Kriege.

Erst in den vergangenen 50 Jahren wandte sich die Welt ab von Währungen, die durch Edelmetalle abgesichert sind. Ich werde Ihnen zeigen, wie im Laufe der Geschichte die Abwertung von Währungen oder die Nutzung ungedeckten Papiergelds (auch Fiatgeld genannt) häufig Imperien zum Einsturz brachten, die zuvor Jahrhunderte überdauert hatten.

Wenn heute immer mehr ungedecktes Geld zum Einsatz kommt, wiederholt sich die Geschichte auf erschreckende Weise. In Teil II werden wir uns das näher ansehen.

Während der vergangenen 100 Jahre erlebten wir mehrere zentrale Ereignisse, was Fiatwährungen anbelangt.

Ausgelöst wurden sie durch monetäre und/oder geopolitische Entscheidungen, die zugunsten des Staats getroffen wurden und nicht zwingend zugunsten der Bevölkerung. Wer jedoch über ausreichend Weitblick verfügte, in Silber zu investieren, konnte sein Vermögen sichern und ausbauen.

Ich werde einige dieser Ereignisse ausführlicher vorstellen und Ihnen helfen, sich auf ähnliche Risiken vorzubereiten und sie gegebenenfalls zu umschiffen.

Kapitel 1

Silber als Währung im Lauf der Geschichte

Wann wurde Silber das erste Mal als Währung in dem Sinne eingesetzt, wie wir sie heute verstehen? Die Antwort auf diese Frage ist Thema angeregter Debatten.

Unstrittig jedenfalls ist der Einfluss von Silber. Bis heute steht in mehr als vierzehn Sprachen das Wort »Silber« für Geld. Argentinien ist nach *argentum* benannt, dem lateinischen Begriff für »Silber«. Das erste Mal verwendeten die Bezeichnung spanische und portugiesische Konquistadoren, die im frühen 16. Jahrhundert den Rio de la Plata (den »Silberfluss«) bereisten.

Ich werde Ihnen zeigen, dass Silber seit über 5000 Jahren Teil unseres Alltags ist. Ich führe Sie durch die Ursprünge des Metalls als Geld bis zu dem Zeitpunkt vor wenigen Jahrzehnten, als es vollständig aus unserem Münzsystem verschwand.

Von den alten Griechen bis zum Amerika des 20. Jahrhunderts – jedes große Imperium hat Silber genutzt.

Später werde ich Ihnen auch erläutern, warum ich glaube, dass Silber erneut eine Grundlage für eine Währung bilden kann. Zunächst aber wollen wir uns mit der Vergangenheit befassen, um besser zu begreifen, wohin die Reise gehen wird.

Silber wurde bereits vor 5000 Jahren verwendet, so viel wissen wir. Um das Jahr 2000 vor unserer Zeitrechnung herum war mit Babylonien, einem Staat im alten Mesopotamien (dem heutigen Irak), eine höher entwickelte Gesellschaft entstanden, die über ein ausgeklügeltes System für Kredite und Geld verfügte, in dem sowohl Gerste als auch Silber eine Rolle spielten. Diese beiden Rohstoffe bildeten ein duales Währungssystem, erleichterten den Austausch von Waren und schufen einen Wertmaßstab. 180 Gramm Gerste oder ein damit korrespondierendes Gewicht in Silber entsprachen einem Schekel. Mit der Zeit wurde Silber dominanter als Gerste.

Offenbar um das Jahr 800 vor unserer Zeitrechnung herum entwickelten die Griechen erste Münzen. Die ältesten uns bekannten fand man im Tempel der Artemis in Ephesos (in der heutigen Türkei), ovale lydische Münzen aus Elektron, einer natürlich auftretenden Verbindung von Gold und Silber.

Doch es sollte eine Silbermünze sein, die sich bewährte und kurz darauf zur ersten internationalen Währung der Menschheit aufstieg – die athenische Drachme.

300 Jahre lang, von etwa 600 vor unserer Zeitrechnung bis etwa 300 vor unserer Zeitrechnung, von Solon bis zu Alexander dem Großen, behielt die Drachme ihr Gewicht von 67 Grän bei. Alexander führte die Drachme in Indien ein, von wo aus sie sich weiter ausbreitete.

Das Römische Reich schluckte irgendwann das taumelnde Griechenland, aber während 600 Jahren griechischer Blütezeit verringerte sich das Gewicht der Drachme nur von 67 auf 65 Grän. Eine erstaunliche Leistung für eine grenzüberschreitende Währung, denn nur wenige andere Währungen wurden auch nur 100 Jahre alt, bevor sie ersetzt wurden. Persönliche Freiheit ermöglichte es, dass die Wirtschaft blühte. Die Drachme wurde weiterhin hochgeschätzt und florierte.

Rom jedoch teilte die Disziplin der Griechen nicht, wenn es um Geld ging. Die Folge war ein klassisches Beispiel für den weitverbreiteten Wertverlust einer Währung und das erste Beispiel der Geldgeschichte für eine Finanzkrise, die sich im Zeitlupentempo entwickelte.

Rom führte seine eigene Währung, den Denar, im Jahr 211 vor unserer Zeitrechnung ein. Der Denar nahm die griechische Drachme als Vorbild und wies nahezu dasselbe Gewicht und dieselbe Größe auf. Anfänglich wog er 66 Grän und verlor in seinen ersten 250 Jahren bis zur Geburt Christi bescheidene 6 Grän (was 9 Prozent entspricht).

Zum Leidwesen der Römer ging es von da an rasant bergab. Roms Expansionshunger und die militärische Dominanz zogen eine rasche Abwertung der Währung nach sich, der Silberanteil wurde zugunsten günstigerer Metalle reduziert. Das Römische Reich wurde von einem endlosen Strom von Bedrohungen und Problemen geplagt: Man war stark abhängig von Importen, musste an diversen Grenzen Kriege führen und hatte mit Sklaven- und Bauernaufständen zu kämpfen.

Die Reaktion darauf fiel damals ganz ähnlich aus wie in heutigen Zeiten: Man prägte mehr Geld von geringerem Wert. Im Jahr 64 führte Kaiser Nero eine leichtere Silbermünze ein, die 10 Prozent Kupfer enthielt und sofort 25 Prozent weniger Wert hatte als ihr Vorgänger. Wirtschaftsgelehrte vertreten die Ansicht, dem Untergang des Römischen Reichs seien eine anhaltende Abwertung der Währung und eine dauerhafte Inflation vorausgegangen.

Und dennoch griffen zu anderen Zeiten der Geschichte andere Reiche immer wieder zu Silber, um zu Wohlstand zu gelangen.

In China beispielsweise dienten bereits während der Han-Dynastie (206 vor unserer Zeitrechnung bis zum Jahr 220) Silberbarren als Zahlungsmittel. Diese Praxis hatte knapp 1000 Jahre lang Bestand, allerdings waren die Barren bis zum Beginn der Song-Dynastie im Jahr 960 in erster Linie Wertanlagen.

Doch dann geschah in der Welt der Währung etwas Revolutionäres.

Während der Song-Dynastie (960–1279) waren Münzen mit Kupferlegierung und aus Silber in Umlauf, aber 1024 führte die chinesische Regierung als weltweit erste überhaupt Papiergeld ein. Marco Polo staunte darüber und sagte: »Jeder akzeptiert die Scheine bereitwillig, denn wo auch immer im Reich des Großkhans eine Person unterwegs sein mag, trifft er diese Stücke Papierwährung an und kann mit ihrer Hilfe sämtliche Geschäfte und Warenkäufe erledigen, als handele es sich um Münzen aus reinem Gold.«

Während der nächsten Jahrhunderte verfolgte das chinesische Kaiserreich einen Zickzackkurs: Erst wurde Silber zugunsten von Papiergeld verboten, woraufhin das Papiergeld an Wert verlor und die Nutzung von Silber wieder zugelassen wurde, bevor das Spiel von Neuem begann.

Auch im Nahen Osten fand man Gefallen an einer Silberwährung und erlebte einen wirtschaftlichen Aufschwung. Eine Silbermünze aus der islamischen Welt ist der Dirham, dessen Name eine Ableitung der griechischen Drachme ist, und auch er kommt seit Jahrhunderten zum Einsatz.

Letztlich wurde der Dirham sowohl in Byzanz wie auch in Europa verwendet.

In der Spätantike und im frühen Mittelalter beherrschten die Franken Westeuropa und arbeiteten unter Karl dem Großen mit dem Denar. In Großbritannien kommen seit etwa 775 Silbermünzen zum Einsatz, damals entsprachen 240 Silberpennys einem Pfund Silber, woraus später das Pfund Sterling wurde. Diese Pennys waren dem Denar von Karl dem Großen nachempfunden.

Im frühen 16. Jahrhundert stießen Spanier und Portugiesen in der Neuen Welt, insbesondere in Bolivien, Peru und Mexiko, auf reiche Silbervorkommen. Aus dem Cerro Rico (»reicher Berg«) im bolivianischen Potosí förderte Spanien zwischen 1556 und 1783 angeblich 45 000 Tonnen Silber.

1515 lieferten die Minen im böhmischen Sankt Joachimsthal (heute Jáchymov in Tschechien) das Silber für den sogenannten Joachimsthaler. Der Name wurde später zu »Taler« verkürzt. Die Münzen breiteten sich über Europa aus, und aus »Taler« wurde der englische Begriff »Dollar«.

Die Vereinigten Staaten führten 1785 einen Silberstandard ein, der den maschinengeprägten mexikanischen Dollar (auch »Piaster« oder »spanischer Dollar«) zum Vorbild hatte, den Spanien in seinen Kolonien in Mexiko und Peru einsetzte. Mit dem Coinage Act von 1792 erklärte Amerika den Dollar gesetzlich zur offiziellen Landeswährung. Silber- und Goldmünzen waren gesetzliche Zahlungsmittel, aber den amerikanischen Unabhängigkeitskrieg hatte man durch massive Verschuldung finanziert, und als Präsident Thomas Jefferson 1806 die Silberproduktion aussetzte, wurden Silbermünzen in großem Stil gehortet.

Silbermünzen sollten während der nächsten 150 Jahre in Umlauf bleiben, bis eine Knappheit an Münzen und an Silber zum Coinage Act von 1965 führte. Dieses Gesetz bestimmte, dass alle Münzen bis auf den silbernen Halbdollar fortan ohne Silber geprägt würden. Natürlich verschwanden die älteren, silberhaltigen Münzen schrittweise aus dem Umlauf, weil die Menschen sie wegen ihres Materialwerts horteten. Man spricht bei diesem Phänomen vom Greshamschen Gesetz: Schlechtes Geld vertreibt gutes Geld. Noch heute sind Münzen aus der Zeit vor 1964 wegen ihres Silbergehalts gesucht (ironischerweise spricht man von »Junksilber«, »Ramschsilber«).

Sie sehen: Silber hat Jahrtausende überdauert, Imperien überlebt, und auch politischer Pfusch konnte ihm nicht entscheidend schaden. Das liegt daran, dass Silber einen intrinsischen Wert hat, und daran wird sich nichts ändern.

Kurz zusammengefasst

- Silber wird seit über 5000 Jahren als Geld verwendet.
- Geldentwertung hat Imperien zu Fall gebracht.
- Bis in die 1960er-Jahre hinein war Silber Bestandteil modernen Gelds.

Kapitel 2

Globale Leitwährungen

Als Kind wollte ich Archäologe werden.

Mich faszinierten die Pyramiden des alten Ägyptens, die Pharaonen und die militärische Überlegenheit des Reichs. Tatsächlich hat sich bis heute nichts daran geändert – und wer will mir das zum Vorwurf machen: Ägypten gilt als eine der ältesten und in kultureller Hinsicht reichsten Zivilisationen der Menschheitsgeschichte.

Meine Begeisterung für Ägypten hat mich etwas Wichtiges gelehrt. Ich profitiere bis heute davon und möchte diese Erkenntnis heute an Sie weitergeben:

Im Laufe der Jahrhunderte tauchen Großmächte auf und verschwinden wieder, die Machtzentren verschieben sich und liegen mal in der einen Region, dann in der anderen. Aber wenn ein Land oder ein Imperium dominant wird, was üblicherweise durch wirtschaftliche und militärische Macht geschieht, dann wird auch seine Währung dominant.

Und es ist der Währungsaspekt, mit dem wir uns näher befassen wollen. Lassen Sie uns zunächst über den Begriff der »Leitwährung« sprechen.

Als Leitwährung werden Währungen bezeichnet, die im internationalen Handel weit verbreitet sind. Im vergangenen Jahrhundert waren es zudem Währungen, die die Zentralbanken als Teil ihrer Devisenreserven besaßen (man spricht auch von »Reservewährung«).

(Ich werde Ihnen später zeigen, wie Sie mithilfe von Silber Ihre eigene, unabhängige Zentralbank werden können. Das wird Sie weniger abhängig vom aktuellen Bankensystem machen – eine Maßnahme, die es Ihnen erlaubt, Ihr finanzielles Schicksal besser in die eigene Hand zu nehmen, ganz egal, was gerade auf der globalen Finanzbühne vor sich geht.)

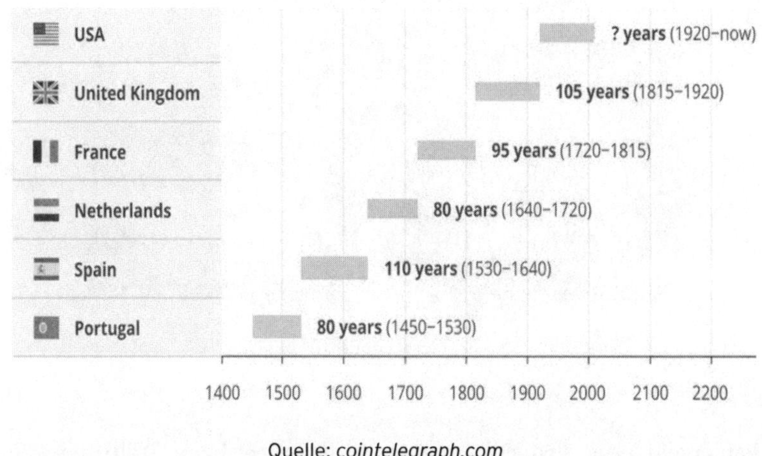

Quelle: *cointelegraph.com*

Im Laufe der vergangenen 600 Jahre haben unterschiedliche Währungen den Status einer Leitwährung erreicht, um dann von der nächsten verdrängt zu werden. Die obige Grafik zeigt, dass jede ungefähr ein Jahrhundert lang die Spitzenposition innehatte.

Jede der oben genannten Währungen war durch Silber und/oder Gold gedeckt.

Ab 1878 gab die US-Regierung »Silberzertifikate« heraus, gesetzliche Zahlungsmittel in Form von Papiergeld. Sie sahen aus wie heutige Geldscheine, standen aber für eine bestimmte Menge an Silberbarren. Auf diese Weise konnten die Menschen physisches Silber besitzen, ohne es tatsächlich in Besitz zu nehmen. Sehen Sie, dass in der Abbildung auf der nächsten Seite ganz oben auf dem Schein »Silver Certificate« steht?

Bis zum 15. August 1971 war der US-Dollar teilweise durch Gold gedeckt. Dann setzte der amerikanische Präsident Richard Nixon als Reaktion auf die galoppierende Inflation die internationale Konvertierbarkeit des Greenbacks zu Gold aus – und ebnete damit den Weg für die hohe Inflation der 1970er-Jahre.

Heute operiert die Welt mit Papierwährungen.

US-amerikanisches Silberdollar-Zertifikat
1935

Quelle: *picryl.com* (lizenzfrei)

Papiergeld oder Fiatgeld ist vom Staat ausgegebene Währung, die durch nichts weiter gedeckt ist als die Zahlungsbereitschaft des Staats und seine Kreditwürdigkeit.

Das US-Finanzministerium schreibt dazu:

> *»Von der Federal Reserve ausgegebene Geldscheine sind nicht in Gold, Silber oder andere Rohstoffe einlösbar und werden durch nichts gedeckt. Das ist seit 1933 der Fall. Die Geldscheine haben für sich genommen keinerlei Wert, sondern beziehen ihren Wert einzig aus dem, was man mit ihnen kaufen kann.«*

Es gibt keine echten Obergrenzen, wie viel Papiergeld man drucken kann, und das führt stets zu einem Überangebot und Inflation. Letztlich hat jede Fiatwährung eine begrenzte Lebensspanne und scheitert irgendwann.

Der Greenback ist derzeit die globale Leitwährung, deshalb werden Rohstoffe wie Erdöl, Metalle und Getreide in US-Dollar abgerechnet. Das führt dazu, dass andere Staaten zum Kauf von Ressourcen enorme Mengen an Dollar vorhalten müssen. Der Dollar ist de facto zur Leitwährung der Welt geworden, und weil es sich beim Dollar um eine durch nichts gedeckte Fiatwährung handelt, leben wir seit 50 Jahren im Grunde in einem Realwelt-»Experiment«.

Sehen Sie sich noch einmal die Grafik auf Seite 35 an: Es sieht so aus, als sei die Uhr für den US-Dollar eigentlich bereits abgelaufen.

Laut *IMFBlog* war Ende 2020 der Anteil des US-Dollar an den Zentralbankreserven auf 59 Prozent gefallen. Das war der niedrigste Stand seit 25 Jahren, geht aus der Umfrage »Currency Composition of Official Foreign Exchange Reserves« (COFER) des Internationalen Währungsfonds (IWF) hervor.

Und es wird noch schlimmer für den Dollar werden.

Andere Weltmächte versuchen, die Dominanz des Dollar zu untergraben, was dazu führte, dass der Euro und Chinas Renminbi[1] an Bedeutung zugenommen haben.

Diese Ansicht wird auch von Russland geteilt. Moskau hat angekündigt, sämtliche Dollar-Vermögenswerte aus seinem Staatsfonds abzustoßen und stattdessen stärker auf Euro, Yuan und Gold zu setzen. Auch China hat begonnen, seinen aktuell 1000 Milliarden Dollar schweren Bestand an amerikanischen Staatsanleihen zu verringern.

Diese Entwicklungen nahmen noch an Fahrt auf, als Russland im Februar 2022 einen militärischen Angriff auf die benachbarte Ukraine startete und dort einfiel.

Unwillig, Bodentruppen abzustellen, schlugen weite Teile des Westens rasch zurück, indem sie Russland den Finanzkrieg erklärten. Die größten Auswirkungen hatten die schweren Sanktionen. So wurde Russland vom Welthandel und dem internationalen Zahlungssystem SWIFT abgeschnitten, mit dem nahezu sämtliche Finanzhäuser arbeiten.

Innerhalb von nur 4 Tagen verdoppelten sich die Zinsen in Russland von 9,5 auf 20 Prozent. Der Rubel brach komplett ein und verlor innerhalb eines Tages 30 Prozent an Wert, innerhalb eines Monats büßte er die Hälfte des Werts gegenüber dem US-Dollar ein. Es gab einen Ansturm auf russische Banken, als die Menschen sich beeilten, sich mit Bargeld einzudecken. Vor den Geldautomaten bildeten sich lange Schlangen, nach kurzer Zeit spuckten die Geräte kein Geld mehr aus.

1 Anm. d. Übers.: Die chinesische Währung heißt Renminbi, die Währungseinheit hingegen Yuan (etwas kostet beispielsweise 5 Yuan, nicht 5 Renminbi).

Seit Jahren kauft der russische Staat die heimische Goldproduktion auf, um seine Kriegskasse zu füllen. Die Reserven haben sich offiziellen Angaben zufolge auf 2300 Tonnen Gold verdreifacht, das reicht für Rang 5 unter den weltgrößten Goldeigentümern und entspricht 20 Prozent der gesamten Reserven des Landes. Als der Rubel abstürzte, setzte die Regierung eine Mehrwertsteuer auf Gold und Silber aus, woraufhin die Bürger losstürzten, um sich physische Edelmetalle zu besorgen. Um die Angebotsseite zu entlasten und damit die Menschen ihren Bedarf decken konnten, setzte die russische Zentralbank ihre Goldkäufe aus. Kurz gesagt kauften Russen Gold und Silber, um ihren Wohlstand zu bewahren, während der Rubel historische Tiefstände ansteuerte.

Der Goldpreis schoss innerhalb weniger Tage in die Höhe und kam in die Nähe seines bisherigen Höchststands (2070 Dollar im August 2020), während Silber auf 27 Dollar kletterte.

Doch es gab noch weitere, unbeabsichtigte Folgen.

Ken Griffin, der Chef des Hedgefonds-Unternehmens Citadel, sagte, die Sanktionen hätten den Dollar in eine Waffe verwandelt:

> *»Der US-Dollar ist die Leitwährung der Welt. Für unsere Nation ist das ein unglaublicher Pluspunkt, insbesondere vor dem Hintergrund, dass unsere Nation es mit einer Verschuldung auf Rekordniveau zu tun hat.*
>
> *Wenn wir damit drohen, Dollar zu beschlagnahmen oder sie nicht transferieren zu können, sagen wir dem Rest der Welt damit indirekt, sie sollen andere Währungen in ihrem Portfolio aufstocken, und wir schmälern damit den Wert des Dollar als Weltwährung.*
>
> *Amerikas Steuerzahler werden dafür aufkommen müssen, indem sie höhere Zinsen auf unsere Schulden berappen. Das tut unserem Land sehr weh.«*

Die harten Finanzsanktionen gegen Russland waren gerade einmal 3 Wochen alt, da beschleunigte Saudi-Arabien seine Gespräche mit China, in denen es darum ging, Ölgeschäfte künftig teilweise in Renminbi abzurechnen – ein weiterer Rückschlag für die Dominanz des US-Dollar.

Verliert eine Gesellschaft den Glauben in ihre Währung, wie es im Laufe der Geschichte zahllose Male der Fall war, kann sie nicht länger ordentlich funktionieren. Die Währung speichert Wert immer schlechter, weil sie zu schnell gedruckt wird.

Die Menschen haben kein Vertrauen mehr und wollen nicht länger auf Bargeld setzen. Einige der drastischsten Beispiele für Hyperinflation waren im vergangenen Jahrhundert die Weimarer Republik, Simbabwe, Argentinien und – noch gar nicht so lange her – Venezuela. Während der 1990er-Jahre erlebte Jugoslawien eine Inflation von 300 Millionen Prozent im Monat.

Etwas Derartiges wird wieder geschehen, und Sie müssen darauf vorbereitet sein. Alles hängt davon ab, wie gut Sie sich abgesichert haben. Alle Menschen, die mit ausreichend Silber in die Hyperinflationen der vergangenen 100 Jahre gingen, haben die Krise überstanden und ihr Vermögen schützen können.

Vergessen Sie nicht: Silber hat sich nachweislich lange als Stütze von Papiergeld bewährt – und selbst als Geld gedient.

Sehen wir uns nun an, warum ein Silberstandard so eine gute Sache war.

Kurz zusammengefasst

- Globale Leitwährungen kommen im internationalen Handel zum Einsatz und werden von den Zentralbanken gelagert.
- In den vergangenen 600 Jahren hielt sich jede Leitwährung ungefähr ein Jahrhundert lang an der Spitze, und jede war durch Silber und/oder Gold gedeckt.
- Das Experiment, mit dem US-Dollar als ungedeckte globale Leitwährung zu arbeiten, ist im Scheitern begriffen.

Kapitel 3

Silber ist das ideale Geld

Über Tausende Jahre hinweg hat sich Silber als eine herausragende Form von Geld erwiesen.

Wie Gold besitzt es ausgesprochen gut für diese Aufgabe geeignete Eigenschaften.

Es gibt fünf wesentliche Gründe, warum das so ist, aber ich zeige Ihnen darüber hinaus noch acht zusätzliche Eigenschaften, die Silber zu einer dermaßen idealen Wahl machen.

Der griechische Philosoph Aristoteles (384–322 vor unserer Zeitrechnung) hat die fünf zentralen Prinzipien bestimmt. Wie Sie sehen werden, ist es kein Zufall, dass seine griechischen Vorfahren Silber bereits seit Jahrhunderten als Zahlungsmittel einsetzten.

Die fünf Gründe, warum Silber die beste aller Währungen ist:

1. **Silber ist beständig:** Es wird nicht schlecht wie Weizen oder Gerste, und es fällt nicht auseinander, wenn man damit hantiert.

2. **Silber lässt sich teilen:** Sie können es trennen und erneut kombinieren, ohne dass der Wert oder die Eigenschaften des Silbers darunter leiden. Auf diese Weise kann Silber besonders einfach an unterschiedlichen Orten als Bezahlung akzeptiert werden. (Der spanische Silberdollar diente als Grundlage für den US-Dollar und war 8 spanische Real wert. Deshalb war er im Spanischen auch als »Real de a ocho« und im Englischen als »Piece of Eight« bekannt.)

3. **Silber ist praktisch:** Es verfügt über beträchtlichen Wert, was bedeutet, Sie müssen nicht exzessive Mengen davon mitführen, um viele Dinge bezahlen zu können.

4. **Silber ist beständig:** Ob groß oder klein, jedes Stück Silber verfügt über dieselben Eigenschaften. Eingeschmolzen lassen sich die ursprünglichen Silberstücke nicht mehr unterscheiden.

5. **Silber hat intrinsischen Wert:** Das bedeutet, es kann auch in anderen Bereichen angewendet werden, etwa in der Industrie. Insofern hat es also auch »echten« Wert. Und weil es sehr arbeitsaufwendig ist, Silber zu finden und aus der Erde zu holen, wird Silber stets Wert besitzen.

Aber es gibt noch weitere Aspekte, die Silber als Geld besonders attraktiv machen.

Silber kann nicht gedruckt werden. Wenn eine Währung durch Silber gedeckt ist, sind dem Staat Grenzen beim Gelddrucken auferlegt. Eine galoppierende Inflation wird dadurch umgangen.

Silber ist nahezu unzerstörbar. Im schlimmsten Fall läuft Silber an. Immer wieder stoßen Archäologen und Schatzjäger auf Silberschmuck und -münzen, die vor Tausenden Jahren hergestellt wurden. Manche werden sogar zufällig gefunden, etwa wenn ein Bauer sein Land pflügt. Kurzum: Wenn Sie Ihr Silber nicht verkaufen oder verlieren, wird es sich nicht von allein in Luft auflösen.

Bei Silber gibt es kein Kontrahentenrisiko. Anders als bei Anleihen oder Aktien sind Sie nicht davon abhängig, dass jemand anderes seinem Zahlungsversprechen nachkommt. Es gibt keine Gefahr eines Zahlungsausfalls.

Silber ist privat. Einige Unzen reichen, um direkte und persönliche Kontrolle über einen wertvollen Vermögenswert zu erlangen.

Silber ist liquide. Sie können Ihr Silber praktisch überall auf der Welt und zu jeder Zeit veräußern. Für Menschen, die vertrieben wurden, hat sich Silber wieder und wieder als Lebensretter erwiesen.

Silber kann nicht gehackt werden. Silberbestände sind keine Zahlenkolonnen in irgendeiner Datenbank, von der Ihr Gedeih und Verderb abhängt. Und Sie benötigen keine Elektrizität und keinen Zugang zum Internet.

Silber hält seinen Wert. Natürlich wird der Wert im Laufe der Zeit schwanken, aber über die Jahre und Jahrzehnte hinweg setzt sich Silber durch – insbesondere im Vergleich zu Papiergeld.

Selbstverständlich weiß man in den Zentralbanken sehr gut, dass Edelmetalle das beste Geld sind. Deshalb horten die meisten Zentralbanken in ihren Tresoren Tausende Tonnen Gold als Reserve. Die Vereinigten Staaten verfügen über mehr als 8000 Tonnen, Deutschland über rund 3300 Tonnen, Italien und Frankreich über jeweils rund 2400 Tonnen.

Aber in diesen Zentralbanken weiß man auch, dass es der Modern Monetary Theory (ein Wirtschaftskonzept, das ich später erkläre) zuwiderläuft, die Währung mit Silber oder Gold zu decken – und dass es sich mit dem Wunsch der Zentralbanken beißt, zum Finanzieren ihrer Lieblingsprogramme und -projekte Geld nach Belieben drucken zu können. Kurzum: Eine Bindung ihrer Währung an Edelmetalle ist ihr schlimmster Albtraum.

Eine nicht gedeckte Fiatwährung unterliegt derlei Einschränkungen nicht. Im Laufe der Geschichte wurde von vielen Seiten die Kontrolle über die Geldversorgung angestrebt, denn besitzt man diese Kontrolle, hat man die Macht über die Finanzen und die Kredite des Lands und damit letztlich über das Land insgesamt.

Aus dem frühen 19. Jahrhundert stammt ein Zitat von Nathan Mayer Rothschild, einem Mitglied der berühmten Bankiersfamilie Rothschild: »Mir ist es gleich, welche Marionette auf dem englischen Thron sitzt und das Imperium regiert, über dem die Sonne niemals untergeht. Der Mann, der Großbritanniens Geldversorgung kontrolliert, kontrolliert das British Empire, und ich kontrolliere Großbritanniens Geldversorgung.«

Ich werde jetzt gemeinsam mit Ihnen eine Handvoll wichtiger Ereignisse aus dem 20. Jahrhundert durchgehen. Sie werden sehen, auf welche Weise Edelmetalle der politischen Führung jener Zeit Kopfschmerzen bereiteten.

Unter dem Strich: Gold und Silber lehnte man ab, weil sie die Regierungen in ihren Möglichkeiten, Geld auszugeben, beschränkten.

Kurz zusammengefasst

- Der griechische Philosoph Aristoteles formulierte fünf zentrale Gründe, warum Silber und Gold das ideale Zahlungsmittel darstellen.
- Zentralbanken horten Tausende Tonnen Gold als Reserve.
- Zentralbanker mögen keine Edelmetalle als Zahlungsmittel, weil diese ihren Einfluss und ihre Kontrollmöglichkeiten beschneiden.

Kapitel 4

Der große Silberraub

Regierungen haben in früheren Zeiten immer wieder den Besitz von Silber und Gold untersagt, das zur Deckung von Währungen diente.

Die Gefahr, dass dergleichen heute wieder geschieht, ist minimal, denn diese Metalle werden nicht mehr dazu eingesetzt, einem Zahlungsmittel Wert zu verleihen.

Mit dem Federal Reserve Act von 1913 bestimmte die US-Regierung, dass der Dollar zu 40 Prozent durch Gold gedeckt sein müsse. Aber schon in den späten 1920er-Jahren stieß die Federal Reserve an die Grenzen ihres Verfügungsrahmens. Die meisten Ökonomen und Finanzhistoriker sind sich mittlerweile einig, dass diese Kreditgrenze den Börsencrash vom Oktober 1929 verstärkte – wie auch die folgende verheerende Weltwirtschaftskrise.

Der Goldpreis war damals mit 20,67 Dollar pro Unze festgelegt. 1933 sorgte der »Goldstandard« dafür, dass die Geldmenge der USA begrenzt war – in einer Zeit, in der die Wirtschaft in einer schweren Depression steckte. Also unterzeichnete Präsident Franklin D. Roosevelt am 5. April 1933 die Exekutivorder 6102.

Das neue Gesetz untersagte das »Horten« von Goldmünzen, Goldbarren und Goldzertifikaten auf dem Territorium der Vereinigten Staaten mit der Begründung, dass dies das Wirtschaftswachstum bremse und die Depression verschlimmere. Die Regierung machte es den Menschen mehr oder weniger unmöglich, auf legale Weise physisches Gold zu besitzen.

Bis zum 1. Mai 1933 sollten die Bürger ihre Goldmünzen, Goldbarren und Goldzertifikate bis auf geringe Restmengen an die Federal Reserve zurückgeben, im Gegenzug wurden ihnen 20,67 Dollar pro Feinunze ausgezahlt. Behalten durften sie bis zu 100 Dollar in Goldmünzen, was knapp 5 Feinunzen entsprach. Ausgenommen waren auch numismatische Münzen (Sammlerstücke) und Gold, das in der

Wirtschaft oder der Kunst benötigt wurde oder mit dem Berufsgruppen wie Zahnmediziner, Juweliere und Künstler arbeiteten.

Am 30. Januar 1934 bestimmte ein neues Gesetz, der Gold Reserve Act, dass sämtliches Gold und sämtliche Goldzertifikate im Besitz der Federal Reserve an das amerikanische Finanzministerium zu übertragen seien. Der Behörde und weiteren Finanzinstitutionen war es fortan untersagt, Dollarscheine in physisches Gold umzutauschen.

Unmittelbar im Anschluss hob Präsident Roosevelt den Festpreis für die Feinunze Gold von 20,67 Dollar auf 35 Dollar an und wertete damit im Grunde den Dollar um 69 Prozent ab. Mit einem Federstrich wurden nahezu 70 Prozent aller auf Dollar lautenden Ersparnisse der amerikanischen Bürger pulverisiert. Nun war der Weg frei für eine deutliche Ausweitung der Goldversorgung – und damit der Inflation –, die, so die Hoffnung, das Land aus ihrer deflationären Depression führen würde. Gleichzeitig war es ein Anreiz für Goldproduzenten in aller Welt, die Produktion zu steigern, während Ausländer ihr Gold in die Vereinigten Staaten transportierten und auf diese Weise dazu beitrugen, die amerikanischen Reserven aufzustocken.

Weitaus weniger bekannt hingegen ist die Exekutivorder 6814, die Präsident Roosevelt 1934 unterzeichnete.

Ich bezeichne diese Order als den großen Silberraub. Und das aus gutem Grund.

Exekutivorder 6102 befasste sich mit Gold, während Order 6814 sämtliche Silberbarren in Privatbesitz und sämtliches Silber aus heimischer Produktion verstaatlichte.

Wer privat Silberbarren besaß, musste diese bei den staatlichen Prägeanstalten abgeben und erhielt dort 50 US-Cent pro Feinunze. Für Silber, das in den USA gefördert worden war, bezahlte der Staat 64 US-Cent pro Feinunze.

Im Rahmen einer 3-monatigen Frist gaben die Amerikaner 109 Millionen Unzen ab. Ausdrücklich verschont von der Verstaatlichung blieben Münzen mit 90 Prozent Silbergehalt, denn die Regierung wollte das gewonnene Silber schließlich dafür nutzen, die Menge der in Umlauf befindlichen Münzen – und damit auch die Geldmenge – zu erhöhen.

Nachdem der Präsident den Besitz von Gold verboten und den Dollar um 69 Prozent abgewertet hatte, waren die Vereinigten Staaten auf einen Schlag zu einem Land geworden, das eine Währung mit Silberstandard hatte. Das blieb so bis 1944.

Da wurde der US-Dollar durch das Abkommen von Bretton Woods zur globalen, durch Gold gedeckten Leitwährung gemacht. Damit war dann Schluss mit dem Silberstandard in Amerika.

Aber auch der Goldstandard in den USA sollte nur 27 Jahre Bestand haben.

Kurz zusammengefasst

- 1933 wurde in den USA der Besitz von Gold gesetzeswidrig. Das geschah, damit die Regierung mehr Dollar drucken konnte.
- Der Dollar wurde auf einen Schlag um 69 Prozent entwertet, ein gewaltiger Wertverlust für die Bürger.
- Silber aus Privatbesitz wurde 1934 verstaatlicht, um das Angebot an Silbermünzen steigern zu können.

Kapitel 5

Der Nixon-Schock (oder: Der Tod des »Goldstandards«)

Kriege sind das reinste Chaos.

Das gilt nicht nur für die eigentliche Phase der Kriegshandlungen. Auch die Folgen können den Verlauf der Geschichte stark beeinflussen.

Nach dem Ersten Weltkrieg luden Großbritannien und Frankreich Deutschland durch den Vertrag von Versailles gewaltige Schulden auf. Deutschland war nicht imstande, diese vollständig abzubezahlen, weshalb die Regierung immer weiter Geld druckte. Das Resultat: Hyperinflation. Wer in dieser Phase auch immer nur ein wenig Silber besaß, konnte sich wenigstens vor den allerschlimmsten finanziellen Verlusten schützen.

Die Gläubigernationen beharrten unnachgiebig darauf, dass die Verlierer des Kriegs die Schulden der Alliierten beglichen. Das führte zum Zusammenbruch des internationalen Finanzsystems und mündete schließlich in eine weltweite Depression. Diese wiederum legte die Saat für den Zweiten Weltkrieg.

1944 war der Zweite Weltkrieg nicht zu Ende, ein Jahr sollte er noch währen, doch schon da hatten zwei Weltkriege binnen 25 Jahren die Weltwirtschaft an den Rand des Zusammenbruchs getrieben. Die politischen und wirtschaftlichen Belastungen waren tickende Zeitbomben. Die in Bretton Woods versammelten Planer wollten vermeiden, dass es nach Kriegsende zu ähnlichen Folgen wie durch den Vertrag von Versailles kommen würde. Man war auf der Suche nach einem Weg, den Handel und die Devisengeschäfte zu steuern, insbesondere zwischen den Vereinigten Staaten, Kanada, Australien, Westeuropa und Japan.

Das wichtigste Ergebnis von Bretton Woods: Die teilnehmenden Länder verständigten sich auf feste Wechselkurse zwischen ihrer jeweiligen Währung und dem US-Dollar als Reservewährung. Der wiederum konnte zu 35 Dollar pro Feinunze in Gold umgewandelt werden.

Ausländische Regierungen und ihre Zentralbanken konnten fortan auf Anfrage Dollar gegen amerikanisches Gold eintauschen. Damit war der US-Dollar »Gold wert« und stieg zur uneingeschränkten globalen Leitwährung auf. Die meisten internationalen Transaktionen wurden nunmehr in Dollar abgewickelt.

Aber Amerika ließ sich kurz darauf auf kostspielige Kriege ein, zunächst in Korea und später in Vietnam.

Präsident Lyndon B. Johnson lehnte es ab, die Kosten für den Vietnamkrieg durch zusätzliche Steuern aufzubringen. Die positive Handelsbilanz der USA trübte sich rasch ein, als Dollar in großen Mengen abflossen, um die Militärausgaben bestreiten zu können. Die Inflation stieg zügig an.

Ausländische Inhaber von Dollarbeständen mussten miterleben, wie die Währung schnell an Kaufkraft einbüßte. Die Franzosen prägten den Begriff von »Amerikas außerordentlichem Privileg«, das die Sonderstellung des Dollar als globale Leitwährung dem Land einräumt. 1965 entsandte der französische Präsident Charles de Gaulle Kriegsschiffe nach Amerika, um die Dollarbestände seines Landes gegen Gold einzutauschen. Viele andere Länder folgten kurz darauf.

Weil er eine Krise aufziehen sah, schloss Amerikas Präsident Richard Nixon am 15. August 1971 »das Goldfenster« und beendete die Konvertierbarkeit des US-Dollar in Gold.

Nachdem nun eine zentrale Eigenschaft von Bretton Woods fehlte, brach das gesamte System kurz darauf zusammen. Schon bald wurden die Währungen freigegeben und statt zu festen Preisen zu Marktwechselkursen gehandelt. Nachdem der Dollar nicht länger durch Gold gedeckt war, stand es den Vereinigten Staaten frei, nach Belieben Geld zu drucken und die Geldmengen aufzublähen.

Erst 1974 durften Amerikaner wieder Gold besitzen. Präsident Gerald Ford unterzeichnete ein Gesetz, das es amerikanischen Staatsbürgern ermöglichte, »Gold innerhalb der Vereinigten Staaten oder außerhalb zu erwerben, zu besitzen, zu verkaufen oder auf andere Weise damit Handel zu treiben«.

Vollends vom Gold abgetrennt, büßte der Dollar während der 1970er-Jahre zwei Drittel seiner Kaufkraft ein. Der Goldpreis kletterte um rund 1400 Prozent, der Silberpreis um erstaunliche 3700 Prozent.

Das hing auch damit zusammen, dass jemand einen Versuch unternommen hatte, den Silbermarkt unter seine Kontrolle zu bringen.

Kurz zusammengefasst

- Ungedeckte Währungen erlauben es Politikern, große Ausgaben zu tätigen und militärische Konflikte zu bezahlen.
- Länder drucken Papiergeld, um Schulden zurückzuzahlen. Das führt zu hyperinflationären Zusammenbrüchen.
- Amerikas Präsident Nixon kappte die Kopplung des Dollar an Gold und verursachte damit in den 1970er-Jahren eine hohe Inflation in den USA.

Kapitel 6

Der Silbermarkt unter Druck, Teil 1

1974 starb der Ölmagnat H. L. Hunt und hinterließ ein milliardenschweres Erbe.

Seine Söhne Herbert und Nelson »Bunker« Hunt überlegten sich damals, dass Anleger auf der Suche nach Schutz vor der Inflation auf den Markt für Silber und Gold drängen würden.

Wie recht sie doch hatten.

Also nahmen die Brüder ihr Erbe und stürzten sich damit auf den Rohstoffmarkt, kauften physische Silberbestände auf und sogar Terminkontrakte. Doch sie beglichen diese Kontrakte bei Fälligkeit keineswegs in bar, sondern bestanden darauf, das Silber ausgehändigt zu bekommen. Auf diese Weise häuften sie rasch einen gewaltigen Vorrat an Silber an und gaben viel Geld dafür aus, noch weiteres Silber zu kaufen.

Irgendwann begannen sie, den guten Namen ihrer Familie mit in die Waagschale zu werfen und ihr Vermögen zu beleihen. Herbert und Nelson überredeten sogar andere wohlhabende Anleger, beispielsweise aus Saudi-Arabien, sich immer weiter mit Silber einzudecken und Terminkontrakte zu kaufen.

Ihre beträchtlichen Vorräte begannen, Händler und Spekulanten, die mit Leerverkäufen arbeiteten, also »Short Selling« betrieben, unter Druck zu setzen. Mit Beständen im Wert von 4,5 Milliarden Dollar dominierten die Hunts den Silbermarkt und trieben den Silberpreis im Januar 1980 auf 50 Dollar. Damit jedoch zogen sie den Zorn Washingtons auf sich, denn dort bewertete man das Vorgehen der Hunts als Marktmanipulation.

Die für Rohstoffmärkte zuständigen Aufsichtsbehörden schränkten für Silber den Verkauf von Terminkontrakten ein, bei denen auf steigende Kurse gesetzt wird (»Long-Position«), und schnitten die Hunts damit von der Möglichkeit ab, weiter einzukaufen. Jetzt ergab sich die Gelegenheit, die Silberpreise durch Leerverkäufe zu drücken. Die Hunts gerieten immer stärker unter Druck, als die Nachschussforderungen bei ihren ausstehenden Darlehen immer größer wurden.

Fest entschlossen, die Pläne der Hunts zu durchkreuzen, forderte die Federal Reserve die Banken auf, keine Kredite für Spekulationsgeschäfte mehr zu vergeben. Als den Märkten klar wurde, dass die Hunts auf die Zahlungsunfähigkeit zusteuerten, raste der Silberpreis umso schneller in den Keller. Die Sieben gilt seit Langem vielen als Glückszahl, aber die »Silver Rule 7«, die die Aufsicht der New Yorker Warenterminbörse COMEX auferlegte, beschnitt die Möglichkeiten, Rohstoffe auf Pump zu kaufen, drastisch.

Der Silberpreis stürzte darauf nur noch weiter, am Markt griff Panik um sich.

Innerhalb von gerade einmal 4 Tagen halbierte sich der Preis, weil die Angst grassierte, die Brüder könnten ihren Verpflichtungen nicht länger nachkommen und die Brokerhäuser, über die die Hunts ihre Terminkontrakte gekauft hatten, könnten untergehen. Das war der Auftakt für den »Silver Thursday«, den 27. März 1980, den Tag, an dem die Hunts tatsächlich eine Nachschussforderung nicht bedienen konnten und der Silberpreis daraufhin bis unter 11 Dollar abstürzte.

Trotzdem wurde kaum 17 Jahre später wieder Silber in großem Stil gekauft.

Kurz zusammengefasst

- Die milliardenschweren Gebrüder Hunt versuchten Mitte der 1970er-Jahre, sich die Kontrolle über den Silbermarkt zu sichern.
- Eine Zeit lang ging ihr Vorhaben auf, der Silberpreis stieg bis 1980 auf 50 Dollar.
- Die Federal Reserve setzte die Banken unter Druck, keine Spekulationsgeschäfte mehr zu finanzieren, und drehte den Hunts damit den Hahn ab.

Kapitel 7

Warren Buffett und der Silbermarkt

Der legendäre Investor Warren Buffett ist für viele Dinge bekannt, beispielsweise seine öffentlich bekundete Abneigung gegen Gold. Das hinderte seinen Mischkonzern Berkshire Hathaway (NYSE[2]-Kürzel: BRK:A/BRK.B) aber nicht daran, in Barrick Gold zu investieren, einen der größten Goldschürfer der Welt. 2020 erwarb Berkshire für nahezu 600 Millionen Dollar Barrick-Aktien.

Weitaus weniger bekannt ist, wie stark Buffett in Silber investierte. 1997 begann Berkshire damit, das Edelmetall zu kaufen – und zwar in großem Stil. Bis 1998 hatte Buffett 130 Millionen Unzen beisammen, knapp 3500 Tonnen, die er in London in Empfang nahm.

Jetzt fragen Sie vielleicht: »Wenn er so viel Silber kauft, versucht er dann im Grunde nicht, sich die Kontrolle über diesen Markt zu sichern? Schließlich führte sein Vorgehen dazu, dass die Lease-Rates für Silber auf das Jahr hochgerechnet um 75 Prozent in die Höhe schnellten!« Doch bei Berkshire schien das nicht der Fall zu sein.

Als mit allen Wassern gewaschener Investor ist Buffett möglicherweise zu einem Zeitpunkt in den Silbermarkt eingestiegen, als der Preis inflationsbereinigt niedriger denn je zuvor war.

Die folgende Grafik zeigt die Silberpreisentwicklung über einen Zeitraum von 650 Jahren hinweg, von 1344 bis 1998. Der Preis ist inflationsbereinigt in Dollar von 1998 dargestellt.

Die Grafik zeigt, dass Buffett im Umfeld des niedrigsten Silberpreises der vergangenen 650 Jahre einstieg. Berkshire hielt sein Silber eine Zeit lang und stieß es schließlich Anfang 2006 zum nahezu doppelten Preis ab, was mal eben 100 Millionen Dollar Gewinn einbrachte.

2 Anm. d. Übers.: NYSE ist die New York Stock Exchange, die größte Wertpapierbörse der Welt.

Inflationsbereinigter Silberpreis

1344–1998 (in Dollar von 1998)

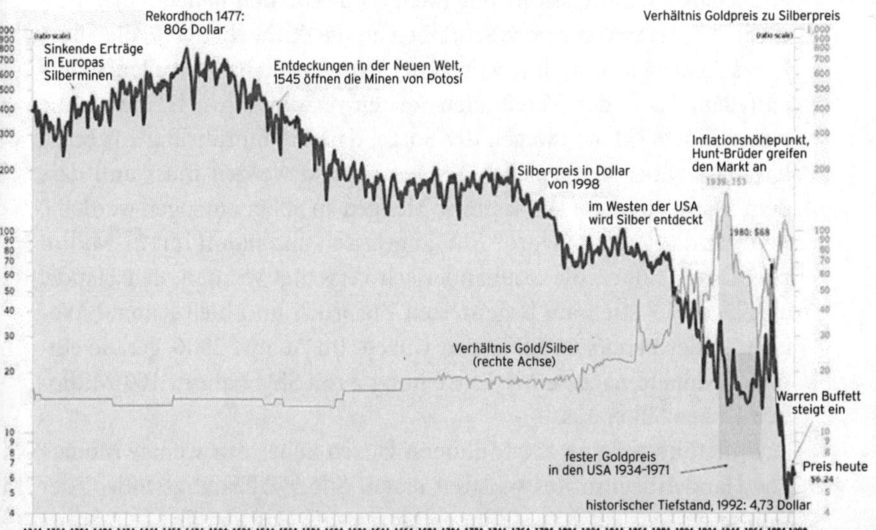

Quelle: *sdbullion.com*

Der Zeitpunkt, zu dem Berkshire verkaufte, ist interessant, steht er doch im Zusammenhang mit einem anderen wichtigen Ereignis in der modernen Geschichte des Silbers.

Beträchtlichem Widerstand zum Trotz wurde im April 2006 ein Exchange Traded Fund (ETF) für die Notierung an der American Stock Exchange[3] zugelassen – der iShares Silver Trust ETF (NYSE-Kürzel: SLV). (Ein ETF ist wie eine Aktie. Der ETF SLV bildet die Entwicklung des Silberpreises ab und ist durch Silber gedeckt.)

Es war der erste Silber-ETF weltweit, er musste sich aber zunächst gegen schwere Widerstände durchsetzen.

3 Anm. d. Übers.: Eine Wertpapierbörse in New York, heute heißt sie NYSE American.

Der 1947 gegründete Branchenverband Silver Users Association setzte sich bei der amerikanischen Wertpapieraufsicht SEC (Securities & Exchange Commission) vehement dafür ein, den neuen Silber-ETF nicht zuzulassen. In einem Schreiben an die SEC behauptete die Silver Users Association, auf ihre Mitglieder würden »80 Prozent allen Silbers entfallen, das in den Vereinigten Staaten verwendet wird«. Man lehne einen Silber-ETF ab »wegen der Sorge, dass die Einführung zur Folge hat, dass Silber in speziellen Konten geparkt werden muss und dass dem Markt auf diese Weise große Mengen an Silber entzogen werden«.

Trotz der Proteste wurde SLV zugelassen und nahm mit 21 Millionen Unzen Silber, die treuhänderisch verwaltet wurden, den Handel auf. Der ETF stieß auf begeisterten Zuspruch und hielt kaum 2 Wochen später bereits 65 Millionen Unzen. Im August 2006, gerade einmal 4 Monate nach seiner Entstehung, wies SLV nahezu 100 Millionen Unzen Silber aus.

Buffett hatte seine 130 Millionen Unzen Silber nur wenige Monate vor Handelsbeginn des weltweit ersten Silber-ETFs abgestoßen, der nun seinerseits auf 100 Millionen Unzen saß. Hatte Buffett sein Silber verkauft, um bei der Finanzierung von SLV zu helfen? Gab deshalb die SEC grünes Licht? Die Antwort darauf werden wir möglicherweise niemals erfahren, aber die Frage drängt sich auf.

Kurz zusammengefasst

- Auch ein Warren Buffett machte dank Silber gewaltige Gewinne.
- Er kaufte 130 Millionen Unzen zu einem Zeitpunkt, als Silber inflationsbereinigt so günstig wie fast nie während der vergangenen 650 Jahre war.
- Möglicherweise hat er damit den ersten silbergedeckten ETF überhaupt ermöglicht. Dieser sah sich vor der Zulassung heftiger Kritik ausgesetzt.

In **Teil I** habe ich Ihnen gezeigt, dass Silber über Tausende Jahre als Währung diente und Handelsgeschäfte entscheidend begünstigt hat. Viele Eigenschaften des Silbers machen es zu einer idealen Währung.

Silber stand im 20. Jahrhundert vor einigen wichtigen Herausforderungen, doch eine merkwürdige finanzielle Ironie stimmt mich ausgesprochen optimistisch, was die Zukunft von Silber anbelangt.

Die Prognosen für Amerikas Wirtschaft (und die Weltwirtschaft insgesamt) sind nicht sonderlich rosig, aber je größer unsere wirtschaftliche Not, desto besser die Aussichten für Silber.

Woran das liegt, zeige ich Ihnen in **Teil II**. Ich beginne dann auch damit, Ihnen zu erklären, was Sie tun sollten, um sich zu schützen, von den Entwicklungen zu profitieren und Ihr Vermögen zu vermehren.

Teil II

Warum Silber heute wichtig ist

Einleitung

Finanzschwindel

Geld wird gerne als etwas Geheimnisvolles oder Komplexes dargestellt. Lassen Sie sich davon nicht täuschen.

Geht es bei Debatten um Geldmengen, Zinssätze und Inflation in die Tiefe, fallen einem rasch die Augen zu.

Aber wenn Ihnen ein Lebensabend ohne finanzielle Sorgen wirklich wichtig ist, sollten Sie wenigstens die Grundlagen von Geld verinnerlicht haben.

Und tatsächlich ist es im Grunde gar nicht so kompliziert.

Stellen Sie sich Geld als Speicher vor, der die Früchte Ihrer Anstrengungen lagert.

Geld, so heißt es, steht für »gespeicherte Arbeit«, und Sie greifen zu einem späteren Zeitpunkt darauf zu und geben so viel davon aus, wie Sie möchten oder müssen.

Aber wenn es darum geht, Ihr angespartes Guthaben zu einem späteren Zeitpunkt einzusetzen, ist es wichtig, die Kaufkraft Ihres Gelds zu erhalten. Umso wichtiger wird das, wenn die Inflation die Zinssätze deutlich übersteigt.

Geld ist als Rechnungseinheit gedacht, als Tauschmittel und als Wertanlage.

Das Problem dabei: Ist eine Währung durch nichts von intrinsischem Wert gedeckt, verliert sie mit der Zeit an Wert. Ideal ist es, wenn eine Währung an etwas gekoppelt ist, das Wert besitzt und in dessen Herstellung Zeit und Mühe investiert wurde. Dieses Missverhältnis wird immer schlimmer, denn die Länder, die Fiatwährungen ausgeben (Geld, das durch nichts gedeckt ist), neigen dazu, immer mehr und mehr davon herzustellen.

In den kommenden Kapiteln mache ich Sie mit einigen der eklatantesten Finanzschwindel vertraut, die die Zentralbanken in den vergangenen Jahrhunderten und in jüngerer Zeit abgezogen haben. Sie werden besser verstehen, was sie getan haben, aus welchen Gründen sie es getan haben und warum das die Aussichten für Silber verbessert.

Mit diesem Wissen im Rücken verfügen Sie über einen enormen Vorteil gegenüber anderen Anlegern – und genau das ist der Schlüssel zu den überraschenden Gewinnen, nach denen wir suchen.

Kapitel 8

Die Mär von der unbegrenzten Geldmenge

Auf einem Familienurlaub legten wir 2011 Halt in Venedig ein. Natürlich sahen wir uns die Orte an, die man sich ansehen »muss« – die Rialtobrücke, den Markusdom und den Markusplatz. Schon damals war mein Sohn ein großer Freund von Filmen, also hielten wir auch an der Kirche San Barnaba, deren Fassade im Film *Indiana Jones und der letzte Kreuzzug* als Außenseite einer Bibliothek herhalten musste.

Ich dagegen, ein Nerd in Sachen Wirtschaftshistorie, musste die kleine, aber prachtvolle Kirche San Moisè besichtigen.

Sie war offenkundig kein Touristenmagnet. Als ich die Kirche betrat, lief dort eine Messe, die nur von Einheimischen besucht wurde. Ich wartete geduldig. Anschließend suchte ich den Priester auf und fragte ihn, wo es ist. Er zeigte auf den Boden hinter mir.

Und da wurde mir klar, dass ich direkt darüber hinweggestapft war.

Praktisch direkt hinter den massiven, jahrhundertealten Holztüren liegt eine große, beschriftete Grabplatte. Sie bedeckt die letzte Ruhestätte eines der größten Finanzbetrügers der Menschheitsgeschichte.

Der Schotte John Law gelangte zu zweifelhaftem Ruhm, indem er dazu beitrug, Frankreichs Volkswirtschaft über die Klippe zu treiben. (Auf der Grabplatte steht sein Name als »Oannis Law Edinburgensi«, »Johannes Law aus Edinburgh«, wie man auf dem Foto auf Seite 60 sieht.)

Mich fasziniert die Geschichte von John Law und der Mississippi-Blase, einer der größten Spekulationsblasen der Moderne, und weil ich wusste, dass Law hier begraben liegt, wollte ich mir die Grabplatte ansehen.

Als 1715 König Ludwig XIV. von Frankreich starb, hinterließ er eine gewaltige Staatsverschuldung, weil er sich mit geliehenem Geld überall in Frankreich opulente Schlösser gebaut hatte. Sein Erbe, Ludwig XV., war erst 5 Jahre alt, also wurde dem Herzog von Orléans die politische

Regentschaft übertragen. Die Schuldenlast war enorm – so enorm, dass die Steuereinnahmen nicht einmal dafür ausreichten, die Zinsen zu begleichen.

Kurz gesagt: Frankreich war bankrott.

Dann erschien um das Jahr 1716 herum der bis dato unbekannte John Law auf der Bildfläche.

Im Gepäck hatte er einen Vorschlag, wie Frankreich seine Schulden rasch loswerden könnte. Law überzeugte den Herzog, das Problem sei, dass sich zu wenig Geld im Umlauf befinde (Geld war zu der Zeit auf Silber und Gold beschränkt). Law erhielt die Erlaubnis, eine Notenbank ins Leben zu rufen, die Banque Générale, die Geldscheine drucken durfte. Die Bank nahm Silber und Gold entgegen und händigte den Einlegern im Gegenzug Schriftstücke aus, in denen garantiert wurde, dass man diese Schriftstücke jederzeit gegen Münzen in Silber und

Grabplatte von John Law, schottischer Ökonom

Kirche San Moisè, Venedig, Italien

Quelle: *silverstockinvestor.com*

Gold umtauschen konnte. Den Menschen gefiel die Idee, die Banknoten gingen in Umlauf und stießen auf breite Akzeptanz. Aber die Bankeinlagen waren nur teilweise durch Edelmetalle gedeckt, die Banque Générale arbeitete also mit einem Mindestreservesystem.

Law gründete die Mississippi-Kompanie, die die exklusiven Rechte am Handel mit der damals noch französischen Kolonie Louisiana erhielt. Frankreich hatte mit ansehen müssen, wie sich der Rest Europas am Handel mit Ostindien bereicherte, nun pries man die Mississippi-Kompanie den französischen Bürgern als Gelegenheit an, sich in der Neuen Welt auf ähnliche Weise zu bereichern. Eifrig stürzten sich die Menschen auf die Aktien an dem Unternehmen und bezahlten dafür mit ihren Geldscheinen.

Dreimal dürfen Sie raten, was als Nächstes geschah …

Wann immer der Aktienkurs der Mississippi-Kompanie ins Trudeln geriet, druckte Law einfach weitere Banknoten. Dieses zusätzliche Papiergeld diente dazu, Aktien zu kaufen, den Kurs zu stützen und den Eindruck zu wahren, dass das Unternehmen gut dastand. Tatsächlich war Louisiana zum damaligen Zeitpunkt kaum mehr als ein großer Sumpf, der nur wenig echten Umsatz einbrachte. Das Unternehmen war ein Reinfall.

Trotzdem konnte Law wiederholt die Mississippi-Blase aufblähen, indem er weiter Papiergeld druckte, um den Aktienkurs seines Unternehmens in die Höhe zu treiben. Aber dann bekamen einige Bürger Wind davon, dass die Notenbank mehr Geld ausgab, als durch ihre Gold- und Silberreserven gedeckt war. Das führte zu einem Bank-Run der alten Schule. Die Banque Générale konnte die Menschen, die ihr Geld abheben wollten, nicht länger auszahlen, und das Vertrauen in Frankreichs Papiergeld brach in sich zusammen.

Im Januar 1720 betrug die Inflation 23 Prozent, Tendenz steigend. Frankreich vollzog einen finanziellen Neustart.

Sofort hielten Silber und Gold wieder als Standardgeld Einzug. Law konnte keine Banknoten mehr drucken und Aktien der Mississippi-Kompanie kaufen. Seine Machenschaften flogen auf, und das Unternehmen stürzte ab. Es kam zu Unruhen, vor denen Law floh. Er landete schließlich in Venedig, wo er später auch starb und in der Kirche San Moisè begraben wurde.

Kaufkraft des US-Dollar seit 1913

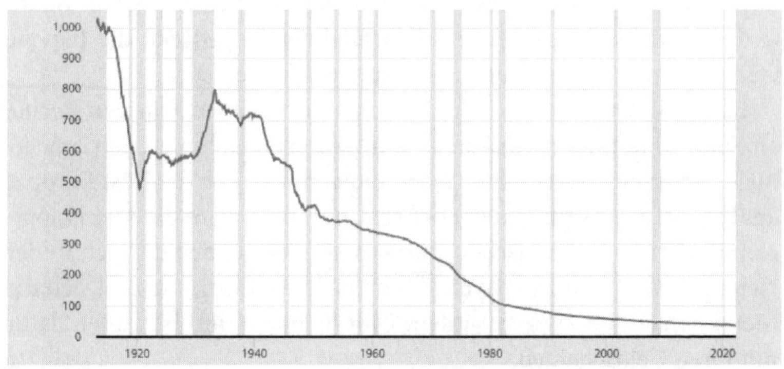

Quelle: Federal Reserve Bank of St. Louis

Die Lektion aus diesen Ereignissen: Wird viel zu viel Papiergeld gedruckt, kollabiert es früher oder später. Und ist dieser Zeitpunkt gekommen, erfolgt der Zusammenbruch schneller, als die Menschen glauben.

Wer allerdings an seinem Silber festhielt, als die Fiatwährung in sich zusammenbrach, kam bestens zurecht.

Aber wir müssen nicht bis ins alte Rom oder auch nur bis ins 18. Jahrhundert zurückgehen, um Beispiele dafür zu finden, welche verheerenden Folgen die Abwertung einer Währung haben kann. Wir wissen bereits, dass das ungebremste Gelddrucken der vergangenen Jahre zum Anschwellen von Aktien- und Immobilienmärkten geführt hat, sodass sie sehr stark heutigen Mississippi-Blasen ähneln.

Und wenn diese Blase platzt, tun Sie gut daran, Silber zu besitzen.

Sehen Sie sich an, wie es dem US-Dollar ergangen ist. Er hat seit 1913 mehr als 95 Prozent seiner Kaufkraft eingebüßt.

Das bedeutet: Für 100 Dollar aus dem Jahr 1913 bekommen Sie heute keine 5 Dollar an Waren und Dienstleistungen mehr, der Wertverlust seit damals betrug gemittelt 3,01 Prozent jährlich.

Ich habe Ihnen gesagt, dass Silber vor einem Abschwächen der Währung schützt.

Wachstum der globalen Geldmenge
2000–2021

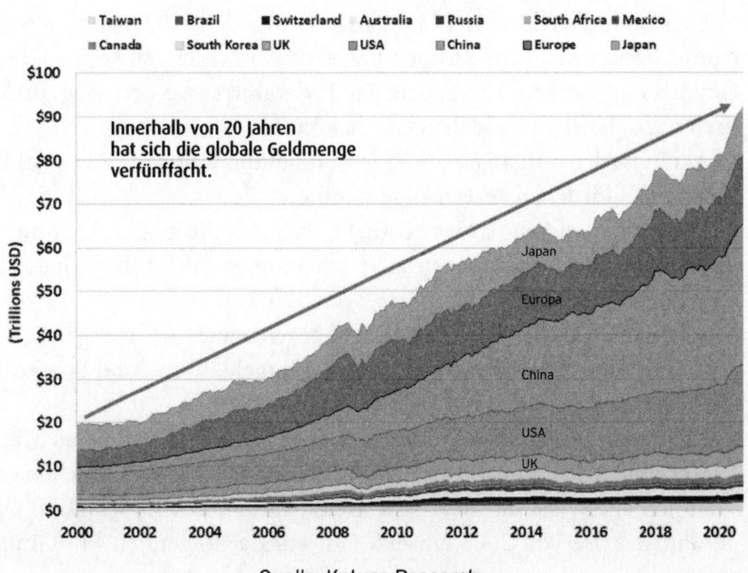

Quelle: Katusa Research

Hier ist der Beweis:

Der durchschnittliche Silberpreis belief sich 1913 auf 60 US-Cent pro Feinunze. Gehen wir von einem aktuellen Preis von 25 Dollar für die Feinunze aus, bedeutet dies, dass Silber über diese 109 Jahre hinweg durchschnittlich 3,52 Prozent pro Jahr an Wert gewonnen hat.

Es ist kein Zufall, dass 1913 das Jahr ist, in dem der neu erschaffenen Federal Reserve die Hoheit über die Geldversorgung Amerikas übertragen wurde. Der Auftrag lautete, dafür zu sorgen, dass die Volkswirtschaft der Vereinigten Staaten reibungslos läuft. Wie wir sehen werden, ist dieser Auftrags keineswegs immer zur vollsten Zufriedenheit erfüllt worden.

Seit mehr und mehr Dollar erschaffen werden, befindet er sich in einem nahezu ununterbrochenen Verfall. Die einzige Ausnahme ist ironischerweise zwischen 1929 und 1933 während der Weltwirtschaftskrise zu beobachten, als die Kaufkraft des Dollar zunahm. Damals herrschte Deflation, und die Geldmenge schrumpfte um 31 Prozent. Die Preise fielen, der Wert des Dollar stieg.

Es ist kein Zufall, dass 1933 die Exekutivorder 6102 unterzeichnet wurde, um die Gelddruckmaschinen erneut anwerfen zu können. Das Gesetz Gold Reserve Act ebnete der Federal Reserve den Weg, praktisch nach Belieben Geld drucken zu können.

Allein in den vergangenen 20 Jahren hat die weltweite Aktivität in Sachen Gelddrucken enorm zugenommen.

Die Grafik auf Seite 63 verdeutlicht, dass sich die globale Geldmenge allein in den vergangenen zwei Jahrzehnten verfünffacht hat. Sie finden, das sieht aus wie eine Blase? Recht haben Sie.

Was die USA angeht, ist die als M2 bezeichnete Geldmenge in diesem Zeitraum explodiert. (M2 umfasst Bargeld, Giro- und Sparkonten, Geldmarktkonten und Investmentfonds.)

2000 betrug M2 4600 Milliarden Dollar, 2021 belief sie sich auf 19 500 Milliarden Dollar. Ein Ende ist nicht in Sicht. Was wirklich erstaunlich ist: Selbst das hektische Gelddrucken, das als Reaktion auf die Finanzkrise von 2008 einsetzte, ist auf der folgenden M2-Grafik nur ein kleiner Ausreißer.

Geldmenge M2 der USA

2000–2021

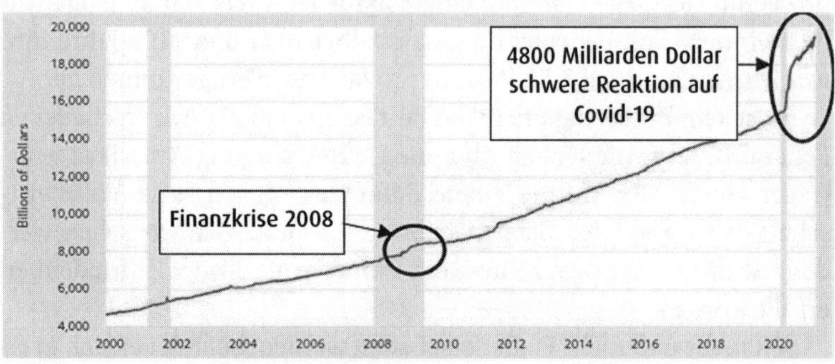

Quelle: Federal Reserve Bank of St. Louis, *silverstockinvestor.com*

Und noch ein erstaunlicher Fakt aus der Grafik auf Seite 64: **Stand Mitte 2021, die Covid-19-Pandemie hatte gerade ihren Höhepunkt überschritten, waren 25 Prozent sämtlicher im Umlauf befindlicher US-Dollar innerhalb der vorangegangenen 18 Monate gedruckt worden.**

Das muss man erst einmal verdauen, oder?

Als Reaktion auf die Finanzkrise von 2008 verdoppelte sich die Bilanz der Fed von 1000 Milliarden Dollar auf 2000 Milliarden Dollar und wuchs im Anschluss weiter. 2019 erreichte sie 4000 Milliarden Dollar, und als Reaktion auf die Covid-19-Pandemie verdoppelte sie sich bis Mitte 2021 erneut auf nunmehr 8000 Milliarden Dollar. Federal Reserve und Bundesregierung zogen bei ihren gewaltigen und in ihrem Umfang beispiellosen Konjunkturpaketen und Hilfsmaßnahmen für Einzelpersonen und Unternehmen sämtliche Register.

Das erklärt, warum die Verschuldung der amerikanischen Bundesregierung derart explodieren konnte, von 10 000 Milliarden Dollar im Jahr 2008 auf über 30 000 Milliarden Dollar im Jahr 2022.

Lassen Sie mich das noch einmal wiederholen: **Die Schulden der USA haben sich in gerade einmal 14 Jahren verdreifacht.**

Bilanzsumme der Federal Reserve

2003–2022

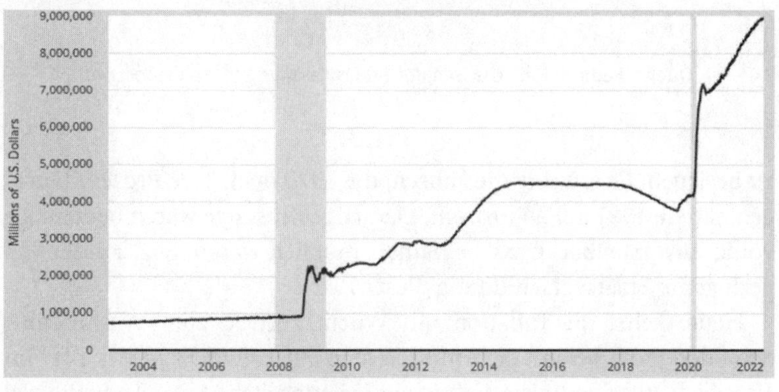

Quelle: Federal Reserve Bank of St. Louis

In den 1970er-Jahren entsprach die Verschuldung der Bundesregierung etwa 35 Prozent des Bruttoinlandsprodukts (BIP). Silber erlebte in diesem Jahrzehnt dank starker Inflation, die auf 14,8 Prozent kletterte, einen gewaltigen Bullenmarkt.
Dem damaligen Fed-Chef Paul Volcker gelang es schließlich mit einem legendären Schachzug, der in die Finanzhistorie einging, die Inflation

Staatsschuldenquote der USA
1965–2021

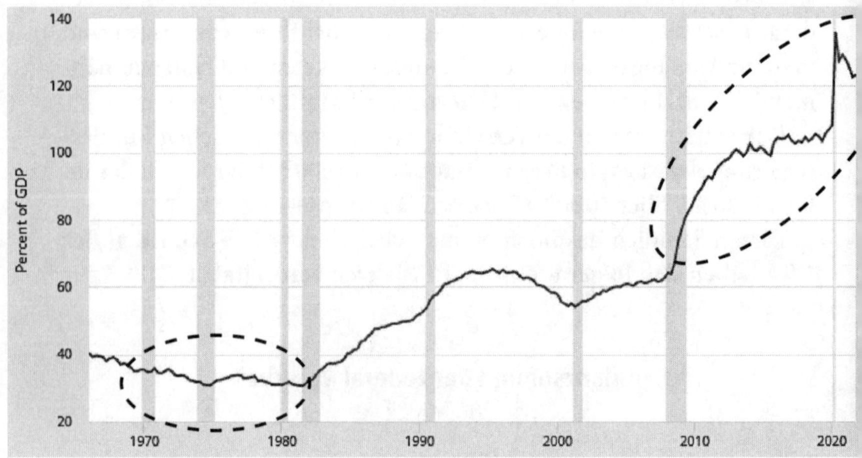

Quelle: Federal Reserve Bank of St. Louis, *silverstockinvestor.com*

zu besiegen: Er erhöhte die Zinsen, die 1979 noch 11,2 Prozent betragen hatten, 1981 auf 20 Prozent. Derartige Zinssätze wären heutzutage völlig unvorstellbar. Dass sie damals möglich waren, liegt an der viel geringeren Staatsverschuldung dieser Zeit.

Heute kehrt die Inflation mit Wucht zurück, aber Washingtons Schuldenquote beläuft sich mittlerweile auf 130 Prozent des BIP. Im Vergleich zu seiner wirtschaftlichen Leistung steht Amerika heute viel tiefer in der Kreide als in den 1970er-Jahren. Und damit erscheint die finanzielle Stabilität deutlich anfälliger.

Die Vereinigten Staaten können es sich nicht leisten, die Zinssätze stark zu erhöhen und auf diese Weise einer hohen Inflation etwas entgegenzusetzen. Bei einem Leitzins von um die 1,4 Prozent belaufen sich allein die Kosten für den Schuldenzins auf etwa 5 Prozent des Staatshaushalts. Bestätigen sich Prognosen, die von einem Anstieg der Zinsen auf gerade einmal 2,8 Prozent ausgehen, würde der Schuldendienst innerhalb von 10 Jahren auf 11 Prozent des Bundeshaushalts anschwellen.

Die gemeinnützige Organisation Committee for a Responsible Budget sagt, steigen die Zinsen schrittweise um gerade einmal 2 Prozentpunkte über das aktuelle Niveau, kommen auf Washington über das nächste Jahrzehnt 11 100 Milliarden Dollar allein an Zinszahlungen zu. Übersetzt heißt das: Knapp 20 Prozent des derzeitigen Staatshaushalts würden auf die Begleichung von Zinsen entfallen.

Genau wie nahezu alle anderen Industrienationen steckt auch Amerika in einer sehr heiklen Lage: Sollte die Inflation stärker in die Höhe schießen, kann man es sich nicht erlauben, die Zinssätze entsprechend anzuheben. Das bedeutet, es wird unwahrscheinlicher, dass man eine höhere Inflation in den Griff bekommt. Ich gehe davon aus, dass dies zu einem finanziellen Neustart führt, in dessen Verlauf Währungen stark an Kaufkraft einbüßen.

Diese Schuldenspirale, die sich immer stärker beschleunigt, ist das Ergebnis niedriger Zinsen. Gegen ein derartiges Szenario können wir nicht viel unternehmen, und wie ich Ihnen gezeigt habe, ist es in der Vergangenheit schon häufig zu einer derartigen Situation gekommen.

Leider haben nur die allerwenigsten Leute eine Vorstellung davon, was geschieht, wenn eine Währung zusammenbricht. Und sie wissen noch weniger, wie sie sich auf etwas Derartiges einrichten sollten. Doch Fakt ist: Silber hat sich stets als Schutz gegen derartige Krisen erwiesen.

Im nächsten Kapitel werden Sie sehen, dass das Experimentieren mit niedrigen Zinsen keine neue Erfindung ist. Und dass so etwas nicht gut ausgeht.

Kurz zusammengefasst

- 1913 wurde die Federal Reserve ins Leben gerufen. Seitdem hat der Dollar 95 Prozent seines Werts eingebüßt.
- Allein in den vergangenen 20 Jahren hat sich die globale Geldmenge verfünffacht. Das erinnert an die Mississippi-Blase.
- Die gewaltige Verschuldung hat zur Folge, dass wir es uns nicht leisten können, die Zinsen zu erhöhen. Damit steigt die Wahrscheinlichkeit einer höheren Inflation.

Kapitel 9

Zinsen auf dem tiefsten Stand überhaupt

Falls Sie nicht überzeugt sein sollten, dass wir uns bereits in einer Extremsituation befinden:

In 5000 Jahren schriftlicher Überlieferung waren Zinsen nie so niedrig wie heute.

Hier eine Grafik der Zinssätze bis zurück ins Jahr 3000 vor unserer Zeitrechnung.

Zinssätze

3000 vor unserer Zeitrechnung bis in die 2000er-Jahre

Quelle: *businessinsider.com*, Bank of England, Global Financial Data, Sidney Homer und Richard Sylla, *A History of Interest Rates*

In dem wegweisenden Werk *A History of Interest Rates* zeigt Sidney Homer, wie sich im Laufe der Jahrhunderte die Zinssätze verändert haben. Er schildert »Wiederholungsmuster«, beobachtet aber auch

»einen fortschreitenden Rückgang der Zinssätze, während sich die Nationen oder Kulturen entwickelten und aufblühten, **gefolgt von einem scharfen Anstieg der Zinsen, wenn eine Nation oder Kultur ihren Höhepunkt überschritt und abstürzte«**.

Meiner Meinung nach steht das amerikanische Imperium kurz vor einem raschen Abstieg. Amerikas Rolle als weltgrößte Volkswirtschaft ist im Schwinden begriffen, und das wird dazu führen, dass sich der Lebensstandard der Amerikaner verschlechtern wird.

Die Mittelschicht wird dramatisch schrumpfen, die Kluft zwischen Arm und Reich wachsen. Die meisten Industrienationen werden unter einer Zunahme der Inflation leiden, unter einer raschen Abwertung ihrer Währung und letztlich dem unvermeidbaren starken Anstieg der Zinssätze. Als »reich« werden dann Anleger gelten, die große Mengen an realen Vermögenswerten in ihrem Besitz haben – beispielsweise Immobilien, Rohstoffe, Gold und Silber.

Das Leben wird deutlich teurer werden.

Wenn Sie Beweise dafür haben möchten, müssen Sie nicht lange suchen – schauen Sie sich einfach die harten, harten 1970er-Jahre an.

Nicht die Discomusik war das Schlimmste an dieser Zeit – es war die Inflation.

Und Silber legte allein in diesem Jahrzehnt um Tausende Prozent zu.

Aber zurück zu heute: Bedenken Sie die wirtschaftliche Gesamtlage. Der US-Leitzins Federal Funds Rate liegt bei nahezu null – und das mehr oder weniger ständig, seit wir Anfang 2009 die Weltfinanzkrise hinter uns ließen.

So etwas gab es noch nie zuvor. Kein einziges Mal.

Die niedrigsten Zinssätze in 5000 Jahren Menschheitsgeschichte lassen Sie nicht vor Angst schlackern? Und wenn ich Ihnen erzähle, dass im Hintergrund eine weitere Intervention des Menschen läuft, eine Intervention, die die Dinge zehnmal schlimmer macht?

Kurz zusammengefasst

- Die Zinsen sind so niedrig wie nie zuvor in den vergangenen 5000 Jahren.
- Zinsen bleiben lange niedrig, dann steigen sie rasch an und bringen längerfristigen wirtschaftlichen Abstieg mit sich.
- Das ebnet den Weg für Inflationsschübe, die einen Anstieg der Silberpreise verursachen.

Kapitel 10

Sie wollen einen Kredit? Wir bezahlen Sie dafür!

Ich spreche von Negativzins.

Das Prinzip klingt völlig absurd, denn hier **streicht der Schuldner Zinsen ein, während der Gläubiger dafür bezahlen muss, dass er Geld verleiht.** Doch in Zeiten der Verzweiflung greifen Regierungen und Zentralbanken zu verzweifelten Maßnahmen.

Eine Negativzinspolitik kann es nur dann geben, wenn Zentralbanken eingreifen und bekloppte Ideen in die Tat umsetzen. Auf natürlichem Weg ist dergleichen nicht möglich. In einer freien Marktwirtschaft sollte so etwas wie Negativzinsen nicht existieren.

Denken Sie darüber nach: Sie sind Gläubiger, Sie gehen also ein Risiko ein, indem Sie Geld verleihen – und dafür müssen Sie bezahlen?! Der Schuldner erhält einen Kredit und bekommt auch noch Geld dafür.

Das läuft den Naturgesetzen der Wirtschaftslehre zuwider und stellt alles auf den Kopf.

Ein Gläubiger sollte dafür belohnt werden, ein Risiko einzugehen. Aber wir haben schon früher Negativzinsen erlebt, und beunruhigenderweise sehen wir sie mittlerweile häufiger denn je. Nach der Weltfinanzkrise von 2008 führten mehrere westliche Nationen, insbesondere in Europa, Negativzinsen ein. Dahinter steckte der verzweifelte Wunsch, die Konjunktur anzukurbeln.

Für das Geld, das sie bei den Zentralbanken eingelagert haben, müssen Banken Zinsen bezahlen. Das soll sie dazu bewegen, ihr Geld nicht bei der Zentralbank zu parken, sondern es zu verleihen. Bei den Zentralbanken hofft man, dass Negativzinsen die Menschen dazu bringen, in den Aktienmarkt zu investieren, in Immobilien und in Massenkonsumgüter, während Unternehmen Geld in die Expansion stecken sollen, anstatt Mittel ungenutzt herumliegen zu lassen. Wenn sie das trotzdem tun möchten, müssen sie halt dafür bezahlen.

Aber Negativzinsen sind etwas Künstliches. Sie ermutigen dazu, sich zu verschulden und unternehmerische Vorhaben in Angriff zu nehmen, die unter anderen Umständen nicht rentabel wären. Kehren die Zinssätze in den Normalbereich zurück, gehen Menschen bankrott und Firmen machen Pleite.

Wie sich herausstellt, war das schon früher der Fall – in den 1970er-Jahren.

Das erste Land, das Negativzinsen verhängte, war die Schweiz. In den 1970er-Jahren entschied sich die Schweizerische Nationalbank für diesen Schritt, weil sie verhindern wollte, dass ausländische Investoren den Wechselkurs des Schweizer Franken in die Höhe treiben. Je stärker der Franken, desto kostspieliger wird es für Menschen außerhalb der Schweiz, Schweizer Exportartikel zu kaufen.

Ist es Ihnen aufgefallen? Schon wieder die 1970er-Jahre. Die Volkswirtschaft der Schweiz war für hochwertige Exporte ausgelegt, zudem fuhr das Land eine verantwortungsbewusste Fiskalpolitik und agierte zurückhaltend. All das machte es als sicheren Hafen attraktiv.

Bevor Präsident Nixon das Goldfenster zuschlug, war der Wechselkurs des Schweizer Frankens festgeschrieben. Die Währung wurde künstlich billig gehalten, was die Exporte vergleichsweise günstig machte und die Schweizer Volkswirtschaft ankurbelte.

Nachdem Bretton Woods der Geschichte angehörte, begannen Währungen zu »floaten«, die Wechselkurse entwickelten sich also flexibel. Zwischen 1971 und 1978 stieg der Wert des Schweizer Franken gegenüber dem US-Dollar um mehr als 100 Prozent an, ein herber Schlag für Schweizer Exporteure.

Die Schweizer Regierung probierte mit diversen Taktiken und Strategien, ausländische Sparer abzuschrecken und den Kauf des Schweizer Franken unattraktiv zu machen. So wurde ein 2-prozentiger, quartalsweise erhobener Strafzins auf Spareinlagen verhängt. Das führte nicht zum Ziel, also kam im nächsten Schritt ein »Negativzins« in Höhe von 12 Prozent auf Spareinlagen ausländischer Anleger. Auch das funktionierte nur zeitweise.

Das Geld strömte trotzdem weiter in die Schweiz. Im Januar 1975 kam die Regierung zu einer Notfallsitzung zusammen und beschloss dort einen jährlichen Strafzins in Höhe von atemberaubenden 41 Prozent auf ausländische Spareinlagen. Und trotzdem gewann der Franken weiter an Wert gegenüber dem US-Dollar.

Wechselkurs Schweizer Franken zu US-Dollar

1971–2011

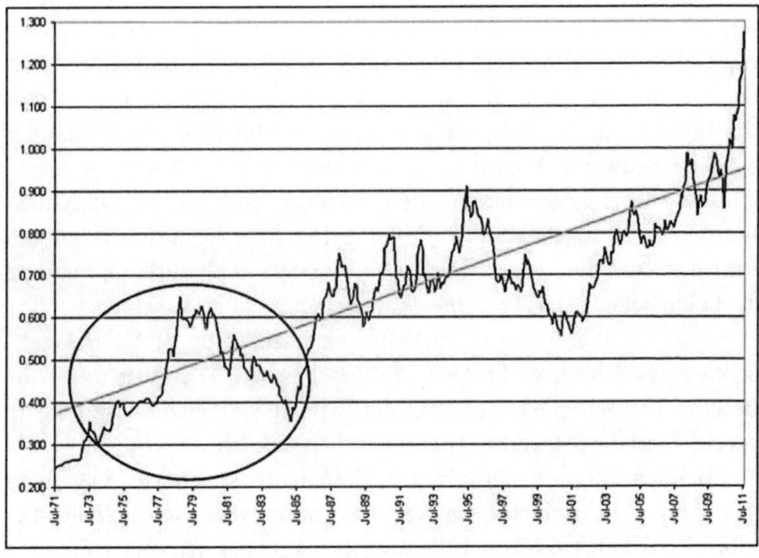

Quelle: *financialsense.com*, *silverstockinvestor.com*

Das war zu viel für die Schweizer Wirtschaft. Der Exportsektor schrumpfte, die Wirtschaft stürzte daraufhin in eine Rezession.

Der Rest der Welt blickte voller Neid auf die Schweiz, denn mit 2,5 Prozent war die Inflation dort so niedrig wie nirgendwo sonst. Als letzte Intervention beschloss die Schweizer Regierung, in großem Stil neues Geld zu drucken (haben wir das nicht schon einmal irgendwo gehört?), um damit andere Währungen zu kaufen. Das führte zu einer Inflation, die sich irgendwann nicht mehr in den Griff bekommen ließ.

Ende der 1970er- und zu Beginn der 1980er-Jahre gelang es den Vereinigten Staaten endlich, mithilfe massiv angehobener Zinsen die Inflation im eigenen Land abzuwürgen. Der US-Dollar gewann deutlich an Wert gegenüber dem Franken, sodass die Schweizer ihre eigenen Bemühungen einstellen konnten.

Und trotzdem: Gerade einmal vier Jahrzehnte später sollten die Negativzinsen mit großem Getöse erneut auf der Bildfläche erscheinen.

Kurz zusammengefasst

- Bei einer Negativzinspolitik werden Gläubigern Zinsen berechnet, während die Schuldner Zinszahlungen erhalten.
- Erstmals verhängt wurden Negativzinsen in den 1970er-Jahren von der Schweizer Zentralbank.
- Die Maßnahme erwies sich als völlig ineffektiv, und die Situation wurde schließlich durch die freie Marktwirtschaft korrigiert.

Kapitel 11

Finanzrepression in Europa

4 Jahre nach der Weltfinanzkrise von 2008 nahm in Europa die Verzweiflung überhand.

Die Inflationswerte konnten getrost vernachlässigt werden. Das Wirtschaftswachstum war anämisch. Es musste etwas geschehen.

Als erstes Land verhängte Dänemark 2012 negative Zinsen und verwandelte die Dänen seinerzeit damit zu dem am stärksten von Schulden geplagten Volk der Welt.

2014 hatte Europa Jahre rückläufiger Inflation und hartnäckig hoher Arbeitslosigkeit hinter sich. Die Inflation war auf 0,5 Prozent zurückgegangen, weit entfernt also von den 2 Prozent, die sich die Europäische Zentralbank (EZB) als Obergrenze gesetzt hat.

Zentraler Sorgenfaktor war nun die Möglichkeit einer Deflation. Die Arbeitslosenzahlen fielen nur sehr langsam und lagen mit 11,7 Prozent noch immer auf hohem Niveau. Die Jugendarbeitslosigkeit betrug 23,5 Prozent, in Griechenland und Spanien waren es sogar 56,9 beziehungsweise 53,5 Prozent.

Die Zentralbanken mussten handeln, also griffen sie zu »unkonventionellen« Maßnahmen bei dem Versuch, die Wirtschaft wieder anzuschieben. Dass sich dieser Schritt einige Jahrzehnte zuvor in der Schweiz als kompletter Fehlschlag erwiesen hatte, interessierte nicht.

Unter den Maßnahmen, die die EZB verkündete, stach eine heraus: Der Einlagenzinssatz (Zinsen, welche die Banken erhalten, die Geld bei der EZB parken) wurde von 0 auf minus 0,1 Prozent gesenkt. Es klingt verrückt, aber auf einen Schlag mussten Banken die EZB dafür bezahlen, dass sie ihr Geld dort aufbewahren konnten.

Aber nicht nur für Bankkonten waren die Zinsen nun negativ.

Viele Staatsanleihen waren, insbesondere in Europa, so bepreist, dass Anleger weniger Geld zurückbekamen, als sie ursprünglich bezahlt hatten. Das klingt hirnverbrannt, aber es gibt zwei Gründe, warum dieses Angebot trotzdem Abnehmer fand.

Großanleger – beispielsweise multinationale Konzerne, Versicherer, Fondsmanager – müssen häufig große Mengen an Barmitteln in sicheren Investmentvehikeln parken, aber Banken garantieren Einlagen oftmals nur bis zu einem in diesen Fällen vergleichsweise niedrigen Betrag. Außerdem gibt es Spekulanten, die darauf setzen, dass der Wert dieser Anleihen weiter steigt und die Renditen weiter fallen. Sie kaufen Negativzinsanleihen in der Hoffnung, sie später einem »noch größeren Narren« aufschwatzen zu können, wodurch die Renditen noch schlechter werden.

Auf atemberaubende 18 000 Milliarden Dollar schwollen die globalen negativ verzinsten Schulden bis Dezember 2020 an, was einen neuen Rekord darstellte. Das bedeutete, stolze 27 Prozent der weltweiten Anleihen mit Investmentgrade-Qualität wurden negativ verzinst.

Zu Beginn der Covid-19-Pandemie 2020 waren die Negativzinsen nicht nur immer noch in Kraft, sie wurden sogar verlängert bei dem Versuch, dieser neuen Krise Herr zu werden. Mitte 2021 lehnten zahlreiche europäische Banken Einlagen von 100 000 Euro oder höher ab. Und wenn sie sie doch akzeptierten, berechneten sie 0,5 Prozent jährlichen Negativzins auf diese Mittel.

Mit Blick auf die pandemiebedingten Lockdowns und die allgemein herrschende Unsicherheit sparten die Menschen mehr Geld, während sie zu Hause blieben. Sie schaufelten ihr Geld in die Banken – es geschah also genau das Gegenteil dessen, was die Regierungen hatten bewirken wollen.

Die Banken ermutigten nun ihre Kundschaft, ihre Mittel anderswo zu investieren. Rentner, die jahrzehntelang brav gespart hatten, wurden abgestraft. Viele konnten nicht mehr von den Zinsen leben, die ihre Ersparnisse abwarfen.

Dieses Phänomen ist bekannt als »Finanzrepression«.

Es ist real. Und es ist nicht neu. Wir leben mit diesen Zuständen seit der Weltfinanzkrise von 2008.

Mit Finanzrepression haben wir es zu tun, wenn Regierungen Mittel aus der Privatwirtschaft umlenken und für den Schuldenabbau einsetzen. Ihre Politik erlaubt es ihnen, zu extrem niedrigen Sätzen Geld zu leihen und auf diese Weise die eigenen Ausgaben günstig zu finanzieren. Das Ergebnis: Die Zinsen, die die Sparer erhalten, sind geringer als die Inflation. Das ist Repression.

Über kurz oder lang werden die Menschen dazu gedrängt, sich auf Spekulationsgeschäfte zu verlegen.

Steigende Börsenkurse gelten gemeinhin als Indikator für eine gesunde Wirtschaft, aber das ist keineswegs immer zutreffend.

Weil die Investoren die Entwicklung an den Börsen genau verfolgen, unternehmen die Zentralbanken alles Förderliche, was in ihrer Macht steht. Ultraniedrige oder sogar negative Zinsen können dabei, zumindest eine Zeit lang, ein wirksames Werkzeug sein.

Zwischen Anfang 2009 und Mitte 2021 stieg der Dow Jones Industrial Average auf das knapp Fünffache, von 7000 auf 34 000 Punkte.

Billiges – oder nahezu kostenloses – Geld funktionierte.

Doch dass die Zinssätze von Zentralbanken kontrolliert werden, bedeutet, dass es die Planer der Zentralbank sind, die bestimmen, was es kostet, sich Geld zu leihen. Auf einem der wichtigsten Märkte der Welt, dem Markt für Geld, herrscht also keine freie Marktwirtschaft.

Und das führt unvermeidbar zu großen wirtschaftlichen Extremen, denn billiges Geld trägt dazu bei, dass Bewertungen aus dem Gleichgewicht geraten.

Kurz zusammengefasst

- Finanzrepression ist eine Kombination aus niedrigen Zinsen und steigender Inflation.
- 2014 verhängte Europa Negativzinsen in der Absicht, der hartnäckig niedrigen Inflation etwas entgegenzusetzen.
- Von Zentralbanken gesteuerte Zinssätze bedeuten, dass auf dem weltweit so wichtigen Geldmarkt keine freie Marktwirtschaft herrscht.

Kapitel 12

Pandemie-Panik

So etwas wie die Covid-19-Pandemie haben wir noch nie erlebt. So etwas wie die Reaktionen der Welt auf diese Pandemie auch nicht.

Am 11. März 2020 stufte die Weltgesundheitsorganisation WHO den Ausbruch als Pandemie ein. Rund um den Globus wurden Menschen, die nicht im Gesundheitssektor, in der Lebensmittelbranche oder in anderen »systemrelevanten« Bereichen arbeiteten, aufgefordert, zu Hause zu bleiben. Schulen und Unternehmen schlossen.

Schlagartig kam die Wirtschaftsaktivität nahezu vollständig zum Stillstand, und zwar in einem Ausmaß und einer Dauer, wie man es nie zuvor gesehen hatte. Es war, als habe die Wirtschaftswelt aufgehört, sich zu drehen.

Wer auch immer von zu Hause arbeiten konnte, wurde angewiesen, dies auch zu tun. Schulkinder und Lehrkräfte mussten sich rasch auf Onlineunterricht umstellen. Vororte und komplette Städte verwandelten sich in Geisterstädte. Um die Ausbreitung des Virus einzudämmen, wurden zahllose Flüge gestrichen, insbesondere Auslandsflüge. Wer sich im Ausland aufhielt, wurde aufgefordert, schnellstmöglich in die Heimat zurückzukehren, um nicht auf unabsehbare Zeit festzusitzen.

Bereits wenige Tage später kündigten Regierungen milliardenschwere Notfallprogramme an. Aus Milliarden wurden rasch Billionen. Das Geld diente zum Kauf medizinischer Vorräte und dazu, Verdienstausfälle auszugleichen und Menschen beim Bezahlen ihrer Miete oder Hypotheken zu unterstützen.

Zahlreiche Menschen erhielten Einmal-Hilfszahlungen, weil sie über Nacht keine Arbeit mehr hatten oder nicht zur Arbeit gehen konnten. Ohne eigenes Zutun wurden die Menschen nun dafür bezahlt, nichts zu tun.

Es war ein neues Paradigma – aber keine vollständige Überraschung.

Regierungen konnten die Gelegenheit nutzen, ihre Modern Monetary Theory (MMT) auf Hochtouren laufen zu lassen. Bei diesem Ansatz wird Geld ohne Ende ausgegeben, auf die Einzelheiten gehe ich später ein. MMT ist mit dem als »Helikoptergeld« bekannten Wirtschaftskonzept verwandt.

Den Begriff hatte der berühmte Ökonom Milton Friedman geprägt, um seine Vorstellung zu erklären, wie der Staat in einem Krisenfall die Bevölkerung mit Geld versorgen solle – indem er es quasi aus einem Helikopter abwirft. Dieser dramatische Vorschlag sah vor, dass die Zentralbank den Menschen direkt Geld überweist, auf diese Weise die Ausgaben ankurbelt und die Inflation wiederbelebt. Eine Strategie, die in einer Situation zum Tragen kommen sollte, in der die Zinsen praktisch null betragen und die Wirtschaft in einer Rezession steckt.

Im November 2002 deutete der damalige Fed-Chef Ben Bernanke an, dass Helikoptergeld eines Tages dazu dienen könne, eine Deflation abzuwenden, den Erzfeind der Zentralbanker.

Sie streben um jeden Preis Inflation an, um die Regierung beim Zurückzahlen ihrer Schulden zu entlasten. Herrscht Deflation, fallen die Preise, und Barmittel gewinnen an Wert. Die Menschen halten sich dann natürlich mit Ausgaben zurück und horten Barmittel, während sie abwarten, dass die Dinge noch billiger werden. Genau das war während der Weltwirtschaftskrise von 1929 bis 1933 der Fall.

Aber wenn Ausgaben verzögert werden, schadet das der Wirtschaft und kann eine Rezession nach sich ziehen. Zentralbanker hassen Rezessionen und sind der Ansicht, sie müssten alles in ihren Kräften Stehende tun, um Rezessionen zu vermeiden, obwohl sie doch ein natürlicher Teil eines Wirtschaftszyklus sind.

Zwischen 2002 und 2013, also weit nach der Weltfinanzkrise von 2008, machten sich zahlreiche Ökonomen, Forscher und Persönlichkeiten aus der Finanzwelt für die Verwendung von Helikoptergeld zur Bekämpfung globaler Deflationsrisiken stark. Die Reaktionen darauf waren verhalten.

Aber bis zur nächsten Krise sollten gottlob nur einige wenige Jahre vergehen.

Kurz zusammengefasst

- Die Lockdowns während der Covid-19-Pandemie von 2020 brachten die Wirtschaft nahezu vollständig zum Stillstand.
- Weltweit bemühten sich Regierungen, »die Wirtschaft vor einem Crash zu bewahren«.
- Helikoptergeld diente dazu, die Ausgaben anzukurbeln und die Inflation in Gang zu bringen.

Kapitel 13

Mein finanzielles Erweckungserlebnis

Als weltweit Regierungen auf die Covid-19-Pandemie mit Konjunkturprogrammen und massiver Unterstützung von Bürgern und Unternehmen reagierten, fühlte sich das wie ein finanzielles Erweckungserlebnis an.

Jedenfalls für mich.

Ich hatte Jahrzehnte Erfahrung als Analyst, Anleger und als auf Aktien, Metalle, Bergbau und Ökonomie spezialisierter Herausgeber, und mir war seit Langem klar: Helikoptergeld würde eines Tages nicht länger nur trockene Theorie sein, sondern real werden.

Und weil ich mich ausführlich mit der Modern Monetary Theory (Erklärung folgt im nächsten Kapitel) befasst hatte, wusste ich sehr gut, welche ausgesprochen realen und tiefgreifenden Probleme diese neue »Realität« mit sich bringen würde.

Trotzdem war es ein Schock für mich, als dieser Tag kam. Mir wurde klar, dass wir dabei waren, in eine neue Phase einzutreten, eine Phase, in der wir mit erhöhter Geschwindigkeit auf einen Neustart des globalen Finanzsystems zusteuern.

Wie sich Silber in den folgenden Monaten benahm, bestätigte nur, welch wichtige Rolle es dabei spielt, Vermögen zu schützen und zu mehren.

Innerhalb eines Jahres hatte die Covid-19-Pandemie den Schuldenberg der Welt um 24 000 Milliarden Dollar wachsen lassen. Die Hälfte dieses Anstiegs sei auf staatlich geförderte Hilfsprogramme im Rahmen der Pandemie zurückzuführen, schätzt das Institute of International Finance, ein globaler Verbund von Finanzinstituten. Die globale Verschuldung erreichte damit im ersten Quartal 2021 mit 289 000 Milliarden Dollar einen neuen Rekordwert, der wenig Grund zum Jubeln liefert. 289 000 Milliarden Dollar entsprechen 360 Prozent des globalen BIP, was bedeutet, dass die Zentralbanken keine Wahl haben: Sie müssen versuchen, die Zinsen möglichst niedrig zu halten, um Zahlungsausfälle von Staaten und Banken sowie von Firmen und Einzelpersonen möglichst zu vermeiden.

Nachhaltig ist diese Schuldenspirale nicht. Derartig enorme Schulden werden niemals zurückgezahlt werden, jedenfalls nicht in einer Währung, die sich auch nur einen letzten Rest von Kaufkraft bewahren kann.

Die Regierungen haben also drei Möglichkeiten: zurückzahlen, den Zahlungsdienst einstellen oder die Geldmenge aufblähen.

Die Schulden könnten nur zurückgezahlt werden, wenn die Regierungen ihre eigenen Ausgaben drastisch beschneiden (ein unpopulärer Schritt) und die Steuern so sehr erhöhen würden, dass es schmerzt. Ein Zahlungsausfall wäre vor allem für die Vereinigten Staaten und die meisten Industrienationen ein herber Schlag hinsichtlich ihrer Kreditwürdigkeit. Der Zugang zu Kreditmärkten wäre ihnen erschwert, und Zahlungsunfähigkeit würde (wieder einmal) eine gewaltige Finanzkrise nach sich ziehen.

Bleibt als wahrscheinlichstes Szenario also das Aufblähen der Geldmenge, denn eine dramatisch abgewertete Währung erlaubt es den Regierungen, ihre Schulden mit der Zeit abzutragen. Für sie ist das leichter, denn sie bezahlen die Schulden mit Dollar, die weniger wert sind als damals, als sie sich das Geld geliehen hatten. Inflation vermindert den Wert von Schulden.

Je deutlicher die Inflation über den Zinsen liegt, desto größer die Minusraten. Das spielt den großen staatlichen Schuldnern in die Karten, aber diese tödliche Kombination ist eine Finanzrepression, die sich gegen Sparer wendet.

Das bringt mich zu drei Zitaten, die gründlich erklären, in welcher wirtschaftlichen Klemme wir derzeit stecken.

Das erste Zitat stammt vom bereits erwähnten Milton Friedman, dem amerikanischen Ökonomen, der 1976 den Nobelpreis für Wirtschaftswissenschaften erhielt:

> *»Inflation ist die einzige Form von Besteuerung,*
> *die sich ohne Gesetze auferlegen lässt.«*

Das zweite ist von Alan Greenspan, von 1987 bis 2006 Chairman der US-Notenbank:

> *»Ohne den Goldstandard lässt sich nicht verhindern, dass Ersparnisse durch Inflation konfisziert werden. Es gibt keine sichere Wertanlage.«*

Der letzte – und vielleicht faszinierendste – dieser drei Beiträge ist ein Kommentar des legendären John Maynard Keynes. Der englische Ökonom gilt als einer der einflussreichsten Wirtschaftswissenschaftler des 20. Jahrhunderts. Auf ihn geht die derzeit dominierende Gedankenschule zurück, der Keynesianismus. Keynes machte sich sehr dafür stark, mit Mitteln der Fiskal- und Geldpolitik negative Auswirkungen von Rezessionen und Depressionen zu bekämpfen:

> *»Durch einen kontinuierlichen Inflationsprozess können Regierungen heimlich und unbeaufsichtigt einen erheblichen Teil des Vermögens ihrer Bürger konfiszieren. [...] Es gibt keine subtilere und keine erfolgversprechendere Methode, die bestehende Grundlage einer Gesellschaft zu zerstören, als die Währung verkommen zu lassen. Bei diesem Prozess kommen sämtliche verborgenen Kräfte der Wirtschaftsgesetze auf der Seite der Zerstörung zum Tragen, und er verläuft auf eine Art und Weise, die nicht einer von einer Million Menschen diagnostizieren könnte.«*

Über einen Zeitraum von zwei Jahrzehnten hinweg haben wir das Platzen der Internetblase 2000 ertragen, die Weltfinanzkrise von 2008 und die globale Covid-19-Pandemie von 2020 – die an den Börsen den schnellsten Bärenmarkt der Moderne auslöste.

Bei jeder dieser Katastrophen erhöhten die Zentralbanker den Einsatz und griffen zu den beiden Mitteln, die sie am besten kennen:

Sie hielten die Zinsen nahe null (oder im Negativbereich). Und sie druckten Geld, als gäbe es kein Morgen.

Aber es gibt ein Morgen. Eine gewaltige Rechnung wird beglichen werden müssen. Silber ist der ideale Weg, wie Sie sich vor den Negativfolgen schützen können – und dabei sogar noch Gewinne einstreichen.

Kurz zusammengefasst

- Zahlreiche Industrienationen arbeiteten das erste Mal mit Helikoptergeld, einer Form der Modern Monetary Theory.
- Regierungen wollten eine Deflation vermeiden und die Inflationsprozesse wieder in Gang bringen.
- Der Ansatz mit Helikoptergeld funktionierte, aber nun war der Geist aus der Flasche.

Kapitel 14

Modern Monetary Theory

»Nichts ist so absurd, dass man es nicht für bare Münze nehmen könnte, wird es nur häufig genug wiederholt.«

William James
Philosoph und Psychologe (1842–1910)

Noch beschleunigt von den Reaktionen der Regierungen auf die Covid-19-Pandemie trieb also eine explosionsartige Zunahme der Geldmenge die Inflation voran und zehrte Ihre mühsam verdienten Ersparnisse auf.

Das allein ist schon schlimm genug.

Aber es gibt noch eine weitere Bedrohung, einen wesentlichen Faktor, der an Bedeutung gewinnt und das Aus des US-Dollar als globale Leitwährung deutlich beschleunigen wird.

Die Rede ist von der Modern Monetary Theory, besser bekannt als MMT. Es handelt sich dabei um einen absurden Ansatz, was den Umgang eines Staats mit seinen Finanzen anbelangt. Aber auch dass er absurd ist, wird nicht verhindern können, dass MMT Einzug hält.

Für mich wird MMT das Schicksal des Dollar besiegeln. Aus diesem Grund müssen wir genau verfolgen, wie sich Regierungen und Zentralbanken in Sachen MMT verhalten. Diese Theorie passt perfekt zur immer beliebter werdenden These, Staatsverschuldung und Haushaltsdefizite seien nicht von Belang und Regierungen sollten sich dadurch nicht in ihren Ausgaben einschränken lassen.

Es war der amerikanische Ökonom Warren Mosler, der zu Beginn der 1990er-Jahre MMT entwickelt hat. Das Internet trug dazu bei, die Theorie bekannter und beliebter zu machen.

Ich jedoch möchte Sie aus zweierlei Gründen vor MMT warnen: MMT ist zerstörerisch, und die Akzeptanz von MMT wächst rasch.

Hier der Beweis.

Die größten Befürworter von MMT waren in den vergangenen Jahren Professoren, die Ökonomie an Hochschulen lehrten, und Berater amerikanischer Präsidentschaftskandidaten. Mehr noch – allein im ersten Jahr der Covid-19-Pandemie stellte der amerikanische Kongress 5000 Milliarden Dollar für steuerliche Unterstützungsmaßnahmen zur Verfügung.

Die Folge: **Amerikas Staatsverschuldung schwoll in nur einem Jahr um 20 Prozent an!**

MMT-Befürworter sagen, Regierungen, die ihr eigenes Papiergeld drucken, ausgeben und leihen, *sollten beim Umgang mit Konjunkturproblemen ihre Ausgaben nicht einschränken.* Man solle sich keinen Kopf machen, denn hohe Ausgaben würden nicht zwingend zu Defiziten und Schulden führen, und selbst wenn, seien diese auch nicht von Belang, sofern sie keine Inflation erzeugen. Spoileralarm: Das ungezügelte Gelddrucken, mit dem auf die Covid-19-Pandemie reagiert wurde, löste die höchste Inflationsrate seit mehr als 40 Jahren aus!

Die Anhänger von MMT erklären uns zudem: Wenn die Inflation anfängt, Sorgen zu machen, kann der Staat einfach die Steuern erhöhen, um den Konsum zu bremsen. Aber das funktioniert nur begrenzt. In der Praxis sieht es so aus, dass Steuererhöhungen immer unbeliebt sind und irgendwann die wirtschaftliche Aktivität ersticken.

Tatsächlich betreiben die meisten westlichen Nationen bereits seit einigen Jahrzehnten eine »abgespeckte« Form von MMT-Politik mit wachsenden Defiziten und Schulden, die sich immer weiter aufblähen. Dennoch herrschte größtenteils zumindest noch der Anschein (so dürftig er teilweise auch sein mochte) von Unabhängigkeit der Zentralbanken.

Doch für die leidenschaftlichsten Befürworter von MMT sind Finanzministerium und Zentralbank ein und dasselbe.

Ihr Argument: Aufgabe der Zentralbank sei es zu drucken, was auch immer die Regierung benötige, während es Aufgabe des Finanzministeriums sei, Steuern zu kassieren und unterschiedlichen Behörden Mittel zuzuteilen, die sie dann im Rahmen ihrer Haushalte ausgeben.

Reicht das eingesammelte Steuergeld nicht aus, druckt man einfach weiteres Geld. Der Theorie zufolge können Regierungen nicht bankrottgehen, sofern sie es nicht wollen.

Aber wissen Sie was?

So funktioniert der Rest der Welt nicht.

Ein Unternehmen oder ein Privathaushalt kann nicht so agieren, wie es ein Staat laut MMT tun sollte.

Zunächst einmal drucken sie nicht ihr eigenes Geld, diese Möglichkeit fällt also schon einmal weg. Zweitens können sie sich nicht bis in alle Ewigkeit weiter verschulden, denn irgendwann kommen die Gläubiger und zwingen sie in den Bankrott.

Ein einfaches Beispiel, das Ihnen helfen soll, die Auswirkungen von MMT besser zu verstehen: Ich übertrage die Finanzen der USA auf einen sehr bescheidenen Privathaushalt. Dazu lasse ich einige Nullen weg.

Schuldenproblem der USA	
Steuereinnahmen USA	4 060 000 000 000 Dollar
Staatshaushalt	6 900 000 000 000 Dollar
Neuverschuldung	2 840 000 000 000 Dollar
Staatsverschuldung	30 000 000 000 000 Dollar
Schuldenproblem einer Familie	
Jahreseinkommen	40 600 Dollar
Jährliche Ausgaben	69 000 Dollar
Neue Kreditkartenschulden	28 400 Dollar
Kreditkartenschulden gesamt	300 000 Dollar

Quelle: *usdebtclock.org*

Unsere Beispielfamilie würde nicht lange flüssig bleiben.

Die MMT-Ökonomen sagen, einem Staat könne etwas Derartiges nicht passieren, denn er könne einfach weiter Geld drucken, um seine Ausgaben zu bestreiten, *und sogar, um die Zinsen für seine Schulden zu bezahlen* – und ich denke, das ist der Weg, auf dem wir uns befinden.

Aber Gelddruckerei gewaltigen Ausmaßes lässt sich nicht endlos betreiben. Irgendwann verliert die Bevölkerung endgültig den Glauben an ihre im Übermaß vorhandene Währung, und das Kartenhaus bricht in sich zusammen.

In Kapitel 2 hatte ich Ihnen gezeigt, dass die Weimarer Republik, Jugoslawien, Simbabwe, Argentinien und Venezuela alle auf schmerzhafte Weise erfahren mussten, dass diese Art von Misswirtschaft zu Hyperinflation und einem schnellen Ableben ihrer Währung führt. Der Unterschied: Keine dieser Währungen war eine *globale Leitwährung*.

Der US-Dollar jedoch ist es. Und das macht seinen Untergang umso beunruhigender.

Renommierte Ökonomen beschwören MMT als Allheilmittel und spielen die Schwächen und unbeabsichtigten Folgen dieser Theorie herunter. Man muss eine Lüge nur oft genug wiederholen, früher oder später werden einem die Menschen schon Glauben schenken.

Regierungen werden sie übernehmen, geifernd angesichts der Aussicht darauf, ihre Lieblingsprojekte ohne Ende finanzieren zu können.

Menschen, die MMT nicht verstehen, freuen sich über ein großartiges neues Wirtschaftsmodell, das es ihnen erlaubt, sich alle »Goodies« zu sichern, die ihnen die Regierung im Gegenzug für ihre Stimme in Aussicht stellt.

Ist der MMT-Geist erst einmal aus der Flasche, bekommen wir ihn dort nicht mehr hinein, er wird seinen zerstörerischen Weg fortsetzen. In diesem Fall heißt das eine rasche Abwertung des US-Dollar, und mit ihm werden auch Ihre Ersparnisse an Wert verlieren.

Henry Paulson war während der Weltfinanzkrise von 2008 amerikanischer Finanzminister. Er sagt: »Die Vereinigten Staaten müssen sich eine Wirtschaft bewahren, die global glaubwürdig ist und Zuversicht inspiriert. Geschieht das nicht, wird die Position des US-Dollar mit der Zeit in Gefahr geraten.« Zumindest damit hat er recht.

Lassen Sie sich nicht in die Irre führen: Unsere heutigen Probleme mit zu hohen Ausgaben werden durch MMT nur verschlimmert und beschleunigt.

Die beste Absicherung gegen derartige Bedrohungen ist und bleibt Silber. In Kapitel 17 werden Sie sehen, was genau während der Jahre hoher Inflation in den 1970ern passierte, als der Silberpreis in die Höhe schoss und jene schützte, die Silber besaßen.

Kurz zusammengefasst

- Die Modern Monetary Theory besagt, Staaten mit eigener Währung können große Defizite anhäufen und sollten sich bei ihren Ausgaben nicht einschränken.
- Befürworter der Theorie sagen: »Wir können das Geld, das wir für unsere Ausgaben benötigen, einfach drucken und müssen niemals pleitegehen.« Die Geschichte zeigt, dass das nicht stimmt.
- MMT gewinnt an Beliebtheit und wird schneller dazu führen, dass der US-Dollar seine Position als globale Leitwährung einbüßt.

Kapitel 15

Der geheime Schlüssel – der Realzins

Der ehemalige Fed-Chef Alan Greenspan wusste, wie wichtig es ist, Edelmetall zu halten, um sich gegen eine verschwenderisch agierende Regierung abzusichern.

Ausdrücklich bezog er sich in seiner Aussage auf Gold, aber wie ich in **Teil I** dargelegt habe, diente auch Silber über Tausende Jahre hinweg als »echtes Geld«.

Als die Welt schrittweise geimpft wurde und allmählich die meisten Einschränkungen zurücknehmen konnte, die im Zuge der Covid-19-Pandemie verhängt worden waren, kehrte die Nachfrage nach Waren und Dienstleistungen mit großen Schritten zurück.

Doch nun sorgten Störungen der Lieferketten für starke Turbulenzen am Markt. Gleichzeitig wandten sich viele Länder nach innen und versuchten, sich weniger abhängig von Lieferungen aus dem Ausland zu machen – und vor allem weniger abhängig von Nationen, die man nicht als enge Freunde erachtet.

Ein neuer Rohstoff-Superzyklus setzte ein. Von einem »Superzyklus« spricht man, wenn bei Rohstoffen und Bodenschätzen wie Metallen, Öl, Holz und Agrarprodukten über mehrere Jahre hinweg Nachfrage und Preise beständig steigen. Geebnet wurde der Weg dorthin dadurch, dass mehrere Faktoren zusammenkamen.

Der vorangegangene Bullenmarkt bei Rohstoffen hatte von 2000 bis etwa 2012 angehalten. Es folgten mehrere Jahre lang ein starker Bärenmarkt. Aufgrund der fallenden Preise beschnitten Produzenten ihre Investitionen in neue wie auch bestehende Kapazitäten drastisch, was das zur Verfügung stehende Angebot verringerte.

Doch die gewaltigen und global abgestimmten Konjunkturpakete, mit denen Staaten auf die Covid-19-Pandemie reagierten, lösten einen neuen Bullenmarkt aus. Binnen gerade einmal eines Jahres verdoppelten sich die durchschnittlichen Rohstoffpreise, manche vervierfachten sich oder stiegen noch stärker. Das weckte die Sorge, dass die Inflation in großem Stil zurückkehren könnte.

Und das führt uns zum eindeutig besten Indikator dafür, in welche Richtung sich die Edelmetallpreise entwickeln werden – zum Realzins.

Sie müssen sich damit auskennen, und zwar aus einem sehr guten Grund: Die Realzinssätze sind *erstaunlich* gut darin, die Zukunft vorherzusagen.

Realzins ist ein sehr einfach zu verstehendes Konzept. Sie ziehen dazu einfach von den aktuellen Zinssätzen die Inflation (als Maßstab für den Kaufkraftverlust) ab.

Sagen wir, der angegebene marktübliche Zinssatz beträgt 1 Prozent. Ziehen Sie davon die 4 Prozent Inflation ab, beträgt ihre tatsächliche Rendite minus 3 Prozent. Wirft die Anleihe oder der Hinterlegungsschein in Ihrem Besitz 1 Prozent Zins im Jahr ab, aber die Inflation beläuft sich auf 3 Prozent, haben Sie also 2 Prozent Verlust gemacht.

Das ist übel.

Es ist tatsächlich so, wie der Ökonom Keynes einst sagte:

»Inflation kann unbeobachtet einen Teil Ihres Vermögens konfiszieren.«

Fallen die Realzinssätze auf null oder liegen sie bei null oder darunter, ist das gut für Silber und Gold.

In der folgenden Grafik werden die Realzinssätze mit dem Goldpreis verglichen.

Die Realzinssätze (dunkle Linie) erreichten Ende 2018 ihren höchsten Stand, und ab da begann der Goldpreis (helle Linie) zu klettern. Ende 2019 stagnierten die Realzinssätze, und auch die Goldpreise bewegten sich seitwärts. Anfang 2020 jedoch nahmen die Realzinsen die Auswirkungen der Pandemie vorweg und fielen erneut, während der Goldpreis wieder kräftig zulegte.

Sie sehen: Beide Preise spiegeln sich nahezu perfekt.

Constant-Maturity-Rendite 10-jähriger Treasuries** gegenüber dem Goldpreis

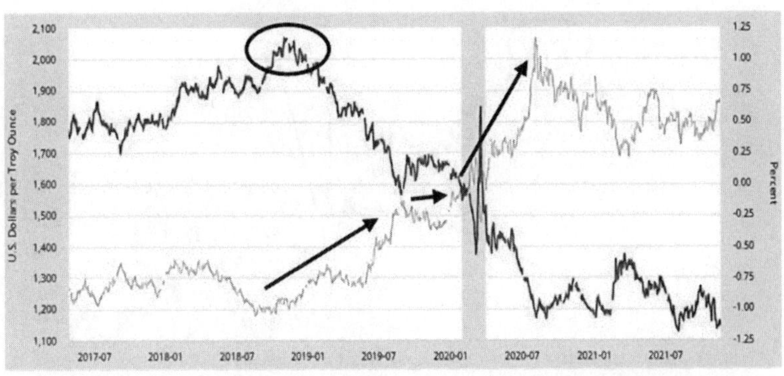

** Anm. d. Übers.: Die Constant-Maturity-Treasury-Rendite bezeichnet die Rendite fiktiver Staatsanleihen mit einer konstanten Laufzeit. Da es am Markt keine Staatsanleihen mit einer konstanten Laufzeit von beispielsweise immer 10 Jahren gibt, wird die Constant-Maturity-Treasury-Rendite aus den aktuellen Renditen von tatsächlich gehandelten Anleihen berechnet. Auf diese Weise können Renditen für bestimmte Laufzeiten ermittelt werden, obwohl Papiere mit dieser Laufzeit am Markt nicht gehandelt werden. (Quelle: Gabler Bankenlexikon)

Quelle: Federal Reserve Bank of St. Louis, *silverstockinvestor.com*

Die zentrale Erkenntnis ist klar: Die Nachfrage nach Anleihen drückte ihre Rendite und damit die negativen Realzinsen nach unten, während die Nachfrage nach Gold als sicherem Zufluchtsort den Preis in die Höhe trieb.

Gold und Silber werfen keine Renditen ab, aber sie konkurrieren mit Anleihen um Anlagegelder, und die werfen Renditen ab. Schrumpfen allerdings die Realzinsen oder sind sie sogar negativ, büßen die Anleihen ihren Vorteil ein. Die »Opportunitätskosten«, die das Halten von Edelmetallen mit sich bringt, verschwinden.

Sehen wir uns nun auf Seite 94 dieselbe Grafik erneut an, aber dieses Mal mit dem Silberpreis.

Constant-Maturity-Rendite 10-jähriger Treasuries gegenüber dem Silberpreis

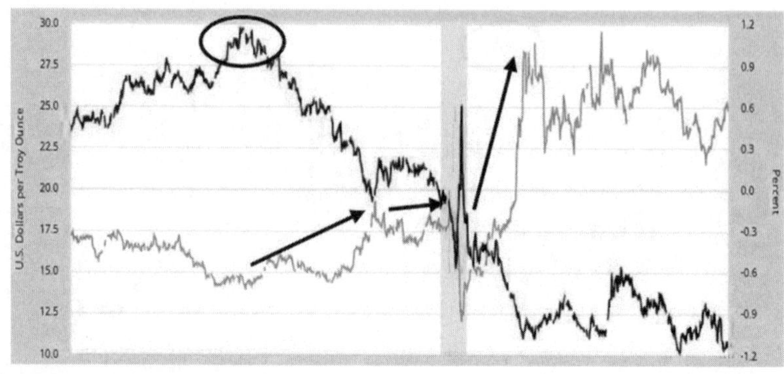

Quelle: Federal Reserve Bank of St. Louis

Das Verhältnis zwischen Silber und Realzins ist nahezu identisch zu dem von Gold und Realzins.

Grundsätzlich hält die Federal Reserve die Zinsen derzeit künstlich niedrig, zudem hat sie wiederholt erklärt, dass sie eine höhere Inflation anstrebt. Tatsächlich ist sie willens, eine Zeit lang auch eine Inflation von über 2 Prozent zu dulden, um die geringen Werte (von unter 2 Prozent) wettzumachen, die zwischen 2015 und 2020 herrschten. Man spricht in diesem Zusammenhang von »Average Inflation Targeting«, einem durchschnittlichen Inflationsziel. Diese Entwicklung wird zu deutlich mehr Inflation führen, zu hartnäckig niedrigen Realzinsen und zu deutlich höheren Silberpreisen.

Wie sich zeigt, bekommt die Fed die Inflation, die sie sich insgeheim wünscht.

Die nachfolgende Grafik zeigt die »Realrendite«, die Sie mit einer US-Staatsanleihe mit 10 Jahren Laufzeit erzielen können.
Bereinigt um die Inflation, verliert diese Anleihe jedes Jahr ungefähr 5 Prozent ihrer Kaufkraft. Das ist der schlechteste Stand seit 50 Jahren.

Das bedeutet, wir haben perfekte Voraussetzungen dafür, dass sich Silber überaus gut entwickelt.

»Realrenditen« 10-jähriger US-Staatsanleihen

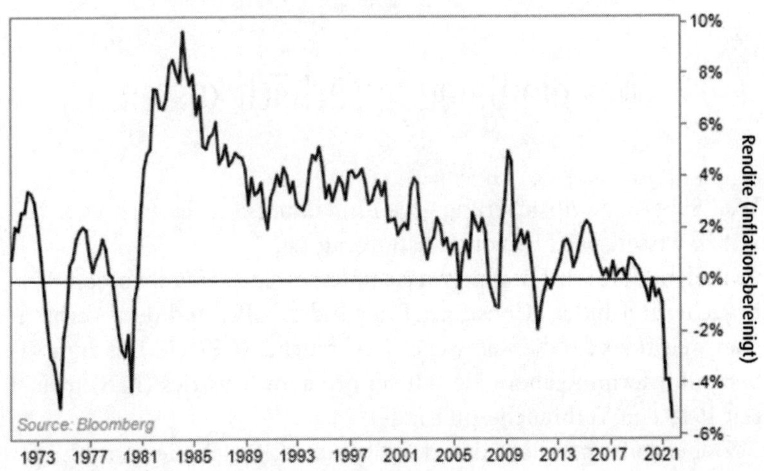

Quelle: *stansberryresearch.com*

Kurz zusammengefasst

- Realzinsen sind der Schlüssel dafür, künftige Silberpreise vorherzusagen.
- Das Prinzip ist ganz simpel: Realzins ist der aktuelle Leitzins abzüglich der Inflationsrate.
- Silber entwickelt sich prächtig, wenn die Realzinssätze fallen und/oder im Minus liegen.

Kapitel 16

Was die Dinge tatsächlich kosten

Weil Silber eine Absicherung gegen Inflation ist, ist es wichtig, jederzeit zu wissen, wie hoch die Inflationsrate ist.

In den USA wird beispielsweise unterschieden zwischen dem Verbraucherpreisindex (Consumer Price Index, CPI) und dem Verbraucherpreisindex für die städtischen Verbraucher (CPI-U). Das zum Arbeitsministerium gehörende Bureau of Labor Statistics (BLS) meldet seit 1913 den Verbraucherpreisindex.

Dabei sollte man im Hinterkopf haben, dass sich die vom BLS gemeldeten Statistiken verändert haben und dass sie »korrigiert« werden, um wirtschaftlichen Wert und technologische Neuerungen zu berücksichtigen.

Oder anders formuliert: Die Zentralbanken wollen uns glauben machen, dass unsere Lebenshaltungskosten nur *langsam* steigen.

Die Wahrheit hingegen sieht ganz anders aus.

Die nächste Grafik zeigt, wie sich die Inflation während und nach der Covid-19-Pandemie entwickelte. In den ersten Monaten fielen die Preise kurzfristig, kletterten dann aber wieder auf ihre vorigen Werte.

Ein Jahr später jedoch – die Wirtschaftsprogramme der Regierungen griffen, und die Weltwirtschaft öffnete sich langsam wieder – sorgten die gewaltige Nachfrage, die sich angestaut hatte, und die Störungen der Lieferketten dafür, dass die Preise rasch stiegen.

Gerade einmal 18 Monate nachdem die Pandemie die USA in Mitleidenschaft gezogen hatte, war die Inflation auf ein Niveau geklettert, wie es das Land seit 40 Jahren nicht mehr erlebt hatte.

Endlich hatte die Federal Reserve die hohe Inflationsrate, nach der sie sich so sehr gesehnt hatte.

Im März 2022 lag die Inflationsrate in den USA für die vorangegangenen 12 Monate bei 8,5 Prozent – der höchste Stand seit 41 Jahren. Sagen wir, man muss etwa 10 Jahre alt sein, um sich an ein infla-

Verbraucherpreisindex (ohne Lebensmittel- und Energiekosten) für die städtischen Verbraucher

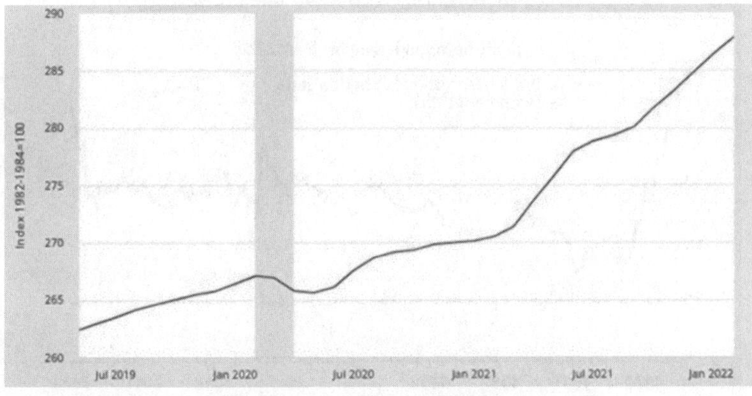

Quelle: Federal Reserve Bank of St. Louis

tionäres Umfeld erinnern zu können. Das bedeutet, dass keine unter 50-jährige Person wirklich begreifen kann, wie das ist. Zwei Drittel der amerikanischen Bevölkerung haben also noch nie eine dauerhaft hohe Inflation durchlebt.

Und reale Inflation ist üblicherweise viel, viel höher, als es die offiziellen Statistiken ausweisen. Vergessen Sie nicht: Silber bewegt sich entsprechend dem Realzins, also Zinsen abzüglich Inflation. Wichtiger noch ist, dass Silber zulegt, wenn die Realzinssätze niedrig sind und/oder fallen.

Die Realzinsen können deutlich rascher fallen, wenn die Federal Reserve die Zinssätze drückt oder auch nur langsam anhebt, während die Inflation in die Höhe schnellt – ein nahezu perfektes Klima für einen raschen Anstieg der Silberpreise.

John Williams von *shadowstats.com* – wo man an »realen« Alternativen zu den Inflationsstatistiken der Regierung arbeitet – sagt: »Allgemein gesprochen haben Änderungen der Methodik, mit der die Regierung arbeitet, die gemeldete Inflation gedrückt. Das Konzept des Verbraucherpreisindex hat sich verschoben – weg davon zu messen,

Verbraucherinflation – offizielle Zahlen im Vergleich zu den Zahlen von ShadowStats
(auf den Vorgaben von 1980 basierend)

Quelle: *shadowstats.com*

welche Lebenshaltungskosten erforderlich sind, um seinen Lebensstandard zu bewahren.«

ShadowStats arbeitet mit den Berechnungsmethoden von 1980 und erstellt damit seinen eigenen Verbraucherpreisindex. Und der Unterschied zwischen dem aktuellen CPI-U und den Zahlen von ShadowStats ist schockierend.

Und damit meine ich *richtig* schockierend.

Haben Sie sich je gefragt, warum die Preise, die Sie bezahlen müssen, und die steigenden Lebenshaltungskosten häufig nicht zu den »offiziellen« Inflationszahlen zu passen scheinen?

Nun wissen Sie es.

Die Tabelle oben zeigt, dass zwischen der Verbraucherinflation von ShadowStats und den offiziellen CPI-U-Zahlen in den vergangenen Jahrzehnten eine Lücke von etwa 8 Prozentpunkten klaffte.

Und weil die Berechnung von ShadowStats auf einem Ausgangswert von 1980 basiert, reden wir hier über eine Abweichung, die seit Jahrzehnten besteht.

Ganz genau – seit Jahrzehnten! Und das ist kein Zufall.

Wertverlust von 100 Dollar über 10 Jahre bei 5,4 Prozent jährlicher Inflation

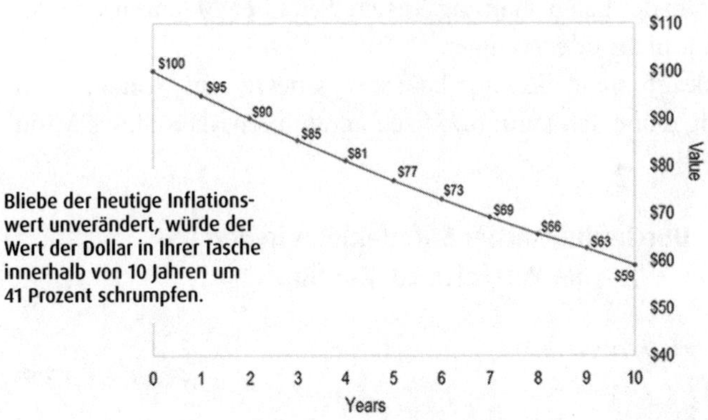

Quelle: Palm Beach Research Group, U.S. Bureau of Labor

Wir reden darüber, dass Washington vorsätzlich mit Tricks hantiert.

Wenn Washington und andere Regierungen uns sagen, dass die Inflation in die Höhe schnellt, gehen die Beschäftigten auf die Straße und fordern Lohnerhöhungen.

Aber bei geringen Inflationszahlen sind wir selbstzufrieden – ja, vielleicht sogar glücklich –, und das nimmt diesen lästigen Lohnforderungen natürlich etwas den Stachel.

Und dennoch sind die Arbeitnehmer die Verlierer. Die Waren und Dienstleistungen, die wir konsumieren, werden immer teurer (und die Steuern darauf immer höher). Das ist der Grund, warum unsere Gehälter in den vergangenen 40 Jahren gestiegen sind, wir aber dafür längst nicht mehr das bekommen, was es früher einmal gab.

Inflation kann für eine Währung sehr schädlich sein – und das spüren wir stark in unserem Portemonnaie.

Die obige Grafik zeigt Ihnen, dass Ihre 100 Dollar von heute in 10 Jahren keine 59 Dollar wert sein werden, wenn die jährliche Inflation bloß 5,4 Prozent beträgt. Liegt sie höher, wird Ihre Kaufkraft noch stärker dahinschmelzen.

Sehen Sie sich die Grafik von ShadowStats noch einmal an, und Sie werden begreifen, dass Sie immer rascher an Kaufkraft einbüßen.

Und an der folgenden Grafik können wir ablesen, dass unsere Gehaltsabrechnungen schlichtweg nicht Schritt halten können mit dem realen Anstieg der Lebenshaltungskosten. Seit über 40 Jahren stagniert die Kaufkraft mehr oder weniger.

Für die Zukunft sieht die Lage keineswegs besser aus, sondern vielmehr richtig trübe. Ich kann praktisch garantieren, dass dieses Minus

Durchschnittlicher Stundenlohn in den USA im Vergleich zur Kaufkraft

Hinweis:
Angaben zu Gehältern von Produktions- und nicht leitenden Mitarbeitern auf Lohnlisten von Privatunternehmen (ohne Landwirtschaft). »Konstante Dollar von 2018« beschreibt Löhne im Wert der Währung bei Erhalt. »Kaufkraft« bezieht sich auf die Menge an Waren oder Dienstleistungen, die pro Währungseinheit erworben werden können.
Quelle: U.S. Bureau of Labor Statistics.

Quelle: Pew Research

nur noch schlimmer werden wird. Rein theoretisch könnten die Löhne im gleichen Tempo wie die Inflation ansteigen, aber das halte ich für sehr unwahrscheinlich. Wahrscheinlich wird die Inflation alles übersteigen, was an Lohnsteigerungen erzielt wird. Es mag sich so anfühlen, als würden die Menschen mehr verdienen und reicher werden, aber dabei handelt es sich um ein Trugbild. Die Realität sieht anders aus – unsere wahren Lebenskosten steigen schneller. Das führt dazu, dass die meisten Menschen ärmer und nicht reicher werden und nicht einmal begreifen, wie es dazu kommen konnte.

Das war der Fall Ende der 1960er- und in den 1970er-Jahren, und in diese Richtung steuern wir erneut. Und aus diesem Grund führen wir dieses lange Gespräch über Silber.

Ich möchte Ihnen noch weitere Fakten präsentieren.

Die Umlaufmenge nahm in den 1970er-Jahren deutlich zu und löste ganz eindeutig die Inflation aus.

Es gibt unterschiedliche Bemessungen, was die Gesamtgeldmenge innerhalb einer Volkswirtschaft angeht. Einige setzen sich aus mehr Komponenten zusammen, andere aus weniger. Zur Geldmenge M2 gehören Bargeld, Girokonten, Sparkonten, Geldmarktpapiere, Investmentfonds und andere Termineinlagen.

Diese Grafik stellt das Wachstum der Geldmenge M2 der Inflationsrate gegenüber.

Inflationsrate und Geldmenge M2 pro Kopf,
über das Jahr hinweg in Prozent, 1900 bis 2020

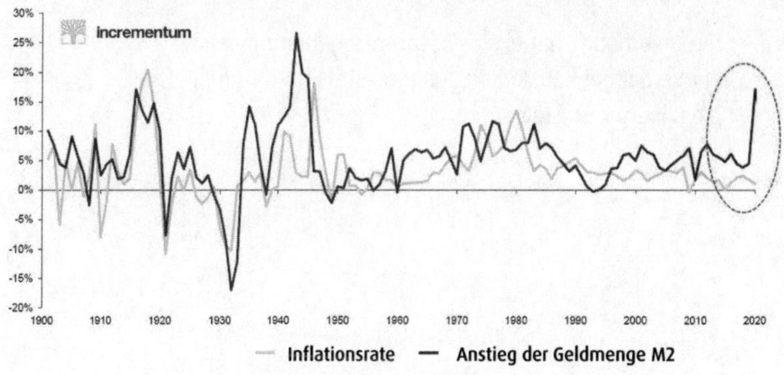

Quelle: Incrementum AG

Es ist offenkundig, dass bei einem Anstieg der Geldmenge M2 die Inflation nicht weit dahinter liegt. So war es in den 1930er- und den 1940er- und erneut in den 1970er-Jahren.

Und in jedem dieser Zeiträume kletterte der Silberpreis deutlich nach oben.

Während der vergangenen Jahre haben gewaltige Konjunkturprogramme die Geldmenge exponentiell ansteigen lassen. Die Inflation folgt auf dem Fuße. Das schafft die Grundlage für deutlich höhere Silberpreise.

Kurz zusammengefasst

- Der offizielle Verbraucherpreisindex steigt rasch an, obwohl er stark untertrieben ist.
- Berechnungen von ShadowStats lassen den Schluss zu, dass die Inflation wahrscheinlich 8 Prozentpunkte höher liegt als offiziell angegeben.
- Barmittel verlieren rasch an Wert, was unsere Kaufkraft dramatisch beschneidet.
- Die Geldmenge hat explosionsartig zugenommen. In der Vergangenheit zog die Inflation stets nach – und ließ die Silberpreise steigen.

Kapitel 17

Umlaufgeschwindigkeit und Horten

Wenn es darum geht, die Inflation anzuschieben, spielt die Umlaufgeschwindigkeit des Gelds eine wichtige Rolle.

Gemeint ist damit das Tempo, mit dem ein Dollar in der Wirtschaft den Besitzer wechselt.

Die folgende Grafik zeigt, dass sich die Umlaufgeschwindigkeit seit Ende der 1990er-Jahre dramatisch verringert hat. Interessanterweise geht das zeitlich mit dem enormen Anstieg der öffentlichen Schulden einher.

M2-Umlaufgeschwindigkeit

Q1/1900–Q1/2021

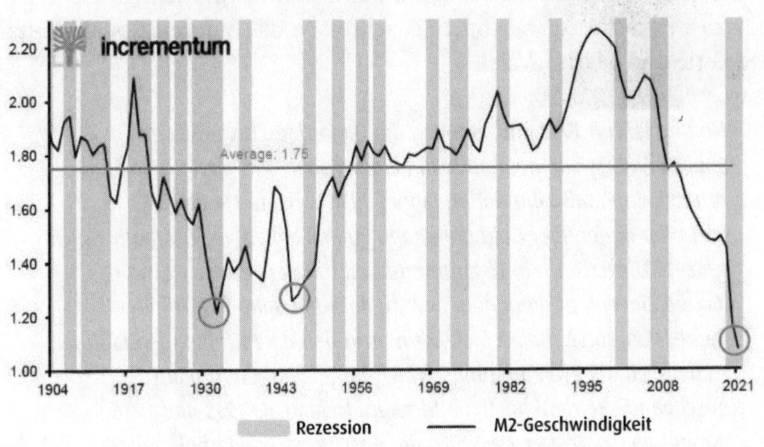

Quelle: Incrementum AG

Vergessen wir nicht: Je mehr Geld im System ist, desto mehr Transaktionen sind nötig, um das Tempo beizubehalten. Und die Umlaufgeschwindigkeit brach komplett ein, als nach den Pandemie-Lockdowns gewaltige Konjunkturprogramme anliefen, für die enorme Beträge gedruckt und massive Neuschulden aufgenommen wurden.

Doch wenn die pandemiebedingten Einschränkungen für Unternehmen und Privatleute nachlassen, wird die Umlaufgeschwindigkeit wieder anziehen. Auslöser wird aller Wahrscheinlichkeit nach sein, dass sich die angestaute Nachfrage Bahn bricht. Wenn die Wirtschaft »wieder öffnet«, wollen die Menschen auch wieder reisen, renovieren, auf Konzerte gehen, Sportveranstaltungen besuchen oder einfach mal wieder ins Restaurant essen gehen.

Präzedenzfälle finden sich 1933 zum Tiefpunkt der Weltwirtschaftskrise und 1946 nach dem Zweiten Weltkrieg. Diese Talsohlen sind in obiger Tabelle deutlich zu sehen, und in beiden Fällen griffen die Zentralbanken zu dramatischen Schritten, um die Inflation anzuschieben.

Die Vermögensverwaltung Incrementum AG veröffentlicht jährlich eine Übersicht über die Situation bei Goldinvestitionen (*In Gold We Trust*). In der Ausgabe von 2021 schreiben die Autoren Ronald-Peter Stöferle und Mark J. Valek:

> *»In den Jahren 1933 und 1946 lag die Umlaufgeschwindigkeit ähnlich niedrig wie heute und in beiden Fällen griff die US-Regierung zu radikalen Maßnahmen. Im Jänner 1934 wertete sie den US-Dollar gegenüber Gold um knapp 70 Prozent ab, im Zeitraum 1946–1951 setzte sie in Zusammenarbeit mit der Federal Reserve, die die Zinsen auf niedrigem Niveau deckelte, eine finanzielle Repression durch. Beide Male kam es in den darauffolgenden Jahren zu deutlich höheren Inflationsraten. Aktuell liegt die Umlaufgeschwindigkeit auf noch niedrigerem Niveau als 1933 und 1946. Wir gehen davon aus, dass sich die Geschichte wiederholen wird, und die Zentralbanken beziehungsweise die Politik ihr Heil in der finanziellen Repression suchen werden.«*

Die globale Verschuldung steht auf einem historischen Hoch, gleichzeitig sind die Zinsen auf dem niedrigsten Stand seit 5000 Jahren. Das facht die Inflation in einem Ausmaß an, wie wir es lange nicht mehr erlebt haben.

Und dann gibt es noch einen Aspekt, den wir berücksichtigen sollten, wenn es um Inflation und Umlaufgeschwindigkeit geht – **die Psychologie der Inflation oder auch das Horten.**

Bei diesem Phänomen gelangen die Verbraucher zu der Ansicht, dass sich die Inflation festgesetzt hat und die Preise auf absehbare Zeit deutlich steigen werden.

Nun versuchen sie, »schneller« als die Inflation zu sein. Sie geben ihr Geld rascher aus und kaufen in größeren Mengen, als sie es normalerweise tun würden. Der Gedanke dahinter: »Kaufe ich jetzt anstatt morgen, ist das billiger, weil morgen die Preise vermutlich gestiegen sein werden.« Dieser Ansatz beschränkt sich nicht auf Verbraucher, sondern auch auf Unternehmen und Institutionen, die ihre Ausgaben ebenfalls vorziehen.

Auf diese Weise kann es zu einer sich selbst erfüllenden Prophezeiung kommen – einer Feedback-Schleife.

Wenn die Verbraucher mehr Geld ausgeben und weniger sparen, kann diese Denkart des Hortens die Umlaufgeschwindigkeit des Gelds in der Wirtschaft erhöhen, die Dollar wechseln also rascher ihren Besitzer. Das führt meistens dazu, dass die Inflation noch rascher ansteigt, was wiederum die Psychologie der Inflation befeuert.

Letztlich kann das zu viel, viel höherer Inflation und sogar zu Vermögensblasen führen.

Ganz so weit sind wir möglicherweise noch nicht, aber die Immobilienpreise schossen nahezu unmittelbar nach Beginn der Covid-19-Pandemie in die Höhe und stiegen auch während der laufenden Pandemie und im Anschluss immer weiter. Das spricht verdächtig für die Psychologie der Inflation.

Und das ist nur ein Sektor der Volkswirtschaft. Bei kleineren Posten wie Konsumgütern und haltbaren Lebensmitteln ist es viel einfacher, sich einzudecken, bevor die Preise weiter steigen.

Reale Vermögenswerte wie Silber und Silberaktien werden stark profitieren, wenn die Psychologie der Inflation um sich greift.

Kurz zusammengefasst

- Die Umlaufgeschwindigkeit bezeichnet das Tempo, mit dem innerhalb einer Volkswirtschaft Geld den Besitzer wechselt.
- Je mehr Geld in Umlauf ist, desto mehr Transaktionen sind nötig, um die Geschwindigkeit zu halten.
- Zentralbanken werten Währungen ab und drücken die Zinssätze, um die Inflation anzuschieben, aber die Psychologie der Inflation kann die Umlaufgeschwindigkeit dramatisch beschleunigen.

Kapitel 18

Silber, Gold und Rohstoffe als Inflationsindikatoren

Edelmetallmärkte haben diese Entwicklung gespürt. Das ist der Grund, warum die Preise so beträchtlich anzogen, während sich die globale Geldmenge in den vergangenen 20 Jahren verfünffachte.

Seit Ende 2019 haben die Kurse für Silber und Gold deutlich nachgelegt. Der Silberpreis verdoppelte sich zwischen Mitte 2019 und Mitte 2021, aber wir stehen weiterhin ganz am Anfang.

Nachhaltig hohe Inflation erschafft in Kombination mit geringen Zinsen ein Umfeld dauerhaft negativer Realzinsen – perfekter Nährboden für Silber und Gold.

Wenn Geld so billig ist (und nichts anderes bedeuten geringe Zinssätze), werden die globalen Rekordschulden weiter anschwellen, während die Regierungen weiter Geld aufnehmen und ausgeben. In Kombination mit einer erneut höheren Umlaufgeschwindigkeit bedeutet dies, die Inflation erhebt wieder ihr hässliches Haupt.

In den 1970er-Jahren vervielfachte sich die Geldmenge in den USA, was dazu führte, *dass der Dollar allein in diesem Jahrzehnt zwei Drittel seiner Kaufkraft einbüßte*.

Die folgende Grafik zeigt den Erzeugerpreisindex für alle Rohstoffe und verdeutlicht, was in den 1970er-Jahren mit den Rohstoffpreisen geschah. Es geht hier um die Rohstoffe, die Hersteller kaufen, um Dinge zu produzieren.

Der Index stieg von 36 auf 93, was die Preise um mehr als 250 Prozent klettern ließ. Das passt zur Inflationsrate und dem Kaufkraftverlust des Dollar, denn die Hersteller reichen diese Kosten an die Verbraucher weiter.

Erzeugerpreisindex, alle Rohstoffe
1970–1982

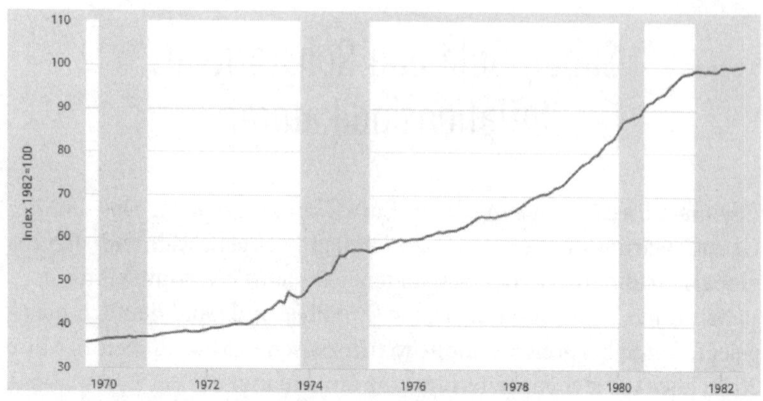

Quelle: Federal Reserve Bank of St. Louis

Zwischen 1965 und 1980, das zeigen Untersuchungen von Crescat Capital, gab es drei deutlich unterscheidbare Inflationswellen, was dafür spricht, dass diese kräftigen Preisschübe üblicherweise nicht schrittweise und geordnet ablaufen. Tatsächlich spricht die Grafik auf der folgenden Seite dafür, dass die Inflation in einem Wellenmuster verläuft, das sich verstärkt.

Während sich Federal Reserve und US-Regierung abwechselnd bemühten, die Inflation zu bekämpfen und die Konjunktur zum Laufen zu bringen, brachte der Wechsel zwischen Auf- und Abschwung verheerenden Schaden über die Wirtschaft.

Es gibt einen Unterschied zur damaligen Zeit: Die Staatsschuld belief sich auf knapp 35 Prozent vom BIP, heute hingegen liegen wir eher bei 130 Prozent. Bei einer derart hohen Verschuldung von Staat, Unternehmen und Privathaushalten ist es den Zentralbanken nahezu

Die drei Inflationswellen
der 1970er-Jahre

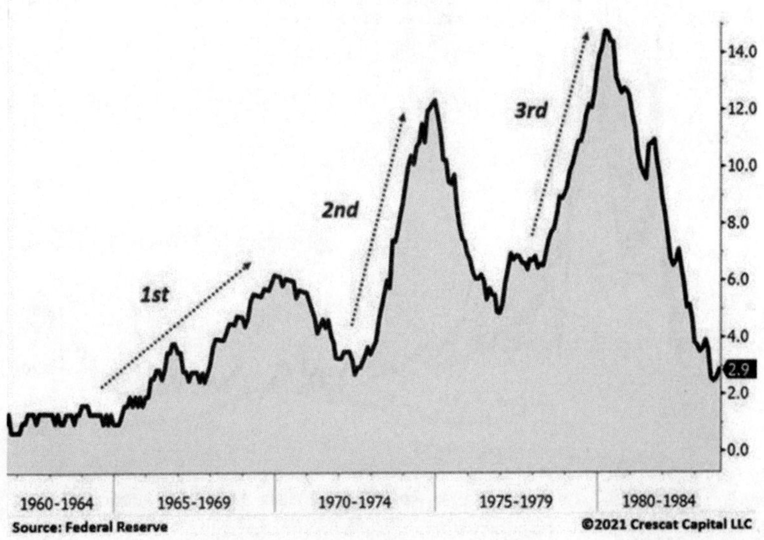

Quelle: Crescat Capital, Federal Reserve

unmöglich, die Zinsen anzuheben, ohne dabei die Wirtschaft zu zerschmettern.

Interessanterweise entwickelt sich das Verhältnis von Rohstoffen zu Wertpapieren über Jahrzehnte hinweg sehr ähnlich wie die Inflation. Die Grafik auf der folgenden Seite zeigt: Wenn die Rohstoffe wie in den 1970er-Jahren besser laufen als die Aktien, dann folgt das Verhältnis ganz eindeutig der Entwicklung der Inflation.

Jetzt, wo die Inflation in die Höhe schnellt, sollte sich das Verhältnis von Rohstoffen zu Wertpapieren ähnlich entwickeln.

Rohstoff-Wertpapier-Verhältnis gegenüber Inflation
1970–2021

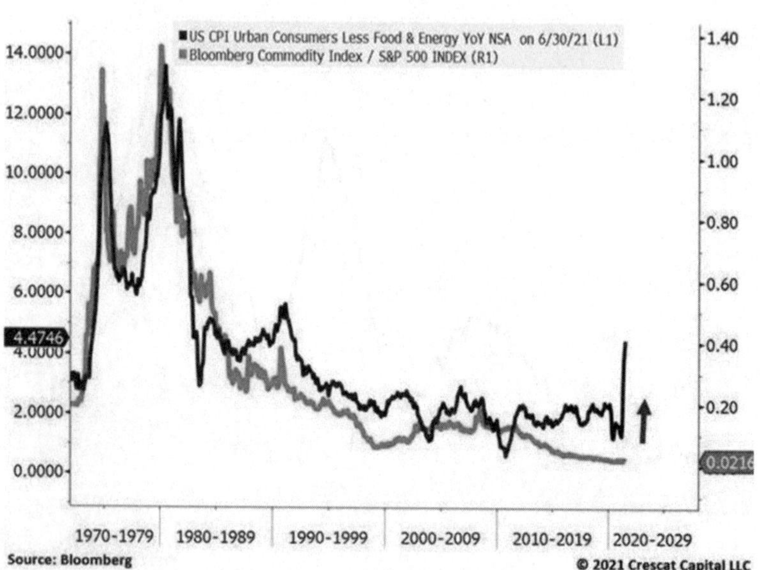

Quelle: Crescat Capital, Bloomberg

Die Grafik auf der nächsten Seite zeigt, wie sich in den 1970er-Jahren Aktien, Gold und Silber entwickelten.

Für die meisten Menschen dürfte es ein Schock sein, *aber Dow Jones und S&P 500 stagnierten ein trostloses Jahrzehnt lang mehr oder weniger – und zwar schon, **bevor** man die Inflation herausrechnet.* Die Linien, die sich am Boden der Grafik überlappen, sind die für Dow Jones und S&P 500.

Im selben Zeitraum erzielte Gold eine Rendite von 1400 Prozent, das war aber noch nichts im Vergleich zu Silber mit einem Plus von 3700 Prozent.

Sehen wir uns nun dieselbe Tabelle für den Zeitraum zwischen 2000 und Anfang 2022 an. Dabei stechen einige Dinge ins Auge.

S&P 500 vs. Dow Jones vs. Gold vs. Silver

1970er-Jahre

Quelle: *longtermtrends.net*

Zunächst einmal: Die meisten Anleger würden vermutlich sagen, man habe seit 2000 nichts Besseres tun können, als in Aktien zu investieren, aber das ist schlicht falsch. Gold hat beeindruckende 575 Prozent zugelegt, während Silber noch auf gesunde 385 Prozent Plus kommt – *damit liegen beide Edelmetalle weit über Aktien, die etwa 200 Prozent zulegten.*

Zweite Erkenntnis: Silber hat sehr gut abgeschnitten, aber Gold hat die Nase vorn – noch. Ich betone das »noch«, denn in Kapitel 28 werden Sie sehen, dass Silber auf Bullenmärkten stets besser abgeschnitten hat als Gold. Für den aktuellen Bullenmarkt bei Edelmetallen erwarte ich das ebenfalls. Im Umkehrschluss heißt das, dass Aktien voraussichtlich eine Zeit lang unterdurchschnittlich gut abschneiden dürften.

S&P 500 vs. Dow Jones vs. Gold vs. Silber
Dezember 1999 bis März 2022

Quelle: *longtermtrends.net*

Sehen wir uns nun eine Liste wichtiger Rohstoffe an und wie sie sich in den 12 Monaten bis zum April 2021 entwickelten. Die Preise nahezu sämtlicher Rohstoffe stiegen stark an, viele verzeichneten ein Plus von 50 Prozent, einige kamen auf über 250 Prozent.

In einem Umfang, wie wir ihn nie zuvor gesehen haben, wurde Geld gedruckt, um der Wirtschaft neues Leben einzuhauchen und die Inflation nach der Pandemie wieder in Gang zu bringen. Das hat dazu geführt, dass wir uns in der Frühphase eines neuen säkularen Rohstoffbooms wiederfinden.

Weil die Finanzrepression dafür sorgt, dass die Zinsen niedrig bleiben, steigen die Preise für nahezu alles, woran sich auf Jahre hinaus auch nichts ändern wird. Unterdessen werden Sparer mit ultraniedrigen Sparzinsen abgestraft.

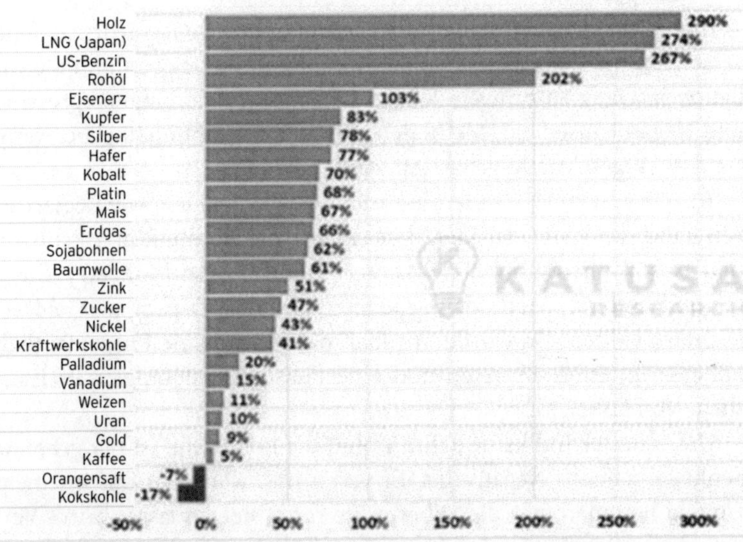

Quelle: Katusa Research

Kurz zusammengefasst

- Steigt die Inflation, entwickeln sich Rohstoffe und Edelmetalle besser als Aktien.
- In den 1970er-Jahren hängten Silber und Gold Aktien locker ab, genauso seit dem Jahr 2000 wieder.
- Im Zuge der anhaltenden Finanzrepression schossen die Rohstoffpreise nach der Pandemie in die Höhe.

In **Teil II** habe ich Sie hinter die Kulissen geführt und Ihnen gezeigt, mit welchen Strategien Zentralbanken Zinsen, Geldmenge und Inflation manipulieren.

Indem sie die Geldmenge ausweiten und die Zinsen niedrig halten, versuchen die Zentralbanken, die Konjunktur zu beleben und die Inflation in Gang zu bringen. Sie setzen Taktiken wie Finanzrepression und Negativzinsen ein, Methoden, die es überhaupt nicht gäbe, wenn Geld uneingeschränkt gehandelt werden könnte.

Als die Covid-19-Pandemie zuschlug, verfolgte ich, wie Regierungen handelten. Mir war klar, dass sie, um die Konjunktur zu stützen und zu stimulieren, mit »Helikoptergeld« (Modern Monetary Theory) und anderen Methoden arbeiteten, die den Zugang zu Geld erleichtern sollten. Da wurde mir klar, dass wir in eine Phase deutlich höherer Inflation eintreten und eine Phase beschleunigter Preisanstiege von Silber.

Unser bester Indikator dafür, wohin die Reise geht, ist der geheime Schlüssel namens Negativzins. Er verrät uns, wann wir uns in einem Umfeld befinden, das die Silberpreise rasch steigen lassen wird. Verbraucherpreisinflation, Geldmenge und Umlaufgeschwindigkeit sind ebenfalls gute Indikatoren dafür, wohin sich die Silberpreise entwickeln werden.

Rohstoffe reagieren sehr sensibel auf Inflation. Schneiden sie ständig besser als Aktien ab, folgen die Rohstoffe der Inflation meist in die Höhe. Ganz offensichtlich hat diese Entwicklung bereits eingesetzt. Aus diesem Grund hängten Silber und Gold in den 1970er-Jahren die Aktienkurse problemlos ab und tun es seit 2000 wieder.

Es ist an der Zeit, dass Sie sich dagegen wehren.

Silber und Investitionen rund um Silber zählen dabei zu den besten Möglichkeiten, erfolgreich abzuschneiden. In **Teil III** werden Sie sehen, warum Silber einzigartig gut dafür aufgestellt ist, unter derartigen Bedingungen zu gedeihen.

Ich werde Ihnen zeigen, warum Silber Gold sehr ähnlich ist, wenn es um Inflation und die Funktion als sichere Zuflucht geht. Sie werden aber auch erfahren, wie viele unterschiedliche Aufgaben Silber erfüllt und warum dies es im Gegensatz zu Gold unverzichtbar für unser Alltagsleben macht – und zu einer beispiellos guten Investition in eine renditeträchtige Zukunft.

Teil III

Silber – das unersetzbare Metall

Einleitung

So etwas wie Silber gibt es kein zweites Mal

Silber hat sich über die Jahrtausende hinweg als Bezahlmethode bewährt. Aber zugleich erfüllt es derart viele praktische Anwendungszwecke, dass es schlichtweg nicht zu ersetzen ist.

Silber ist so besonders, weil es ein Währungsmetall ***und*** *ein Industriemetall ist.* Und das wird sich in den kommenden Jahren als Alleinstellungsmerkmal gegenüber anderen Rohstoffen erweisen.

Silber ist wirklich eine ganz eigene Welt, mit ganz eigenen Charakteristika bei Angebot und Nachfrage, mit Makrokräften und mit engagierten Investoren.

Auch wenn Silber in vielerlei Hinsicht Gold ähnelt, ist es doch deutlich günstiger. Und was physische Eigenschaften anbelangt, ist Silber in einigen Bereichen Gold sogar überlegen.

Im Periodensystem ist Silber die Nummer 47 und trägt das Kürzel Ag nach dem lateinischen Begriff *Argentum*, der wiederum seine Wurzeln im griechischen Wort für »glänzend« hat.

In **Teil III** sehen wir uns die Unterschiede zwischen den Märkten für Gold und für Silber an. Wir untersuchen, woher Silber stammt und welche Einschränkungen es bei seinem Angebot gibt.

Dann befassen wir uns mit den unterschiedlichen Einsatzgebieten von Silber, von Industrieanwendungen über den medizinischen Bereich bis hin zu Schmuck und als Anlageobjekt. Wir sehen uns sogar neue Anwendungsgebiete an, die eine gewaltige Nachfrage anfachen könnten, welche die meisten Menschen überraschen dürfte.

Kapitel 19

Gold ist Gold

Schätzungen besagen, dass seit Beginn der Menschheitsgeschichte ungefähr 200 000 Tonnen Gold aus der Erde geholt wurden.

Zwei Drittel dieser Menge entfallen auf Gold, das seit 1950 geschürft wurde.

Aber da Gold größtenteils in irgendeiner Form als Investment dient, bedeutet das, *der Großteil davon existiert weiterhin, sei es als Barren, als Münzen oder als Schmuck.*

Es stimmt, dass Gold genau wie Silber als Zahlungsmittel dient und in der Industrie zum Einsatz kommt, aber seine Rolle als Wertanlage überwiegt alle anderen Anwendungen.

Man kann Goldschmuck als Investition betrachten, denn Gold bewahrt auf lange Sicht seinen Wert. In China und Indien wird Gold als Sparanlage gekauft. Was es besonders attraktiv macht, ist, dass man es bei Bedarf jederzeit wieder zu Geld machen kann.

Rechnen wir Anlagen, Schmuck und das in Zentralbanken eingelagerte Gold zusammen, so entfallen auf diese drei Kategorien 92 Prozent der Nachfrage nach Gold. Es bleiben also nur 8 Prozent übrig, etwa für Gold, das in der Elektronik verwendet wird (LED, 5G-Infrastruktur und -Geräte, Speicherchips, Platinen), in der Industrie und in der Zahnmedizin.

Also: Die größte Goldnachfrage kommt aus dem Investmentbereich, und weniger als 10 Prozent werden tatsächlich konsumiert.

Das jährliche Angebot an Gold beträgt um die 120 Millionen Feinunzen und hat einen Wert von rund 230 Milliarden Dollar. Zum Vergleich: Das jährliche Silberangebot beläuft sich auf rund 1 Milliarde Feinunzen im Gesamtwert von etwa 25 Milliarden Dollar. *Nach dieser Berechnung ist der Goldmarkt ungefähr zehnmal so groß wie der Silbermarkt.*

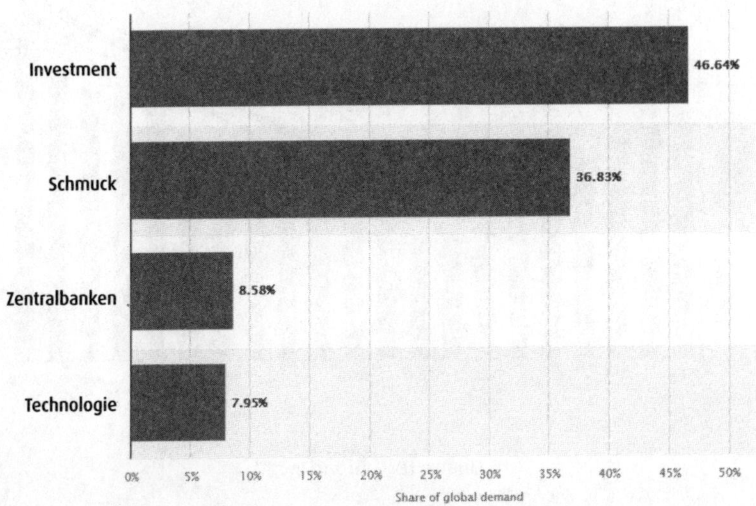

Quelle: Statista

In den 1970er-Jahren besaßen die Regierungen große Silberreserven, da sie das Edelmetall noch immer für ihr Münzgeld benötigten. Zu Beginn der 1980er-Jahren hielten sie noch etwa 330 Millionen Unzen.

Dann begannen sie, ihre Reserven abzustoßen. Heute halten nur die Vereinigten Staaten, Mexiko und Indien Silber in größeren Mengen, insgesamt um die 45 Millionen Unzen. Zum Vergleich: Die Zentralbanken haben in ihren Tresoren aktuell über 35 000 Tonnen Gold eingelagert, und seit 2009 stocken sie ihre Vorräte aggressiv auf.

Silber ist ein viel kleinerer Markt, da leuchtet es ein, dass eine beständige Nachfrage auf höherem Niveau die Preise relativ rasch dramatisch in die Höhe treiben könnte.

Offizielle Goldbestände der Zentralbanken weltweit
2000–2020

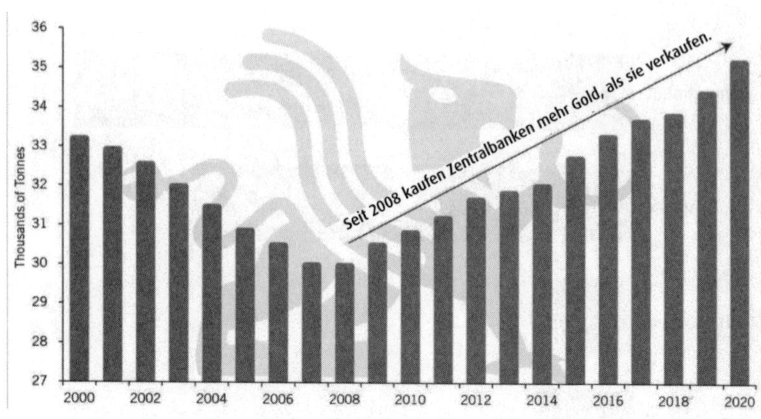

Quelle: BMG Group Inc.

Kurz zusammengefasst

- Rund 90 Prozent des Golds wird gekauft, um in irgendeiner Form als Anlage zu dienen.
- Früher lagerten Regierungen Silber in großem Stil ein, weil sie es für ihr Münzgeld benötigten. Das ist vorbei.
- Seit 2009 kaufen Zentralbanken deutlich mehr Gold, als sie verkaufen.

Kapitel 20

Haben wir »Peak Silver« erreicht?

Die Royal Mint, die britische Münzprägeanstalt, schätzt, dass die Erdkruste Silber in einer Menge von 75 Teilen pro Milliarde enthält. Rechnet man das hoch, müssten irgendwo noch rund 7,5 Billionen Kilogramm Silber zu finden sein.

Natürlich ist die Silberdichte an einigen Orten höher als an anderen, sonst würde es keinen Silberbergbau geben.

Im Verlauf der Menschheitsgeschichte haben wir rund 1,4 Milliarden Kilogramm oder 45,5 Milliarden Feinunzen Silber aus dem Boden geholt.

Schätzungen der amerikanischen Behörde United States Geological Survey (USGS) zufolge gab es 1950 noch rund 10 Milliarden Unzen oberirdisches Silber. Springen wir 30 Jahre in die Zukunft, ins Jahr 1980, sind es zwei Drittel weniger, also noch etwa 3,5 Milliarden Unzen.

Seitdem hat sich die Menge nach Berechnungen des Silver Institute noch einmal halbiert. Bekannte Bestände an Silberbarren belaufen sich demzufolge auf etwa 1,7 Milliarden Feinunzen. Der Rückgang hängt vor allem damit zusammen, dass Silber nicht mehr für Münzgeld verwendet wird, weshalb heutzutage nur eine Handvoll Regierungen und Zentralbanken über Reserven verfügen, und auch die nur in unbedeutenden Mengen.

Ganz anders die Situation bei Gold.

Rund 200 000 Tonnen Gold wurden bislang gefördert, das entspricht etwas mehr als 6 Milliarden Unzen. Aber die Industrie verbraucht nur sehr wenig Gold, insofern ist der Großteil dessen, was im Laufe der Menschheitsgeschichte an Gold aus dem Boden geholt wurde, größtenteils weiter vorhanden.

Grob geschätzt, steckt die Hälfte allen Goldes in Schmuckgegenständen, 20 Prozent werden als Anlageobjekt gehalten, Regierungen und ihre Zentralbanken besitzen weitere 17 Prozent. Das bedeutet, ungefähr 2,5 Milliarden Unzen Gold liegen entweder bei Privatanlegern oder befinden sich in offiziellem Besitz.

Anders gesagt: Es stehen heutzutage ungefähr 50 Prozent mehr Goldbarren zur Verfügung als Silberbarren. Seit Jahren verbraucht die Welt mehr Silber, als sie fördert. Mehr noch: Metals Focus und das Silver Institute prognostizieren, dass sich der Nachfrageüberhang in den kommenden Jahren verschlimmern und sich festsetzen wird.

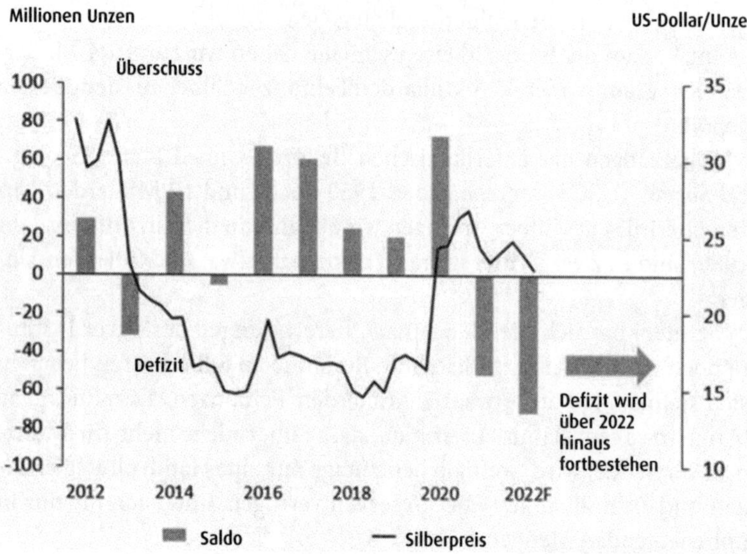

Quelle: Metals Focus, The Silver Institute

Die Nachfrage nach Silber wächst schneller als das Angebot. Die Bühne ist bereitet für einen perfekten Sturm steigender Silberpreise.

Sehen wir uns genauer an, woher Silber eigentlich kommt und was das für den Silbermarkt in Zukunft bedeutet.

Kurz zusammengefasst

- Seit Jahrzehnten schwinden die Silberbestände.
- Aktuell gibt es rund 50 Prozent mehr Goldbarren als Silberbarren auf dem Markt.
- Prognosen zufolge wird die Nachfrage nach Silber im Lauf der nächsten 10 Jahre immer stärker wachsen als das Angebot.

Kapitel 21

Das sonderbare Angebotsprofil von Silber

Die Sonderstellung von Silber erklärt sich nicht allein dadurch, dass es als Zahlungsmittel geschätzt wird und in der Industrie unersetzbar ist. Einzigartig ist auch, wie Silber üblicherweise in der Natur gefunden wird.

Laut Silver Institute stammen etwa 80 Prozent der jährlichen Silberförderung aus der Minenproduktion, die restlichen 20 Prozent kommen größtenteils aus dem Recycling.

Silber als Nebenprodukt der Metallförderung

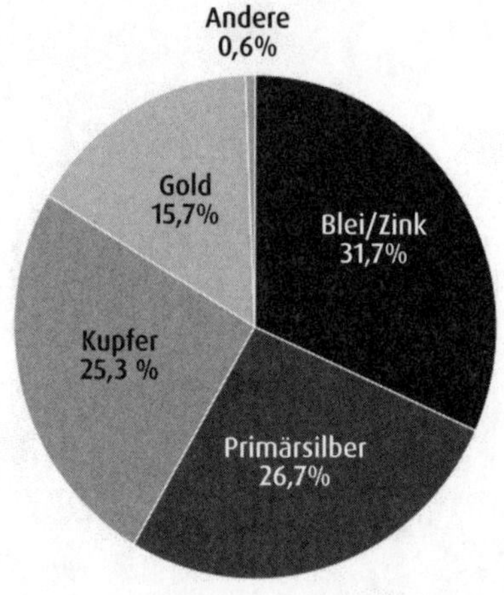

Quelle: Metals Focus, ICSG, ILZSG

Wichtig ist es, sich einige der Feinheiten des Silberbergbaus vor Augen zu führen. Als Primärmine bezeichnet man eine Mine, in der in erster Linie Silber gefördert wird. Vielleicht überrascht es sie zu hören, aber derartige Minen sind selten.

Nur die wenigsten Menschen wissen, dass im Jahr 2020 gerade einmal 26,7 Prozent des geschürften Silbers aus Primärsilberminen stammten. Das bedeutet, 73,3 Prozent des geförderten Silbers waren ein Nebenprodukt aus der Förderung anderer Metalle. Auf Blei- und Zinkminen entfielen 31,7 Prozent des geförderten Silbers, auf Kupferminen 25,3 Prozent und auf Goldminen 15,7 Prozent.

Gerade einmal etwas mehr als ein Viertel des geförderten Silbers stammt aus Primärsilberminen, und das hat gewaltige Auswirkungen auf die Angebotsseite am Silbermarkt.

Für Bergbauunternehmen, die Blei, Zink, Kupfer und Gold aus der Erde holen, ist Silber eine Einnahmequelle von nachrangiger Bedeutung. Einige Produzenten verkaufen ihr Silber ganz oder teilweise an Streaming- und Royalty-Unternehmen und erhalten dafür große Vorauszahlungen oder Barzahlungen mit enormem Abschlag gegenüber den Preisen am Spotmarkt.

Die Erlöse tragen dazu bei, die Entwicklung und/oder den Ausbau einer Mine zu finanzieren, möglicherweise ergänzen sie auch schlicht die Einnahmen aus der Förderung der Primärmetalle. Wenn Silber nur eine Art besseres »Abfallprodukt« darstellt, ist der Anreiz gering, mehr davon zu fördern.

Stellen wir uns Folgendes vor:

Sagen wir, die Nachfrage zieht beträchtlich an und lässt den Silberpreis um 20 Prozent in die Höhe schnellen. Bei den meisten anderen Produkten würden die Hersteller auf die gestiegene Nachfrage reagieren, indem sie die Produktion hochfahren und sich zusätzliche Gewinne sichern.

Doch das Bergbaugeschäft ist ein schwieriges Geschäft. Will man eine bestehende Mine erweitern, müssen weitere Genehmigungen eingeholt werden, die Finanzierung muss gesichert sein, und die Verarbeitungskapazitäten müssen aufgestockt werden. Und eine neue Mine bedeutet viel Vorlaufzeit. Es müssen rentable Silbervorkommen gefunden werden, die Finanzierung muss stehen, die Genehmigungen müssen vorliegen, und letztlich muss alles gebaut werden, *bevor* man mit der Produktion beginnt.

Allein schon das Vorhaben, eine alte Mine mit nachgewiesenem Vorkommen wieder in Betrieb zu nehmen, setzt Finanzierung, ingenieurtechnische Untersuchungen, Entwässerungsarbeiten, den Bau neuer Tunnel oder Reparaturen bestehender Schächte und entsprechende Genehmigungen voraus, bevor man sich wieder an die Arbeit machen kann. Manchmal gilt es, beträchtliche gesellschaftliche, umweltpolitische und/oder geopolitische Hürden zu nehmen, die sich als kostspielig, zeitaufwendig oder sogar unüberwindbar erweisen können.

Und zu alledem kommt der Fakt, dass nahezu drei Viertel des Silbers aus der Förderung *anderer* Metalle stammen.

Bergbauunternehmen, die Gold, Blei, Zink und Kupfer fördern und nebenbei auch Silber, können also nicht einfach den Hahn aufdrehen und groß abkassieren, nur weil der Silberpreis gerade gut steht. In vielen Fällen nehmen die Konzerne schlicht den höheren Preis für das Silber mit, das sie ohnehin bereits fördern, und reagieren ansonsten nicht. Für sie sind die Einnahmen aus dem Silberverkauf ein willkommener Zuschuss, der ihnen hilft, die Kosten für den Abbau ihrer Primärmetalle zu stemmen. Alternativ beginnen sie bei höheren Silberpreisen, dieselbe Menge an Erz zu verarbeiten, aber Erz schlechterer Qualität mit geringerem Silbergehalt. Das bedeutet, sie könnten genauso viel oder sogar mehr Gewinn wie zuvor machen, während gleichzeitig die Silberproduktion *schrumpft*!

Aus diesen Gründen ist die Silberproduktion nicht elastisch gegenüber dem Silberpreis, sie reagiert also häufig nicht auf einen Anstieg des Silberpreises, oder sie geht sogar zurück.

Und das kann sogar zu *noch höheren Silberpreisen* führen. Denn auch wenn höhere Preise nicht zwingend zu den wenigen Dingen zählen, die eine stärkere Silberförderung anstoßen können, sieht es bei dauerhaft höheren Preisen schon wieder anders aus. Bevor sie auch nur einen Gedanken daran verschwenden, ob sie nicht vielleicht mehr produzieren könnten, wollen die Silberunternehmen sehen, dass die Preise steigen und hoch bleiben, am besten gleich auf Jahre hinaus.

Vergessen Sie nicht: Silber und Gold zählen zu den wenigen Anlageobjekten, bei denen steigende Preise oftmals eine höhere Nachfrage nach sich ziehen können.

Wenn sie die Preise steigen sehen, agieren viele weniger erfahrene Anleger nicht nonkonformistisch, sondern verfallen in »Panikkäufe« in der Angst, eine gute Gelegenheit ungenutzt verstreichen zu lassen. Sie haben Sorge, den richtigen Zeitpunkt zu verpassen und am Ende mehr bezahlen zu müssen. Wie wir in Kapitel 31 sehen werden, kann der Faktor Angst eine sehr starke Motivation darstellen.

Kurz zusammengefasst

- Nur 27 Prozent des Silbers, das abgebaut wird, stammt aus Minen, in denen Silber das Hauptprodukt ist.
- Bergbauunternehmen, bei denen Silber nur ein Nebenprodukt ist, verspüren selbst bei höheren Preisen wenig Motivation, die Produktion hochzufahren.
- Das Silberangebot ist unelastisch – nur weil die Preise steigen, heißt das nicht automatisch, dass auch das Angebot zunimmt.

Kapitel 22

Eine kurze Geschichte des Silberbergbaus

Historikern zufolge haben die Menschen bereits vor 6000 Jahren Silber abgebaut.

Silber zählt zu den ersten fünf Metallen, die entdeckt wurden, und Archäologen haben silberne Gegenstände gefunden, die sie auf 4000 Jahre vor unserer Zeitrechnung datieren.

Die ältesten bekannten Silberminen befanden sich dem Silver Institute nach im Jahr 3000 vor unserer Zeitrechnung in Anatolien, also der heutigen Türkei. Silbergeld hat wahrscheinlich frühzeitlichen Zivilisationen im Nahen Osten und alten Griechenland zur Blüte verholfen.

Rund 1800 Jahre später, etwa 1200 vor unserer Zeitrechnung, entwickelte sich Griechenland zum Zentrum des Silberbergbaus, soweit wir wissen. Die Minen von Lavrion versorgten die Region, und Silber wurde zur Währung des antiken Athen. Etwa 100 vor unserer Zeitrechnung stieg Spanien zum Weltzentrum des Silberbergbaus auf und versorgte das Römische Reich mit Münzgeld, das auf den Gewürzrouten nach Asien zum Einsatz kam.

Das wichtigste Ereignis in der Geschichte des Silberbergbaus allerdings fand erst Jahrhunderte später statt – 1492 erreichte Kolumbus die Neue Welt.

Die Spanier breiteten sich in Nord- und Südamerika aus, und die Silberförderung stieg – vor allem durch die Aktivitäten in Mexiko, Bolivien und Peru – sprunghaft an. Zwischen 1500 und 1800 entfielen stolze 85 Prozent der weltweiten Silberproduktion auf diese drei Gebiete. Spanien hatte das große Los gezogen.

In seinem Buch *Der Aufstieg des Geldes* schreibt Niall Ferguson, dass der Cerro Rico (der »reiche Berg«) im bolivianischen Potosí als Berg reinen Silbers galt. Zum Leidwesen der Inka, die zur Arbeit in den Minen gezwungen wurden, war Spaniens Durst auf Silber nicht zu löschen.

Die Arbeitsbedingungen waren ausgesprochen harsch, die Sterblichkeit der Bergarbeiter aufgrund von Unfällen und Umweltverschmutzung war hoch. Als die Versorgung mit einheimischen Arbeitskräften ins Stocken geriet, importierten die Spanier Tausende Sklaven aus Afrika. Das Ganze war abscheulich und verwerflich.

Den spanischen Eroberern war das egal, ihnen war jedes Mittel recht, das ihren Zwecken diente. Zwischen Mitte des 16. und Ende des 18. Jahrhunderts warf der Cerro Rico 45 000 Tonnen reinen Silbers ab. Das entspricht mehr als 1,4 Milliarden Feinunzen. In den ersten Jahrzehnten hatte dieses neue Angebot an Silber dramatische Folgen. Es sollte Spanien dabei helfen, seine Eroberungskriege zu finanzieren, aber das Übermaß an neuen Münzen löste eine heftige Inflation aus.

Ganz Europa litt darunter, dass die Geldmenge so stark anschwoll. Die »Preisinflation« dauerte von den 1540er-Jahren bis in die 1640er-Jahre hinein. Drei Jahrhunderte lang waren die Lebensmittelkosten mehr oder weniger unverändert gewesen, nun zogen sie spürbar an. Um das 7-Fache höher lagen die Lebenshaltungskosten am Ende jener Zeit. Nach heutigen Maßstäben wirkt das bescheiden – auf das Jahr heruntergebrochen sprechen wir über etwa 2 Prozent Plus jährlich –, aber für die damalige Zeit war es radikal.

Heutzutage ist das Risiko, dass neues Silber sturzflutartig über uns hereinbricht, ausgesprochen gering, und zwar aus all den Gründen, die ich bereits genannt habe. Die Nachfrage ist hoch und steigt weiter. Das Angebot ist knapp und schrumpft. Und technisch sind wir bislang nicht imstande, gewaltige Mengen von Silber über einen sehr kurzen Zeitraum hinweg zu produzieren.

Möglicherweise wird eines Tages ein enormes Vorkommen extrem hochwertigen Silbers entdeckt, das den Markt überflutet und die Preise in den Keller drückt. Aber wenn man bedenkt, wie lange die Menschheit bereits Silber aus dem Erdboden holt, kann ich mir dieses Szenario für die nähere Zukunft nicht vorstellen. Aller Wahrscheinlichkeit nach sind alle Cerro Ricos bereits entdeckt und erschlossen.

Die wahre Bedrohung kommt aus einer anderen Richtung – die Rede ist von der Menge an Fiatgeld. Wie bereits gesagt: Knapp ein

Viertel aller existierenden US-Dollar wurde zwischen Januar 2020 und Juni 2021 erschaffen. Weil es über keinen eigenen Wert verfügt und größtenteils digital existiert, ist das beschleunigte Wachstum von Fiatwährungen etwas, das mehr Kopfschmerzen bereitet.

In *Der Aufstieg des Geldes* schreibt Ferguson: »Geld ist nur das wert, was jemand Ihnen dafür zu geben bereit ist. Eine Erhöhung der Geldmenge macht eine Gesellschaft nicht reicher, allerdings kann dieser Schritt die Regierung bereichern, die ein Monopol auf die Produktion von Geld hält. Unter ansonsten gleichen Umständen sorgt eine Expansion der Geldmenge nur dafür, dass die Preise steigen.«

Wir haben einen kurzen Blick auf die Geschichte des Silberbergbaus geworfen. Sehen wir uns nun an, wo heutzutage Silber gefördert wird. In diesem Zusammenhang befassen wir uns auch mit einigen der größten Herausforderungen, vor denen der Silberbergbau aktuell steht.

Kurz zusammengefasst

- Die ersten bekannten Silberminen befanden sich vor 5000 Jahren in der heutigen Türkei.
- Kolumbus' Ankunft in Amerika führte dazu, dass gewaltige Mengen an Silber nach Europa strömten.
- Das war Auslöser für die erste Inflation seit Jahrhunderten, einer Inflation, die 100 Jahre anhalten sollte.

Kapitel 23

Wo kommt Silber eigentlich her?

Wie bei so vielen Dingen stand auch die erste Silbermine in der alten Welt. Doch als die Europäer nach Amerika vordrangen, stießen sie auf den Silber-Jackpot. Heute stammt nahezu die Hälfte allen Silbers aus Lateinamerika.

Der mit weitem Abstand größte Produzent ist Mexiko, dort wurden im Jahr 2021 196,7 Millionen Unzen Silber produziert. Dann kommt China mit 112,9 Millionen Unzen, dicht gefolgt von Peru mit 107,9 Millionen Unzen. Die nächste Gruppe produziert jeweils weniger als 50 Millionen Unzen Silber im Jahr, ihr gehören Chile, Australien, Russland, Polen, die USA, Bolivien und Argentinien an. Ihre Produktion beträgt zwischen 26,5 Millionen und 43 Millionen Unzen.

Minenangebot nach Land

1990–2025 (Schätzungen) in Millionen Unzen

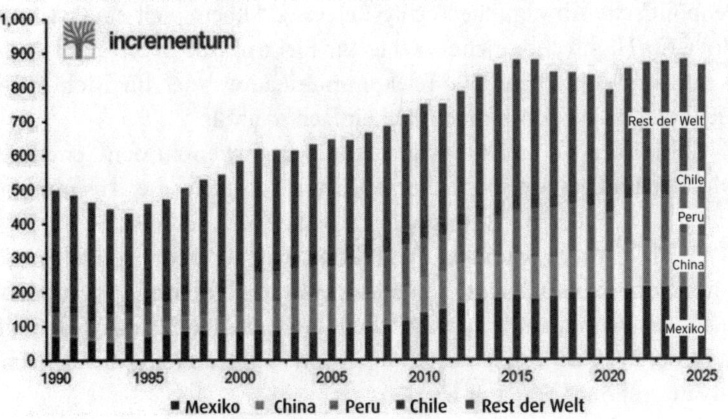

Quelle: The Silver Institute, Incrementum AG

Besonders auffällig an der Silberversorgung aus dem Bergbau ist, wie rasch die Zahlen zurückgehen. 2016 erreichte das globale Angebot einen Hochstand, anschließend fiel es 4 Jahre ohne Unterbrechung. Es wird erwartet, dass sich die Angebotsseite leicht erholt, aber damit dürfte 2024 Schluss sein, und dann setzt sich der Abschwung fort. Zudem wird die Erholung wohl nicht den Hochstand von 2016 übertreffen.

Kurzum: Wenn Sie mich fragen, so denke ich, wir haben »Peak Silver« erreicht, was die Versorgung aus dem Bergbau anbelangt. Der Höhepunkt ist also überschritten.

2016 verpasste die Minenproduktion mit 899,4 Millionen Unzen nur knapp die 900-Millionen-Grenze, schreibt das Silver Institute. 2020 lag die Produktionsmenge bei 784,4 Millionen Unzen, 12,8 Prozent weniger. 2020 produzierten die Minen 6 Prozent weniger als 2019 – wobei man gerechterweise sagen muss, dass dieser Rückgang zu einem nicht geringen Teil mit den Einschränkungen im Rahmen der Covid-19-Pandemie zusammenhängt.

Wichtig ist die Jurisdiktion

Die Hälfte der Versorgung mit Silber aus Bergwerken stammt aus drei Ländern – Mexiko, Peru und China. In so einem Fall gewinnen geopolitische Abwägungen echte Relevanz. Silber spielt eine wichtige Rolle für Hightechbranchen, sei es für Elektro- und Hybridfahrzeuge, Solarenergie, Medizin, 5G-Telekommunikation oder für Mobilfunktechnologie. Das kann man nicht einfach so abtun.

China zählt in vielen der genannten Branchen zu den Schwergewichten und würde möglicherweise nicht zögern, die Ausfuhr von Silber zu begrenzen. Es wäre nicht das erste Mal.

97 Prozent der globalen Produktion seltener Erden entfallen auf China, das Land hält also ein nahezu vollständiges Monopol auf diese siebzehn Elemente mit magnetischen und leitenden Eigenschaften, die bei einer Vielzahl von Anwendungen von Hightechmilitärgerät bis hin zu Smartphones benötigt werden.

2010 senkte die chinesische Regierung die bereits bestehenden Ausfuhrquoten um 40 Prozent. Der Schritt sei »zum Schutz der Umwelt«

erforderlich, hieß es zur Begründung. Die Preise für seltene Erden explodierten daraufhin, gleichzeitig monierten Kritiker, es handele sich um Protektionismus seitens China. Natürlich genossen die heimischen Hersteller einen enormen Wettbewerbsvorteil, da sie ihre seltenen Erden innerhalb Chinas zu deutlich geringeren Preisen als die ausländische Konkurrenz anbieten konnten.

Unterstützt von der Europäischen Union und Japan verklagten die USA China vor der Welthandelsorganisation (WTO) mit der Begründung, die Quoten seien ein Verstoß gegen die WTO-Bestimmungen, die China 2001 unterschrieben hatte. China verlor den Fall, legte Einspruch ein und verlor erneut. Insgesamt dauerte es 5 Jahre, bis 2015, bis China seine Auflagen zurückzog – 5 Jahre, in denen der Rest der Welt die höheren Preise hatte akzeptieren müssen.

Anfang 2021, inzwischen hatte sich das Verhältnis zwischen China und USA eingetrübt, stand das Thema chinesischer Ausfuhrbeschränkungen auf seltene Erde erneut zur Debatte. Chinas Regierung erwog Sanktionen gegen die amerikanischen Rüstungskonzerne Lockheed Martin, Boeing und Raytheon, weil diese Taiwan mit Waffen belieferten. China sieht die Insel, die sich selbst verwaltet, als Teil des eigenen Territoriums.

China und der Westen mögen einander dringend benötigen, durchlaufen aber immer wieder Phasen der Feindseligkeit, bei denen man sich gegenseitig unfaire Handelspraktiken vorhält, um Urheberrechte streitet oder sogar um Menschenrechte. Worauf ich damit hinauswill: Silber wird immer wichtiger, und China könnte beschließen, seine Ausfuhren in den Westen zu beschneiden.

Die Wissenschaftszeitschrift *World Development* veröffentlichte Untersuchungen zu der Frage, ob Bergbauunternehmen für geopolitische Risiken entschädigt werden. Oder anders formuliert: Es ging um die Frage, ob Minenbetreiber in Territorien mit höheren Risiken bessere Bedingungen bekommen.

Die Antwort auf diese Frage lautet »Nein«. Warum das so ist, lässt sich jedoch nur schwer sagen. Einer Theorie zufolge verlangen Regierungen von Entwicklungsländern den Unternehmen mehr ab, weil ihre allgemeinen Steuereinnahmen vergleichsweise gering sind. Die höheren Steuereinnahmen, speziell von ausländischen Firmen eingenommene Mittel, sollen dazu beitragen, das bestehende politische System zu stützen. Des Weiteren werden höhere Steuern verlangt, um Kommunen sozial, wirtschaftlich und in Umweltbelangen unterstützen zu können.

Vergessen wir nicht: Ein wertvolles Vorkommen kann nicht verlagert werden. Das macht es schnell zum Spielball für eine Regierung, die willens ist, nach Belieben die Regeln zu verändern, um den Bergbaukonzernen mehr Geld abzupressen.

Immer wieder steht die Versorgung mit diversen Mineralien im Mittelpunkt geopolitischer Spannungen und innenpolitischen Gerangels. Ein klassisches Beispiel in dieser Hinsicht ist Peru, der zweitgrößte Lieferant weltweit für Silber und Kupfer.

Das ist insofern relevant, weil mehr als 25 Prozent der jährlichen Silberförderung ein Nebenprodukt der Kupferproduktion sind.

Beide Metalle sind stark nachgefragt, aber bis in Peru in großem Stil neue Investitionen getätigt werden, könnte einige Zeit ins Land gehen. Im Juli 2021 wurde Pedro Castillo zum Präsidenten Perus gewählt. Der ehemalige Lehrer hatte im Wahlkampf wiederholt mit einer Verstaatlichung der Minen gedroht, später schwächte er seine Haltung ab und sprach von einer umfassenden Überarbeitung der Steuerbestimmungen.

Castillo schlug vor, Gewinne aus dem Bergbau und Lizenzen auf Mineralienverkäufe mit bis zu 70 Prozent zu besteuern – obwohl doch das Bergbaugeschäft nahezu 60 Prozent der peruanischen Exporte ausmacht. Nach seiner Wahl äußerte er sich weniger streng, erklärte aber dennoch, er werde sich die Verträge mit den Bergbauunternehmen mit Blick auf mögliche Steuererhöhungen erneut vornehmen.

Mit 47 Millionen Unzen pro Jahr ist Chiles Einfluss auf die globale Silberversorgung geringer als Perus, aber auch von dieser Seite her könnten Schwierigkeiten drohen. Das Land produziert mehr als ein Viertel der jährlichen Kupfermenge weltweit, und die Einnahmen machen 60 Prozent der Exporte und 15 Prozent des Bruttoinlandsprodukts aus.

Angesichts steigender Kupferpreise ist in der Politik der Appetit gewachsen, Gewinne stärker abzuschöpfen. Der Vorschlag, Gewinne von mehr als 4 Dollar pro Pfund Kupfer mit bis zu 75 Prozent zu besteuern, stößt bei knapp drei Vierteln aller Chilenen auf Zustimmung. Es steht außer Frage, dass dramatisch höhere Steuern zulasten künftiger Investitionen seitens der Bergbaufirmen gingen, was einen Rückgang der Produktion nach sich ziehen würde.

In Zeiten, in denen Staatsverschuldung und Haushaltsdefizite wachsen und die Situation durch die Covid-19-Pandemie noch verschärft wird, finden verzweifelte Politiker in den Bergbaukonzernen ein leichtes Opfer. Die Metallpreise steigen, damit steigen die Einnahmen, warum also nicht dort den Hebel ansetzen?

Eines vergessen die Politiker und ihre Wähler dabei gerne: Eine höhere Besteuerung der Bergbauunternehmen bedeutet letztlich noch höhere Metallpreise. Und die werden sich als höhere Lebenshaltungskosten niederschlagen.

Es gibt kein Entkommen, aber Anleger können die Situation zu ihrem Vorteil nutzen, indem sie in diese Metalle und ihre Produzenten mit den steigenden Gewinnen investieren.

Derartige Risiken zeigen, wie fragil der Silberbergbau ist. Vor dem Hintergrund derartiger zunehmender geopolitischer Herausforderungen könnte es schwierig werden, die Silberproduktion auch nur auf dem jetzigen Niveau zu halten. Was zu alldem noch hinzukommt, ist eine stetig steigende Nachfrage aus der Wirtschaft und zugleich aus dem Anlagesektor.

Kurz zusammengefasst

- Nahezu die Hälfte des Silberbergbaus findet in Lateinamerika statt.
- Die Versorgung mit Silber aus dem Bergbau hat in den vergangenen Jahren möglicherweise ihren Zenit überschritten.
- Einige Regierungen besteuern Bergbaufirmen stärker, um ihre Einnahmen zu erhöhen und Kommunen zu unterstützen.

Kapitel 24

Die aktuell besten Orte für den Silberabbau

In Scharen strömten im Jahr 1857 Schürfer und Siedler nach Nevada, getrieben von der Hoffnung, von einem neuen Silberfund profitieren zu können.

Silber im Wert einer halben Milliarde Dollar wurde im Verlauf der nächsten 10 Jahre aus der Comstock Lode geholt. Es war der größte Silberrausch der Vereinigten Staaten.

Die Gebrüder Grosh, Veteranen des Goldrauschs in Kalifornien, hatten am Osthang des Mount Davidson Spuren von Gold entdeckt. Als Hauptgewinn sollte sich jedoch eine massive Silberader erweisen, ein sehr reiner, bläulicher Lehm. Leider starben die Brüder im folgenden Jahr, einer erlag einer Infektion, der andere starb in einem Schneesturm an Unterkühlung – Gefahren, die im 19. Jahrhundert dazugehörten, wenn man nach Gold oder Silber schürfte. Ihr Freund Henry Comstock konnte den Fund nicht ausschlachten, weil ihm die Mittel fehlten, also verkauften er und andere Eigner ihre Anteile für kleines Geld. Comstock diente wenigstens als Namensgeber für die Mine.

Die Moral der Geschichte: Es ist das eine, auf eine Hauptader voller Silber zu stoßen, aber etwas völlig anderes, dieses Silber auch sicher und mit Gewinn aus dem Boden zu holen.

Geht es um Investitionen in Silber, machen geopolitische Faktoren die Frage nach dem Standort zu einem zentralen Aspekt.

Bedenken wir: Ein großes, wertvolles Silbervorkommen lässt sich nicht verschieben. Der Besitzer dieses Vorkommens hängt also vom Wohlwollen der jeweiligen Regierung ab. Ist es eine freundliche Regierung, die die Prinzipien der Rechtsstaatlichkeit einhält, ist das Risiko geringer. Handelt es sich um eine Regierung, die korrupt ist, die häufig wechselt und die vor allem das Wohlergehen spezieller Interessen im

Blick hat, könnte es passieren, dass eine derartige Regierung die Mine verstaatlicht oder schmerzhaft hoch besteuert. Das Risiko ist in einem derartigen Fall größer.

Aus meiner Sicht bleiben damit aktuell Kanada, die Vereinigten Staaten, Mexiko, Australien und einige Teile von Europa und Südamerika als attraktive Optionen. Sehen wir uns die drei erstgenannten Regionen näher an.

Mit 196,7 Millionen Unzen pro Jahr liegt Mexiko mit weitem Abstand bei der globalen Silberproduktion vorne. Nahezu 23 Prozent der weltweiten Förderung entfallen allein auf Mexiko. Wenn wir Mexikos Mineralienreichtum und die legendäre Geschichte der dortigen Silberproduktion verstehen, wird deutlich, wie wichtig dieses eine Land für den Silbermarkt ist.

Die Attraktivität des Standorts Mexiko hat mehrere Gründe. Zum einen ist es ein Ort, an dem es reichlich Silber gibt – seit über 500 Jahren produziert Mexiko das Metall in großen Mengen. Von den 1570er- bis zu den 1630er-Jahren war Peru weltweit führend, aber um 1700 herum zog Mexiko vorbei. Bis in die 1870er-Jahre hinein machte Silber über 70 Prozent der mexikanischen Exporte aus.

Führend bei der Produktion ist der zentralmexikanische Bundesstaat Zacatecas, aus ihm kommen etwa 2100 Tonnen Silber pro Jahr, dahinter folgen Chihuahua mit 1200 Tonnen, Durango mit 819 Tonnen und Sonora mit 632 Tonnen. Sie machen den Großteil der mexikanischen Silberförderung aus.

Aus geologischer Sicht ist Mexiko attraktiv – es verfügt über ein hohes Maß an tektonischer Aktivität und ein komplexes Terrain, zu dem die Sierra Madre Occidental gehört. Ein Großteil der heutigen Silberfunde hängt mit diesem Gebirgszug zusammen.

Mexikanisches Recht räumt der Suche nach Mineralien und dem Abbau von Mineralien Vorrang vor jeder anderen Form der Landnutzung ein und ermöglicht 100-prozentigen Privatbesitz, auch für Ausländer. Und weil der Bergbau so eine lange und etablierte Tradition in Mexiko hat, steht man dort der Branche größtenteils freundlich gegenüber.

Der Bergbau macht 8,3 Prozent des industriellen BIP aus und 2,5 Prozent des nationalen BIP. Für den Silberabbau und die Suche nach Silber sind Konzessionen erforderlich, und der Zugang zum Land muss mit den Grundbesitzern ausgehandelt werden. Als Unterzeichner des NAFTA-Freihandelsabkommens und Handelsabkommen mit anderen großen Volkswirtschaften hat Mexiko in den vergangenen Jahren seine Umweltgesetze immer weiter verschärft. Der Bergbau spielt in diesem Schwellenland eine wichtige Rolle, und ich gehe davon aus, dass Mexiko auf Jahrzehnte hinaus eine Führungsposition auf dem Silbermarkt besetzen wird.

Beim Nachbarn im Norden, den Vereinigten Staaten, sind es zwei Bundesstaaten, die heute hervorstechen, wenn es um den Silberbergbau geht – Nevada und Idaho.

Nevada mag den Spitznamen »Silver State« tragen, heute ist es aber in erster Linie als hervorragende Adresse für die Goldförderung bekannt. Die Comstock Lode verwandelte Nevada in die erste wichtige Anlaufstelle der USA für die Silbergewinnung und zog weitere Silberfunde nach sich. Aus der Comstock-Mine wurden beeindruckende 192 Millionen Feinunzen Silber gefördert, der Silberbezirk Tonopah kam auf über 174 Millionen Feinunzen.

Mehr Silber als Nevada produziert Alaska, größtenteils als Nebenprodukt aus dem Abbau anderer Metalle, dennoch führte das Fraser Institute Nevada 2020 als beste Bergbauadresse der Welt, wenn es um die Attraktivität für Investoren geht. Wäre Nevada ein eigenes Land, wäre es der fünftgrößte Goldproduzent weltweit.

In Nevada wird eines der reinsten Silber überhaupt gefördert, was es seinen früheren Produktionsstätten verdankt. In den vergangenen Jahren hat man Nevadas Potenzial als Standort für die Silbergewinnung wiederentdeckt, und der Bundesstaat erhält deutlich mehr Aufmerksamkeit. In Bezirken, in denen in der Vergangenheit gewaltige Mengen Silber produziert wurden, fanden zahlreiche Explorationen statt, getreu dem Motto »Die beste Stelle, nach einer Mine zu suchen, ist neben einer alten Mine». Interessanterweise wurden jedoch gerade erst einige nennenswerte Funde in Gebieten gemacht, die zuvor nicht für Silber oder auch nur andere Bergbauaktivitäten bekannt gewesen waren.

Viel Aufmerksamkeit liegt auf dem Goldreichtum Nevadas, trotzdem scheint es unvermeidbar, dass auch Silber deutlich mehr Aufmerksamkeit abbekommen wird. Mit Blick auf die hervorragende Infrastruktur, das bergbaufreundliche politische Klima und den leichten Zugang gehe ich davon aus, dass Nevada auch bei Silber zu einem wichtigen Akteur aufsteigen wird.

Unbestrittenes historisches Silberzentrum der USA ist Idaho. 1863 entdeckte man dort Gold, aber Ende der 1870er-Jahre wurde den Bergarbeitern klar, dass der eigentliche Jackpot Silber war, denn das fanden sie in großen Mengen und hoher Qualität.

Im nördlichen Idaho liegt ein Gebiet, das als »Silver Valley« bezeichnet wird. Viele der Minen dort reichen sehr tief und werfen bis in eine Tiefe von 1500 Metern oder mehr Silber ab. Eine einzige Mine, die Sunshine Mine, produzierte allein über 360 Millionen Feinunzen Silber.

Aus dem in den Coeur-d'Alene-Bergen gelegenen Silver Valley wurden in den vergangenen 140 Jahren mehr als 1,2 Milliarden Unzen Silber gefördert. Es ist die größte Silberregion der USA und zählt zu den Top 3 weltweit. Bis heute wird dort immer noch erfolgreich und rentabel Silber gewonnen. Ebenfalls in den Top 3 sind Pachuca-Real del Monte in Mexiko und Potosí in Bolivien, die beide ebenfalls über 1 Milliarde Unzen Silber abgeworfen haben.

In Kanada ragen beim Silberabbau vor allem zwei Gebiete heraus – das Yukon-Territorium und das nördliche British Columbia. Im Yukon hat der Bergbau eine lange Tradition, auch wenn die Region vor allem für den dortigen Goldrausch berühmt ist. 1896 fand ein örtlicher Schürfer Gold, und die Meldung löste eine Völkerwanderung aus – bis 1899 machten sich rund 100 000 Menschen auf den Weg in die Region Klondike, um dort nach Gold zu schürfen. Die meisten mussten erfolglos wieder abziehen, aber das Bergbaugeschäft im Yukon sollte kurz darauf erneut Fahrt aufnehmen.

Staatliche Unterlagen zeigen, dass der Silberdistrikt Keno Hill zwischen 1913 und 1989 über 200 Millionen Unzen Silber hervorbrachte, und das aus gerade einmal 5,3 Millionen Tonnen Erz. Die Qualität entsprach dabei durchschnittlich 44 Unzen oder 1247 Gramm pro Tonne. Die Mine ist dadurch Kanadas zweitgrößter Primärproduzent von Silber und zählt zu den reichsten Silber-Blei-Zink-Vorkommen, die die Welt je gesehen hat. Keno Hill hat ein größeres Vermögen erwirtschaftet als der Klondike, der als eines der reichhaltigsten Goldvorkommen weltweit galt.

Und dennoch ist dort weiterhin viel Silber im Boden, sogar qualitativ sehr hochwertiges Silber. Eine verlässliche Bergbaupolitik, das Potenzial und die Aussichten machen diese Region ziemlich attraktiv. Im Yukon findet sich derzeit eine der von der Silberqualität her besten Minen der Welt, gleichzeitig werden einige weitere sehr erfolgversprechend wirkende Projekte vorangetrieben.

Auch das nördliche British Columbia kann auf eine lange Tradition des Edelmetallabbaus verweisen. Bereits 1861 entdeckte Alexander »Buck« Choquette Gold und löste damit den Stikine-Goldrausch aus. Gold fand man nicht viel, aber der Goldrausch sorgte für reichlich Aktivität in der Region. Im Laufe der nächsten 100 Jahre wurde immer wieder geschürft und Exploration betrieben, speziell in den letzten Jahrzehnten, was auch mit neuen Straßen und verbesserter Stromversorgung zusammenhängt.

In dem Gebiet im nordwestlichen British Columbia, das heute als »Goldenes Dreieck« bezeichnet wird, machte man mehrere größere Funde von Gold, Silber und Kupfer. Die 1988 entdeckte Eskay Creek Mine produzierte rund 3,3 Millionen Unzen Gold und 160 Millionen Unzen Silber, beide von extrem hoher Reinheit. Heute existieren mehrere Projekte mit Silber hoher Reinheit. Bei einigen handelt es sich um ehemalige Produzenten, andere beabsichtigen, ehemals aktive Minen neu zu starten und auszubauen.

Wir haben darüber gesprochen, wo man die besten Orte für den Silberabbau findet. Wenden wir uns nun der Frage zu, wo Silber überall zur Anwendung kommt.

Ich möchte wetten, dass es Sie überraschen wird zu erfahren, wo überall Silber in unserem Alltag auftaucht.

Kurz zusammengefasst

- Im Silberbergbau ist die Rechtssituation von Bedeutung. Besonders gut ist die Situation in Kanada, den USA, Mexiko, Australien und in einigen Teilen Europas und Südamerikas.
- Auf Mexiko als größten Lieferanten entfallen 23 Prozent des weltweit geförderten Silbers.
- Teile der USA und Kanadas verfügen über viel Potenzial und ein günstiges Umfeld für den Bergbau.

Kapitel 25

Das Nachfrageprofil von Silber

Seit meiner Zeit als Pfadfinder in meiner Jugend besitze ich ein Schweizer Taschenmesser, ein Geschenk meines Vaters, das ich liebe und schätze. Es handelt sich um eines der Modelle mit zahlreichen Extras, etwa einer Lupe, Schraubenziehern, einer Schere, einer Pinzette, einer Feile, einer Säge und sogar zwei Flaschenöffnern.

Silber erinnert mich sehr an dieses Messer, denn es handelt sich um ein Mehrzweckmetall, das sich auf vielfältige Art und Weise einsetzen lässt und für das immer wieder neue Verwendungsmöglichkeiten entdeckt werden.

Es kann – ungelogen! – sogar dafür sorgen, dass es regnet.

Wie ich überrascht feststellte, wird Silber nämlich beim »Wolkenimpfen« eingesetzt. Dabei »impfen« Flugzeuge Wolken mit Silberiodid, einem kristallinen Material, das die Struktur der Wolke verändert und die Wolke dazu bringt, abzuregnen oder abzuschneien. Was dabei an Rückständen der Chemikalie auf den Boden niedergeht, ist harmlos.

Silber ist der beste Leiter für Hitze und elektrischen Strom, entsprechend gefragt ist das Metall bei Elektronikbauteilen wie Verkabelungen, Schaltern und Platinen. Seit Jahrhunderten kommt Silber in Spiegeln zum Einsatz, weil es zu den Substanzen zählt, die am besten reflektieren. Heute ist es aus Solaranlagen nicht mehr wegzudenken. Weil es dehnbar und verformbar ist, lassen sich aus Silber wunderschöne Schmuckgegenstände und Silberware herstellen. Dieselben Eigenschaften machen es ideal für die Anwendung in der Mikroelektronik, etwa in Tablets und Smartphones, denn Silber kann geformt und in winzigste Flächen gepresst werden, ohne dass Bruchgefahr besteht.

In vielen Fällen kann Gold denselben Zweck erfüllen, aber Silber bietet einen Vorteil – den Preis. Natürlich ist Silber teurer als Kupfer oder Nickel, aber diese Metalle verfügen auch nicht über dieselben physischen Eigenschaften. Zudem werden von Silber häufig nur winzige Mengen benötigt, beispielsweise im Smartphone. Der Kostenfaktor ist im Vergleich zu den Herstellungskosten oder dem Einzelhandelspreis praktisch zu vernachlässigen.

Und während die grüne Revolution anläuft und die Welt auf grüne/saubere Energie und Energiesparmaßnahmen umsteigt, kommt Silber eine zentrale Rolle zu, denn Silber wird stärker in umweltfreundlichen Technologien eingesetzt als in herkömmlichen. Das Silver Institute schätzt, dass bereits in 4 Jahren das Solargeschäft und der Automobilsektor die wichtigsten Industriezweige für die Nachfrage nach Silber sein werden.

Silbernachfrage

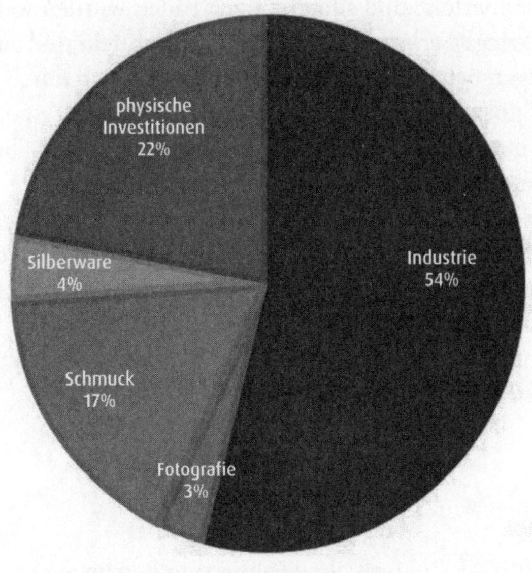

Quelle: Silver Institute, *World Silver Survey 2021*

Silber in der Medizin

Silber ist hervorragend dafür geeignet, Bakterien abzutöten und abzuwehren. Bereits in früheren Jahrhunderten legten die Menschen Silbermünzen in Wein- und Wassergefäße, um die Getränke frisch zu halten. Heute kommt Silber in zahllosen Wasserreinigern zum Einsatz und verhindert, dass sich Bakterien und Algen ausbreiten. Auch Wasserreinigungssysteme in öffentlichen Schwimmbädern, Kläranlagen und Krankenhäusern setzen Silberionen zur Bekämpfung von Verunreinigungen ein.

Vor Kurzem haben Wissenschaftler zudem entdeckt, dass Silber gut darin ist, die Zellwände von Bakterien zu durchdringen und die chemischen Strukturen der Bakterien zu zerstören – während die Zellen von Säugetieren von alledem nicht betroffen sind.

Jahrzehntelang arbeiteten Mediziner mit Silbernitrat und tropften es beispielsweise Neugeborenen zum Schutz vor Infektionen in die Augen. Mit Silberfolie und silberhaltigen Fäden wurden während des Ersten Weltkriegs Verletzungen auf dem Schlachtfeld und andere tiefe Verwundungen behandelt. Diese Methode setzte sich durch, bis heute findet sich Silber häufig in Pflastern und Wundsalben. Anders als bei Antibiotika entwickeln Bakterien keine Resistenz gegen Silber.

Noch heute werden immer weitere Anwendungsgebiete für Silber entdeckt. Es ist Teil von medizinischem Gerät wie Atemschläuchen, Kathetern, Nadeln, Stethoskopen und chirurgischem Besteck, und es wird auf Oberflächen etwa von Türgriffen und Möbeln aufgetragen, um Bakterien abzutöten und Infektionen einzudämmen.

Es wäre nicht übertrieben, zu behaupten, dass Silber ein echter Lebensretter ist.

Silber in Fahrzeugen

Sollte das Auto der Zukunft ohne Fahrer und Benzin auskommen, hat auch hier Silber seinen Teil dazu beigetragen.

Aufgrund seiner hohen thermischen und elektrischen Leitfähigkeit ist Silber ideal für den Einsatz in leichten Fahrzeugen geeignet. Es ist wichtig für die Navigation, das Infotainment, die Servolenkung, die Fahrerunterstützung, das ABS und andere Sicherheitssysteme. Silber kommt in Hightechcomputersystemen und Batterietechnologie zum Einsatz, das macht es zu einem wichtigen Faktor für selbstfahrende Autos und Elektrofahrzeuge.

Ausgewählte elektrische und elektronische Bauteile und Anwendungen in Fahrzeugen

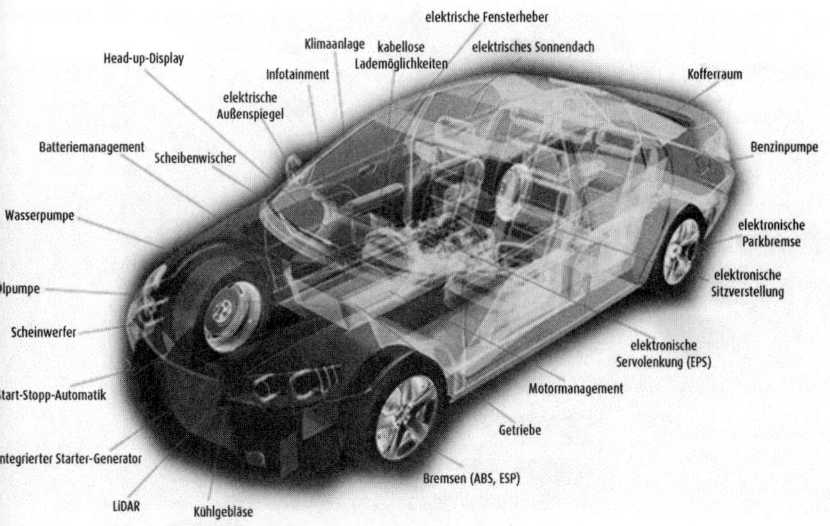

Quelle: The Silver Institute

Das Silver Institute sieht auf Jahre hinaus eine robuste Silbernachfrage aus dem Automobilsektor. Aktuell benötigt die Branche rund 60 Millionen Unzen jährlich, Prognosen zufolge sollen es im Jahr 2025 mit 90 Millionen Unzen 50 Prozent mehr sein.

Traditionelle Verbrennerfahrzeuge benötigen etwa 0,5 bis 1 Unze (15 bis 28 Gramm) Silber, bei Hybridfahrzeugen sind es 0,63 bis

1,35 Unzen (18 bis 38 Gramm), bei Elektrofahrzeugen zwischen 0,9 und 1,75 Unzen (25 bis 50 Gramm). Berücksichtigt man nun noch, wie rasch sich die Nutzung von Hybrid- und Elektrofahrzeugen ausbreitet, spricht vieles dafür, dass die Nachfrage des Automobilsektors nach Silber weiterhin rasch ansteigen wird.

Prognosen für die Herstellung von Hybrid-und Elektrofahrzeugen (in Mio. Stück)

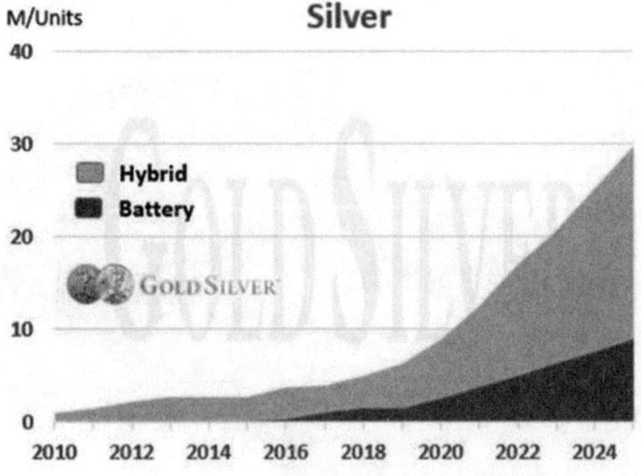

Quelle: *goldsilver.com*, LMC Automotive

Silber in Solaranlagen

In keinem anderen industriellen Bereich ist Silber so stark gefragt wie in der Fotovoltaik, also der Gewinnung von Strom aus Sonnenlicht. Jedes Jahr benötigt diese Branche beeindruckende 100 Millionen Unzen Silber. Das entspricht aktuell rund 10 Prozent der jährlichen Silberproduktion und dürfte allen Sparbemühungen zum Trotz weiter wachsen.

Selbstverständlich sind die Hersteller von Solaranlagen immer auf der Suche nach Möglichkeiten, die Kosten zu senken. Ein Weg besteht darin, den Silberanteil in den Paneelen zu reduzieren, aber dabei stößt man an praktische Grenzen. Ein anderer Weg besteht darin, Silber durch ein anderes Material zu ersetzen, aber wie bereits gesagt, ist Silber unschlagbar, was die Leitfähigkeit und die Reflexivität anbelangt. Das macht es unersetzlich für die Herstellung von Solaranlagen.

Sparmaßnahmen haben dazu geführt, dass im Verlauf der vergangenen 10 Jahre die durchschnittliche Menge an benötigtem Silber um 80 Prozent zurückgegangen ist. Gleichzeitig hat die steigende Nachfrage dazu geführt, dass sich in den vergangenen 5 Jahren die Gesamtnachfrage bei 100 Millionen Unzen Silber gehalten hat.

Damit ist die Fotovoltaik die führende Quelle grüner Elektrizität und die günstigste Form erneuerbarer Energie. Die Menge der installierten Solaranlagen ist in den vergangenen 20 Jahren um das 380-Fache gestiegen.

Wachstum von installierten Solaranlagen gegenüber Silberanteil

2010–2021

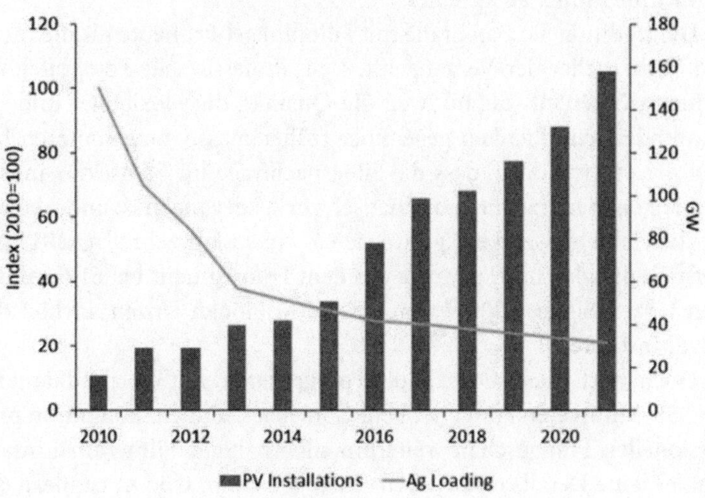

Quelle: Metals Focus, The Silver Institute

Den Prognosen zufolge wird das Segment Solarenergie auf beeindruckende Weise wachsen. Facts & Factors Marketing Research beziffert für 2019 den Wert des Weltmarkts für Solarenergie mit 50 Milliarden Dollar und prognostiziert ein durchschnittliches Jahreswachstum von 20 Prozent, sodass der Markt bis 2026 auf etwa 200 Milliarden Dollar anschwellen würde.

Die Bemühungen, möglichst wenig Silber zu verwenden, sind möglicherweise bereits an ihre Grenzen gestoßen, während Hersteller sich besorgt zeigen, was die Kompatibilität und Zuverlässigkeit möglicher alternativer Materialien anbelangt. Zusammen mit dem erwarteten Wachstum spricht dies dafür, dass die Nachfrage nach Silber auf dem Fotovoltaikmarkt weiter sehr hoch bleiben wird.

Silber in der Fotografie

Gegen 1800 fing der britische Fotograf Thomas Wedgwood Bilder auf Papier ein, das er mit Silbernitrat behandelt hatte. Es folgten zahlreiche weitere Verbesserungen, und das Fotografieren mit Silberverbindungen wurde immer ausgefeilter.

Die traditionelle Fotografie mit Fotofilm gehört heute für die meisten Verbraucher der Vergangenheit an. Professionelle Fotografen arbeiten größtenteils digital, weil die Qualität, die Flexibilität und die Anwenderfreundlichkeit gegenüber früher massiv zugenommen haben. Das führte dazu, dass die Silbernachfrage im Fotosektor in den vergangenen Jahrzehnten dramatisch zurückgegangen ist und weniger als die Hälfte dessen beträgt, wo sie vor einem Jahrzehnt lag. 2011 belief sich die globale Nachfrage aus dem Fotosegment bei 61,6 Millionen Unzen Silber, 2020 waren es 27,6 Millionen Unzen, meldet das Silver Institute.

Doch auch das »Oldschool«-Fotografieren mit Polaroidkameras und 35-Millimeter-Film erlebt ein Comeback. Zudem kommt im professionellen Filmgeschäft weiterhin silberhaltiger Film zum Einsatz, weil er feine Details und Farben einfangen kann. Und in Ländern des Globalen Südens wird beim Entwickeln von Röntgenbildern aus Kostengründen bis heute mit Silber gearbeitet.

Silber in der Elektronik

Die Elektronik ist ein weiterer Industriezweig, aus dem Silber nicht wegzudenken ist.

Sehen Sie sich um: Vermutlich finden sich in Ihrer Nähe ein Smartphone, ein Tablet, ein Laptop oder ein PC und ein Flachbildfernseher, viele von uns haben diese Geräte zum Teil sogar in mehrfacher Ausführung. Und das ist nur die Endverbraucherseite!

Denken Sie nun noch an Unterhaltungselektronik, Industrie, Medizin und Militär und deren Bedarf an elektronischen Gerätschaften.

Ein Großteil dieser modernen Geräte arbeitet mit Silber, zwar in winzigsten Mengen, aber dennoch findet sich Silber fast überall. Und deshalb entfällt nahezu ein Drittel, nämlich 32,5 Prozent, des globalen Silberangebots auf den Elektroniksektor.

Die meisten elektronischen Geräte haben einen An/Aus-Schalter (Membranschalter), bei dem Silber verwendet wird, weil Silber zuverlässig Millionen Zyklen absolvieren kann. Die hervorragende elektri-

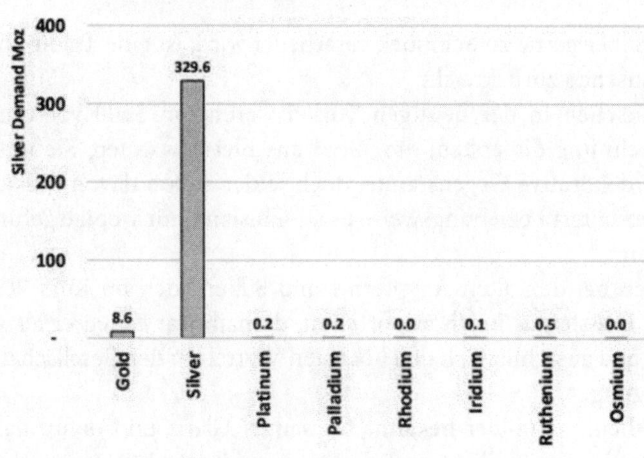

Quelle: Silver Institute, Precious Metals Commodity Management LLC

sche Leitfähigkeit macht das Edelmetall perfekt für Platinen, wie man sie überall im Elektroniksegment findet. RFID-Tags, die als Diebstahlschutz und zur Bestandsverfolgung eingesetzt werden, arbeiten mit Tinten und Film auf Silberbasis.

Die jährliche Nachfrage nach Silber für gedruckte und flexible Elektronik liegt bei rund 48 Millionen Unzen und wird laut Silver Institute bis 2030 auf rund 74 Millionen Unzen steigen. Auf das Jahrzehnt gerechnet kommen da 615 Millionen Unzen zusammen. Technologie hält rund um den Globus an immer mehr Stellen Einzug in unseren Alltag, und gedruckte, flexible Elektronik wird dabei eine prominentere Rolle spielen. Sogenannte Wearables – Smartwatches, Fitnessarmbänder, medizinische Geräte und onlinetaugliche Gerätschaften – finden explosionsartige Verbreitung. Sensoren für Licht, Bewegung, Temperatur und Feuchtigkeit arbeiten alle mit flexibler und gedruckter Elektronik.

Insofern liegt es nah zu vermuten, dass nirgendwo im Industriebereich die Silbernachfrage so rasch ansteigen wird wie im Teilsektor Elektronik.

Silber für Schmuck und Tafelsilber

Dass Silber gerne zu Schmuck verarbeitet wird, ist eine Tradition, die Jahrtausende zurückreicht.

Menschen in der heutigen Türkei waren um 3500 vor unserer Zeitrechnung die ersten, die Silber aus Blei gewannen. Sie nutzten es für dekorative Gegenstände, doch leider haben davon nur wenige überdauert beziehungsweise es sind bislang nur wenige gefunden worden.

Auch bei den alten Ägyptern stand Silber hoch im Kurs. Reines Silber musste das Reich importieren, deshalb war es teurer als Gold und stand ausschließlich den höchsten Vertretern der Gesellschaft zur Verfügung.

Bis heute ist Silber bekannt für seinen Glanz und dafür, dass es sich gut bearbeiten lässt und dass es bezahlbarer ist. Das macht das Edelmetall für Modeschmuck sehr beliebt. Als rein gilt Silber, das zu

99,9 Prozent Silber enthält (man spricht auch von einem Feinheitsgrad von 999), aber meistens wird Silber mit anderen Metallen legiert, um es zu härten und zu stärken. 925er Sterlingsilber beispielsweise besteht aus 7,5 Prozent Kupfer und 92,5 Prozent Silber.

Sterlingsilber war über Jahrhunderte hinweg der globale Standard. Seine Widerstandsfähigkeit machte es perfekt für Ringe, Armbänder, Amulette und Halsketten. Besondere Beliebtheit genießt Silber in Indien und Ostasien, eine Region, auf die rund 65 Prozent der weltweiten Nachfrage für Silberschmuck entfallen.

Silberware genießt ebenfalls seit Jahrhunderten große Beliebtheit, seit dem 14. Jahrhundert gilt Sterlingsilber als Standardmaß an Feinheit für Hohl- und Flachware. Es wird zu Schalen, Vasen, Tafelsilber, Dekantern und Kerzenhaltern verarbeitet. Den Spruch »mit einem silbernen Löffel im Mund geboren« kennen wir alle, er bedeutet, dass man als Kind einer wohlhabenden Familie zur Welt kam.

Die Ursprünge dieses Spruchs liegen mutmaßlich im späten 19. Jahrhundert, als Taufpaten ihren Patenkindern silberne Löffel schenkten und die britische Aristokratie mit silbernem Besteck tafelte. Man glaubte damals, dass Babys, die mit einem silbernen Löffel gefüttert wurden, gesünder seien als Babys, deren Löffel aus anderem Material hergestellt waren. Möglicherweise hat die antibakterielle Wirkung von Silber zu dieser Vorstellung beigetragen und bewahrte wahrscheinlich viele Neugeborene und Kleinkinder vor Infektionen. Silberware macht heutzutage ungefähr 6 Prozent der globalen Nachfrage nach Silber aus, wobei die stärkste Nachfrage aus Indien kommt.

Künftige Anwendungsgebiete von Silber

In seinem Bericht *World Silver Survey 2021* geht das Silver Institute auf drei neue Verwendungszwecke von Silber ein.

Einer davon ist kalt gesintertes Silberpulver. Dabei werden kleine Silberpartikel zusammengepresst. Wegen seiner guten thermischen Eigenschaften und seiner Leitfähigkeit kann Silber etwa bei der Halbleitertechnologie für bessere Ergebnisse sorgen, und kalt gesintertes Silber könnte das Löten von Blei ablösen.

Viele Anwendungen benötigen Lötvorgänge bei geringeren Temperaturen, um Ermüdungsbrüchen und anderen Ausfällen vorzubeugen, das gilt insbesondere für Mobilfunkkommunikation, die Medizin, die Automobilherstellung und die Luft- und Raumfahrt. Kalt gesintertes Silber bietet zudem den Vorteil, dass es sich auf kleinerer Fläche verarbeiten lässt und somit präzisere Kontrolle ermöglicht. Das minimiert auch die Auswirkungen von Hitze auf andere sensible Bauteile. Durch das Sintern erzielt Silber eine hervorragende optische Transparenz, Leitfähigkeit und Flexibilität und ist somit ideal für Solarzellen, Bildschirme und Touchscreens geeignet, während es gleichzeitig weniger Energie verbraucht und gut für die Umwelt ist.

Eine weitere Innovation, die von Silber profitiert und die Nachfrage »triggert«, ist der 5G-Mobilfunkstandard – eine Innovation, deren Entwicklung ich in den nächsten Monaten und Jahren sehr genau verfolgen werde.

Gegenüber dem 4G-Netz werden 5G-Netze ungefähr 40- bis 60-mal so viele (kleinere) Sendemasten benötigen, entsprechend wird die Nachfrage nach Multiband-Mobilfunkantennen (MIMO) und Schaltkontakten in Relais und Invertern ansteigen. Gleichzeitig breitet sich in Autos, dem Gesundheitswesen, der Landwirtschaft und vernetzten Städten das Internet der Dinge aus. Diese Entwicklung wird die Silbernachfrage massiv anschieben.

Ebenfalls auf dem Vormarsch ist induktives Laden, wir sehen das etwa bei elektrischen Zahnbürsten, Smartphones und Smartwatches, wo immer mehr Verbraucher auf Laden ohne Kabel umsteigen.

Der nächste Schritt könnte das Aufladen von Fahrzeugbatterien sein, aber bis dahin sind einige Hürden zu nehmen. Zurzeit ist induktives Laden weniger effizient als das Laden per Kabel, und noch einmal ein ganz anderes Thema sind die Kosten, die entstehen, wenn man die Infrastruktur für induktives Laden aufbaut. Aber diese Hürden werden früher oder später genommen werden und zu einer viel weiteren Verbreitung führen – und damit die Nachfrage nach Silber verstärken.

Investieren in Silber

Wenn Sie mich fragen, sind Silberinvestitionen der Joker, der die Gesamtnachfrage nach Silber in den kommenden Jahren deutlich höher treiben wird. Wir haben es hier möglicherweise mit dem am stärksten unterschätzten und am wenigsten verstandenen Aspekt der Silbernachfrage zu tun.

Ich sehe vor allem zwei Gründe für meine Einschätzung. Zunächst einmal sind »Silver Bugs« ganz verrückt nach Silber. Sie lieben ihr Silber wirklich. Kann ich verstehen. Auch ich liebe Silber. Für manche grenzt es an eine Art Kult.

Der andere Hauptgrund zielt in eine ähnliche Richtung. Die Stimmungslage spielt bei Investitionen eine gewaltige Rolle, zählt aber dennoch zu den Aspekten, die wir am wenigsten verstehen. Das gilt aus meiner Sicht ganz besonders für einen vergleichsweise kleinen Markt wie den Silbermarkt, dessen Anhänger sehr engagiert sind … geradezu getrieben. Ich gehe später ausführlicher darauf ein.

Wenn man sich jahrelang mit dem Silbermarkt befasst, dort investiert und ihn verfolgt, kann das meiner Meinung nach helfen, ein Gefühl für die Marktstimmung zu entwickeln. Zum Teil ist es eine Kunst, zum Teil eine Wissenschaft. Es gibt technische Indikatoren, die für potenzielle Stärken, Schwächen oder Ausgewogenheit sprechen, was Silber und Investitionen in Silber über gewisse Zeiträume hinweg ausmacht. Manche Aspekte allerdings lassen sich schlicht nicht messen. Wer jedoch diesen Markt lebt und atmet, kann ein Gefühl dafür bekommen, was kurz –, mittel- und langfristig geschehen könnte.

Ich rechne auf Jahre hinaus mit einer starken Nachfrage, was zum Teil an Entwicklungen liegt, die 2019 auf dem Markt für Silberinvestitionen stattfanden, aber vor allem 2020 und Anfang 2021.

Mittlerweile wissen Sie längst, dass Silber nicht erst seit Jahrhunderten, sondern seit Jahrtausenden ein bewährtes Anlageobjekt ist. Vor diesem makroökonomischen Hintergrund erwarte ich, dass Silber, was Investitionen anbelangt, in Zukunft eine noch wichtigere Rolle einnehmen wird.

Die Modern Monetary Theory hat ein Klima erschaffen, in dem Zinsen über Jahre hinweg künstlich niedrig gehalten werden – in der Nähe von null –, während durch unablässiges Gelddrucken Währungen künstlich verwässert werden. Tatsächlich beeindruckt es mich zu sehen, wie rasch Anleger dies erkennen und darauf reagieren.

Aber wie bereits erklärt: Verglichen mit anderen traditionellen Anlagen wie Aktien, Anleihen und sogar Gold ist der Silbermarkt winzig. Das bedeutet, vergleichsweise geringe Kaufaktivität kann übergroße Preissteigerungen nach sich ziehen.

Bei Silberinvestitionen gibt es im Grunde vor allem zwei Faktoren, die die Nachfrage vorantreiben: Zum einen haben wir die Nachfrage nach physischem Silber in Form von Barren und Münzen, den Dingen also, die die Menschen von Silberhändlern und anderen Anbietern erstehen.

Zum anderen ist da die Nachfrage aus dem ETF-Sektor. ETFs, Exchange Traded Funds, halten im Auftrag ihrer Anleger Silber in Form von 1000-Unzen-Barren.

Doch ETFs sind wie Wertpapiere, die an der Börse gehandelt werden, entsprechend leicht kann man sie kaufen und wieder abstoßen. Ihre 1000-Unzen-Barren können von größeren Anlegern oder sogar Industrievertretern übernommen und eingeschmolzen werden.

Diese Barren liegen größtenteils ständig in Tresoren und wurden nicht in Münzen oder kleinere Barren umgewandelt, insofern zählen viele Branchenbeobachter die ETF-Nachfrage nicht mit, wenn es um die Nachfrage nach physischem Silber geht.

Ich teile diese Einschätzung nicht, denn Investoren, die physisches oder ETF-Silber kaufen, neigen zumeist dazu, es zu halten, und verkaufen es nur ungern wieder.

Ich sehe das so: Hat ein ETF Silber erworben, verschwindet es meistens aus dem Gesamtangebot. Das beobachte ich seit über einem Jahrzehnt, und in den vergangenen Jahren ist es mir immer stärker aufgefallen.

Wenn man also die Nachfrage von ETFs nach Silber bei der Gesamtnachfrage außen vor lässt, ergibt sich aus meiner Sicht ein unrealistisches Bild des Markts. Tatsächlich kann sich das Gleichgewicht zwischen Angebot und Nachfrage massiv verschieben, berücksichtigt man die Nachfrage der ETFs.

Sehen wir uns die Zahlen aus dem *World Silver Survey 2022* des Silver Institutes an.

Angebot und Nachfrage bei Silber,
***World Silver Survey 2022*, The Silver Institute**

n ounces	2013	2014	2015	2016	2017	2018	2019	2020	2021	2022F	Year on Year 2021	Year on Year 2022F
ly												
Production	845.3	882.1	896.9	900.0	863.7	850.2	835.9	781.1	822.6	843.2	5%	2%
cling	180.3	161.3	147.3	145.9	147.2	148.6	147.7	162.2	173.0	180.5	7%	4%
Hedging Supply	-	10.7	2.2	-	-	-	15.2	8.5	-	5.0	na	na
Official Sector Sales	1.7	1.2	1.1	1.1	1.0	1.2	1.0	1.2	1.5	1.5	28%	1%
l Supply	**1,027.3**	**1,055.3**	**1,047.4**	**1,046.9**	**1,011.9**	**1,000.0**	**999.8**	**953.0**	**997.2**	**1,030.3**	**5%**	**3%**
and												
strial	449.6	438.9	441.1	475.3	503.6	499.6	498.1	464.9	508.2	539.6	9%	6%
which photovoltaics	50.5	48.4	54.1	93.7	101.8	92.5	98.7	101.0	113.7	127.0	13%	12%
ography	45.8	43.6	41.2	37.8	35.1	33.8	32.7	27.8	28.7	28.4	3%	-1%
lry	186.9	192.9	201.7	188.4	195.2	201.9	200.3	149.8	181.4	201.8	21%	11%
rware	46.5	53.6	57.9	53.9	59.6	67.6	62.1	32.4	42.7	52.7	32%	23%
hysical Investment	300.6	283.1	310.4	212.0	155.7	165.2	186.8	205.0	278.7	279.2	36%	0%
Hedging Demand	29.3	-	-	12.0	2.1	7.7	-	-	9.4	-	na	na
l Demand	**1,058.7**	**1,012.0**	**1,052.3**	**979.4**	**951.3**	**975.7**	**980.0**	**880.0**	**1,049.0**	**1,101.8**	**19%**	**5%**
ket Balance	-31.4	43.2	-5.0	67.5	60.6	24.3	19.8	73.0	-51.8	-71.5	na	38%
nvestment in ETPs	4.7	-0.3	-17.1	53.9	7.2	-21.4	83.3	331.1	64.9	25.0	-80%	-62%
ket Balance less ETPs	**-36.2**	**43.5**	**12.1**	**13.6**	**53.5**	**45.7**	**-63.4**	**-258.1**	**-116.7**	**-96.5**	**-55%**	**-17%**
r Price (US$/oz, London price)	23.79	19.08	15.68	17.14	17.05	15.71	16.21	20.55	25.14	23.90	22%	-5%

Quelle: *World Silver Survey 2022*, The Silver Institute, Metals Focus

Sehen Sie sich in obiger Tabelle den Bereich an, den ich markiert habe. Die physischen Investitionen betrugen 2020 netto 205 Millionen Unzen. Das trug zu einer Gesamtnachfrage nach Silber in Höhe von 880 Millionen Unzen und einem Marktüberhang von 73 Millionen Unzen bei. Die Nettoinvestitionen in ETPs dagegen (ETPs sind Exchange Traded Products, ein anderer Name für Exchange Traded

Funds) lagen bei 331 Millionen Unzen. Das Gesamtangebot für 2020 betrug 953 Millionen Unzen, das heißt, allein die Nachfrage seitens der ETPs saugte mehr als ein Drittel des Gesamtangebots in jenem Jahr auf. *Und trotzdem fehlt diese Menge beim Punkt »gesamte Nachfrage« und wird separat aufgeführt.*

Berücksichtigt man nun allerdings die ETP-Nachfrage, *ergibt sich ein Unterangebot von 258 Millionen Silberunzen*. Das entspricht über 27 Prozent des gesamten Angebots an Silber für 2020. Trotzdem wird diese Zahl separat aufgeführt.

Möglicherweise war 2020 ein außergewöhnliches Jahr, aber ich möchte einen weiteren Punkt zu bedenken geben: Addieren wir die 205 Millionen Unzen von »Net Physical Investment« mit »Net Investment in ETPs« (331 Millionen Unzen), ergibt sich eine Summe von 536 Millionen Unzen. Das entspricht 56 Prozent der angebotsseitigen

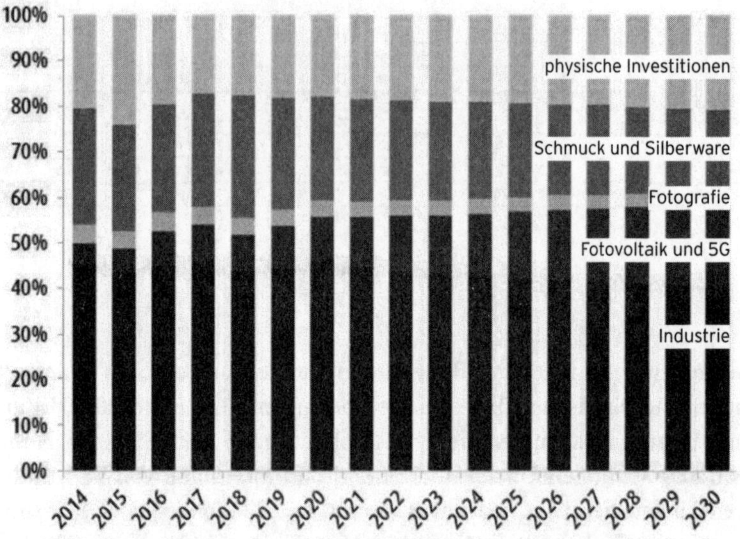

Quelle: Silver Institute, BMO Capital Markets

953 Millionen Unzen. **Mehr als die Hälfte des gesamten Silberangebots von 2020 floss also in physische Investitionen und ETPs.** Erstaunlich!

Das Silver Institute und BMO Capital Markets prognostizieren, dass die Silbernachfrage im nächsten Jahrzehnt am schnellsten in den Bereichen Solar- und 5G-Technologie sowie physische Investitionen wachsen wird.

Prognosen für die Silbernachfrage
bis 2050

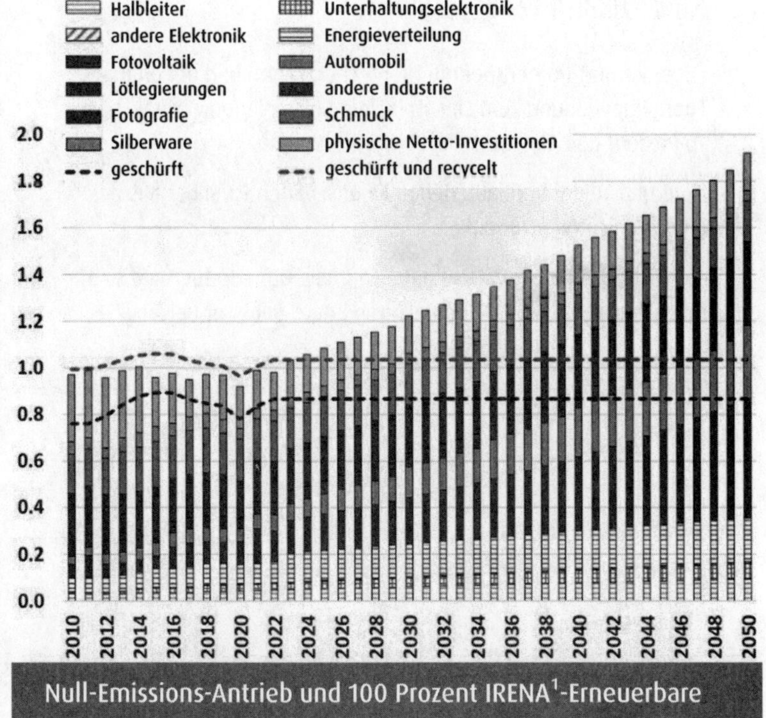

1 Anm. d. Übers.: IRENA ist die Internationale Organisation für erneuerbare Energien.

Quelle: Precious Metals Commodity Management

Angesichts der Prognosen für die Nachfrage aus der Solarbranche, dem Automobilgeschäft, der Industrie und dem Investmentsektor ist in den nächsten paar Jahren mit anhaltenden Versorgungsengpässen zu rechnen. Und der Nachfrageüberhang wird sich nur noch vergrößern. Stocken die Bergbauunternehmen und die Recyclingfirmen ihr Angebot nicht aggressiv auf, droht eine Silberknappheit von enormen Ausmaßen.

Die Silberpreise dürften als Reaktion darauf nur eine Richtung kennen – nach oben.

Kurz zusammengefasst

- Silber kommt immer mehr in Hightechbranchen und bei grüner Energiegewinnung zum Einsatz. Allein Solaranlagen verbrauchen 10 Prozent des Angebots.
- Aufgrund seiner antibakteriellen Eigenschaften ist Silber aus der Medizin nicht wegzudenken.
- Als wichtigster Faktor, der die Preise in die Höhe treibt, wird sich möglicherweise die Anlegernachfrage nach Silber erweisen.

Kapitel 26

Die wichtigsten neuen Anlagetrends bei Silber

Silber steht in vielerlei Hinsicht niemals still. Ich habe Ihnen gerade eine Vielzahl neuer Verwendungszwecke und Anwendungen genannt, die ständig weiterentwickelt werden.

Ich möchte Sie aber auch mit unterschiedlichen Trends aus dem Reich der Silberinvestitionen vertraut machen.

Einige Entwicklungen sind nicht ganz neu, nehmen aber Fahrt auf und gewinnen an Bedeutung. Andere sind sehr neu und besitzen das Potenzial, die Nachfrage nach physischem Silber spürbar zu steigern. Selbst wenn sich nicht all diese Trends durchsetzen sollten, ist es wichtig, sie zu kennen und abzuschätzen, wie sie sich auf die ohnehin bereits stark angespannten Marktbedingungen auswirken könnten.

Zu diesen vielversprechenden Bereichen zählen auch Kryptowährungen.

Wir alle kennen Bitcoin als die erste und bestimmende Kryptowährung. Bitcoin steht vor einigen Herausforderungen, da einige Staaten Bitcoin verächtlich machen und regulieren, während andere es mit mehr oder weniger direkten Verboten probieren. Ich glaube nicht an einen Erfolg derartiger Bemühungen. Viele renommierte Geldmanager, Tech-Unternehmer und sogar Banken haben ihre Zweifel abgelegt und sind mittlerweile mit an Bord, was Bitcoin anbelangt.

Bitcoin ist dezentralisiert, weltweit verifizieren mehr als 100 000 unabhängige Nodes die Blockchain, und die Geldmenge ist auf 21 Millionen Münzen begrenzt. Andere Kryptowährungen und Zentralbanken würden sich gerne ein Stück von dem Kuchen sichern, aber es wird immer nur ein Bitcoin geben.

Bitcoin hat einen langen Weg hinter sich und genießt heute nicht nur die Akzeptanz prominenter Investoren wie Paul Tudor Jones, Ray Dalio und Elon Musk, es ist mittlerweile auch Bestandteil mehrerer etablierter Bezahlsysteme. Der 170 Jahre alte Versicherungskonzern MassMutual kaufte 2020 für 100 Millionen Dollar Bitcoin. Anfang 2021 gab Tesla, der Hersteller von Elektrofahrzeugen, bekannt, er habe für 1,5 Milliarden Dollar Bitcoin erworben.

Kryptowährungen als Branche boomen sehr. PayPal teilte mit, man investiere stark in eine neue Geschäftssparte, die ausschließlich auf Kryptowährungen abzielen soll. Ziel ist es, das Bezahlen mit Kryptowährungen innerhalb des PayPal-Netzwerks zu erleichtern. All das ist Teil eines Trends namens dezentralisiertes Finanzwesen (DeFi).

Unfassbare 29 Millionen Verkäufer nutzen PayPal, und sie alle werden künftig über das Netzwerk Bezahlungen per Kryptowährung akzeptieren können. Tatsächlich wird PayPal Kryptozahlungen automatisch in die Landeswährung des Verkäufers umwandeln, um die Dinge zu vereinfachen.

Hauptvorteil für die Verkäufer ist die Geschwindigkeit des Ausgleichsvorgangs. Bei Kreditkarten und Bankzahlungen dauert dieser Vorgang üblicherweise 24 Stunden oder noch länger. Bei Krypto reden wir über Minuten oder sogar Sekunden, sodass Verkäufer deutlich rascher an ihre Mittel gelangen.

Der Kreditkartenanbieter Visa teilte mit, Kunden würden künftig in seinem Netzwerk die Kryptowährung USD Coin zum Begleichen von Transaktionen verwenden können. USD Coin zählt zu den »Stablecoins« genannten Kryptowährungen, deren Wert an den US-Dollar gekoppelt ist. Visa zieht damit mit Mastercard, BlackRock und BNY Mellon gleich, die alle zuvor bestätigt hatten, sie würden bei Investitionen und Bezahlvorgängen Transaktionen mit Kryptowährungen erleichtern.

Und trotz alledem sind noch einige Hürden zu nehmen.

Vielen Menschen gefällt die Vorstellung einfach nicht, dass Bitcoin durch absolut nichts Physisches gestützt wird und dass man ohne Strom und Internetzugang nicht an seine Kryptowährung herankommt.

Digitales Zentralbankgeld

Dass die meisten Kryptowährungen durch nichts Physisches gestützt werden, ist im Grunde nicht ungewöhnlich, denn bei dem Papiergeld, mit dem wir heute hantieren, ist es nicht anders. Den Wert, den Papiergeld hat, gewinnt es dadurch, dass die Zentralbanken erklären, es habe Wert, und die Menschen akzeptieren dies. Insofern ist das nicht die größte Hürde, die es zu nehmen gilt. Kommt es allerdings zu weitflächigen und langwährenden Strom- oder Internetausfällen, reden wir von einem realen Problem, denn auf Kryptowährungen greift man über seinen Computer, sein Tablet oder sein Smartphone zu.

Diese Schwierigkeiten haben zahlreiche Zentralbanken aber nicht davon abgehalten, sich mit Digitalwährungen zu befassen und diese einzuführen. Die folgende Grafik zeigt, wie Zentralbanken rund um den Globus eifrig ihr digitales Zentralbankgeld (nach der englischen Bezeichnung Central Bank Digital Currencies auch als CBDCs abgekürzt) entwickelt haben.

Mehr als 80 Zentralbanken befassen sich derzeit mit diesem Thema, insofern ist es wohl nur eine Frage der Zeit, bis auch in Ihrem Land oder einem Nachbarland CBDCs zum Einsatz kommen.

Zentralbank nach Entwicklungsstand ihrer Digitalwährung

April 2021

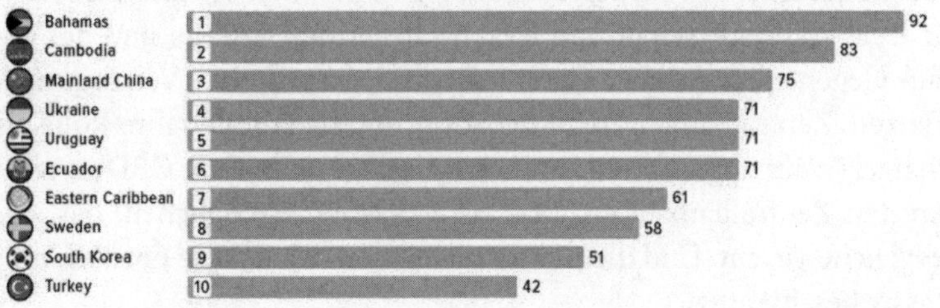

Quelle: U.S. Global Investors

Anfang 2022 stellte China in mehreren Großstädten Versuche mit seinem eigenen digitalen Zentralbankgeld e-CNY an, und Besucher der Olympischen Winterspiele von Peking konnten damit bezahlen. Etwa zur selben Zeit kündigte Indien den Start einer eigenen CBDC an.

Zusammen leben in China und Indien 2,8 Milliarden Menschen, das heißt, 35 Prozent der Weltbevölkerung werden in naher Zukunft in einem CBDC-Finanzsystem leben.

Mehr als 400 Millionen Menschen in China und Indien besitzen kein Bankkonto. Diese Personen hätten leichter Zugang zu Dingen wie Steuerrückzahlungen oder Hilfszahlungen wie etwa im Rahmen der Coronapandemie. Die englischsprachige chinesische Tageszeitung *South China Morning Post* schreibt, China sei auf dem Weg, mit der Einführung des »digitalen Yuan« die erste bargeldlose Gesellschaft der Welt zu werden.

Glauben Sie nicht, dass die USA tatenlos danebenstehen. Im Februar 2021 erklärte Fed-Chef Jerome Powell einen digitalen Dollar zu einem Projekt von hoher Priorität: »Wir befassen uns sehr, sehr sorgfältig mit der Frage, ob wir einen digitalen Dollar ausgeben sollten.« Etwa zur selben Zeit sagte Finanzministerin Janet Yellen der *New York Times*: »Für Zentralbanken ergibt es Sinn, sich mit CBDCs zu befassen. Zu viele Amerikaner haben keinen Zugang zu einfachen Bezahlsystemen und Bankkonten. Aus meiner Sicht könnte ein digitaler Dollar, eine digitale Zentralbankwährung, da von Nutzen sein.«

Aber CBDCs sind nicht unbedingt dasselbe wie Kryptowährungen. Bitcoin hat eine starre Obergrenze von 21 Millionen Bitcoins und steht für freie Marktwirtschaft und Dezentralisierung. CBDCs sind das genaue Gegenteil und stehen für eine Zentralisierung ohne Versorgungsgrenzen. Zentralbanken treibt die Sorge um, sie könnten ihre Rolle als einziger Währungsemittent und -kontrolleur einbüßen. CBDCs werden den Zentralbanken ein Maß an Kontrolle ermöglichen, das seinesgleichen sucht. Und die Covid-19-Pandemie hat diese Entwicklung massiv beschleunigt.

Zentralbanken lieben die Idee, Bargeld abzuschaffen. Mit CBDCs werden sie den Weg jeder einzelnen von ihnen erschaffenen Währungseinheit verfolgen können. Sie werden wissen, wer wann wo wofür wie viel Geld ausgegeben hat. Mehr noch: Sie können Konten einfrieren und Negativzinsen verhängen, Bargeldreserven also mit minimalem Aufwand besteuern.

Die britische Tageszeitung *The Telegraph* veröffentlichte einen Artikel über CBDCs in Großbritannien. Darin heißt es, die Bank of England habe Minister aufgefordert, sich in die Programmierung einzumischen:

> *»Digitales Bargeld ließe sich dergestalt programmieren, dass es ausschließlich für Grundnahrungsmittel ausgegeben werden kann oder für Waren, die ein Arbeitgeber oder die Regierung als vernünftig erachtet.*
>
> *Die Bank of England hat Minister aufgefordert zu entscheiden, ob ein digitales Zentralbankgeld ›programmierbar‹ sein sollte und dem Emittenten damit die Kontrolle darüber einräumt, wie der Empfänger es ausgeben kann.«*

Digitales Zentralbankgeld lässt sich deutlich einfacher und rascher erschaffen und verteilen als bestehende Währungen. Das wirft aus meiner Sicht (Stichwort: Inflation) weitere ernsthafte Bedenken auf, ist aber aus Sicht der Zentralbank ein wesentlicher Vorteil.

Schon jetzt hat die Welt atemberaubende 289 000 Milliarden Dollar an Schulden angehäuft, was mehr als 360 Prozent des globalen BIP entspricht. Ich rechne damit, dass CBDCs eingeführt werden und dass sie das Ausmaß der Verschuldung noch rascher noch weiter vergrößern werden.

Und kombiniert man CBDCs mit der Modern Monetary Theory, wird das Dahinsiechen des Dollar massiv beschleunigt.

Silbergestützte Kryptos

Im Bericht *In Gold We Trust* von 2020 heißt es, es gebe bereits mehr als siebzig goldgestützte Kryptowährungen, dazu einige silbergestützte.

Märkte sind Märkte, und das heißt, viele dieser Währungen werden voraussichtlich scheitern. Dennoch rechnen die Autoren des Berichts damit, dass sich einige Währungen durchsetzen werden, dass sie breite Zustimmung finden und eine neue Anlageklasse begründen werden.

Wenn Sie mich fragen: Kommt es zu einem echten Neustart des Finanzsystems, werden Edelmetalle eine gewichtige Rolle spielen. Und selbst wenn ich mit meiner Einschätzung falschliegen sollte, werden sie doch aufgrund der Inflation und als Absicherung vor einem drohenden Chaos massiv an Wert gewinnen.

Tatsächlich rechne ich damit, dass es letztlich eine gold- und/oder silbergestützte Kryptowährung geben wird, vielleicht sogar eine staatlich angeordnete, sollte eines Tages der Glaube an Fiatwährungen vollends verloren gehen. Diese neue Währung wird Eigenwert besitzen, dabei aber die Annehmlichkeiten von Kryptowährungen vorweisen können. Und läuft diese Währung über eine Blockchain, die sämtliche Transaktionen festhält, kann sie auch sehr sicher sein.

Stellen wir uns vor: Silber und Gold, seit Jahrtausenden die wahren Zahlungsmittel auf diesem Planeten, wechseln ohne Zeitverzögerung den Besitzer – rund um die Uhr, keine Wartezeit, keine Grenzen, zu einem Preis, den man getrost vernachlässigen kann. Es ist schwer vorstellbar, dass dies nicht irgendwann in der Zukunft Realität wird.

Bereits heute existieren Kryptowährungen, die durch Edelmetalle gestützt werden, oder zumindest befinden sie sich in der Entwicklungsphase. Ein Hauptvorteil bei diesem Vorgehen: Sie können Edelmetall in kleinen Mengen besitzen, ohne sich Gedanken um die Lagerung machen zu müssen, gleichzeitig ist Ihr Besitz sicher und kann einfach und rasch transferiert werden. In vielerlei Hinsicht ist das wie die Entwicklung von Exchange Traded Funds (ETFs), die durch Edelmetalle gestützt werden.

Hier einige Unternehmen, die in diesem Feld aktiv sind. Aurus (*aurus.io*) beispielsweise betreibt eine Plattform, auf der Veredler, Zwischenhändler und Tresorbetreiber autonom Edelmetalle tokenisieren können. Es gibt andere Entwicklungen, die in eine ähnliche Richtung gehen:

- Die **deVere Group** bietet die Kryptowährung **Pax Gold**, bei der jeder Token durch einen Teil eines Goldbarrens gedeckt wird, der die Qualitätskriterien für »London Good Delivery« erfüllt.

- **Dignity Gold** hat sich für sein Digitaltoken **DIGau** aus Claims in Nevada und Arizona Gold für 6 Milliarden Dollar gesichert.

- **Lode** (*https://lode.one/)* bietet den **AUX Coin**, der ein Milligramm tresorgelagertes, authentifiziertes, versichertes und nachweisbares Gold repräsentiert. Der **AGX Coin** repräsentiert ein Gramm Silber.

- **Kinesis** ist ein komplettes Ökosystem, bestehend aus einer Online-Kryptowährung und einem Börsenplatz, der (durch 1 Gramm) goldgesicherten Kryptowährung **KAU** und der durch (1 Feinunze) silbergesicherten Kryptowährung **KAG**, einer im Voraus bezahlten Visa-Karte und der Kinesis-Wallet.

(**Hinweis:** Ich führe diese Anbieter nur zu Beispielzwecken an. Ich unterstütze keine dieser Firmen.)

Selbst wenn durch Edelmetall gedeckte Kryptowährungen CBDCs nicht ersetzen sollten, sind sie doch eine aufregende Erfindung, denn sie könnten viele der Probleme in Sachen Lagerung, Sicherheit und rasche Übertragbarkeit aus der Welt schaffen.

Diesen Bereich der Edelmetalle sollte man unbedingt im Blick behalten. Die Menschen könnten sich in diese Richtung gezogen fühlen auf der Suche nach einer Methode, die es erlaubt, auf bequeme Weise Wert zu speichern, und die auf einer der ältesten Formen realen Geldes basiert – Gold und Silber.

Daraus könnte eine neue Nachfragequelle für Edelmetalle erwachsen, die dazu beiträgt, den Silberpreis deutlich in die Höhe zu treiben. Sollten wir uns in diese Richtung bewegen, hätten Produzenten und die Veredler einen Markt, der bereit wäre für ihr physisches Silber.

Ein Comeback von Silber als Zahlungsmittel

Sie sind eine absolute Ausnahme, aber es gibt sie noch: Orte, die bestimmte Formen von Gold und/oder Silber nicht besteuern. Dazu zählen Norwegen, Großbritannien und Singapur. Innerhalb der Europäischen Union sind bestimmte Goldmünzen und Barrenprodukte steuerbefreit, aber für Silber gilt das nicht.

In den USA ist in den vergangenen Jahren eine Bewegung entstanden, die sich dafür einsetzt, dass der Verkauf von Gold, Silber und in einigen Fällen auch von Platin und Palladium als Barren und Münzen nicht besteuert wird. Angeführt wird diese Bewegung häufig von der Sound Money Defense League, und sie findet die Unterstützung beispielsweise der Money Metals Exchange, der Campaign for Liberty und von Vertretern aus der Münzhändlerbranche.

Ihre unermüdliche Arbeit macht sich mittlerweile bezahlt. Aktuell entfällt in 42 US-Bundesstaaten die Umsatzsteuer auf Gold und Silber teilweise oder vollständig. Die staatlichen Legislativen haben anerkannt, welche logischen Gründe dafür sprechen, diese Metalle von einer Besteuerung zu befreien. JP Cortez ist Policy Director der **Sound Money Defense League,** laut Eigenbeschreibung auf ihrer Webseite »eine überparteiliche landesweite politische Organisation, die sich für die Wiederherstellung von solidem Geld auf Landes- und Bundesebene einsetzt«.

Bei Aussagen vor Ausschüssen des Repräsentantenhauses und des Senats von Ohio legte Cortez dar, warum sich so viele Staaten dafür entschieden haben, die Besteuerung von Gold und Silber ganz oder in Teilen aufzuheben:

- **Eine Besteuerung von Edelmetallen ist gegenüber bestimmten Sparern und Investoren ungerecht:**
  Gold und Silber werden als Spar- und Anlageformen gehalten. Den Kauf von Aktien, Anleihen, ETFs, Devisen und anderen Finanzinstrumenten besteuern Staaten nicht, insofern ergibt es keinen Sinn, monetäre Metalle zu besteuern.

- **Edelmetalle mit einer Umsatzsteuer zu belegen, ist unlogisch, denn Gold und Silber werden explizit für einen Wiederverkauf gehalten:**
  Es ist üblich, Konsumgüter mit einer Umsatzsteuer zu belegen. Edelmetalle dagegen werden ausdrücklich zum Wiederverkauf gehalten und sind nicht für einen »Konsum« gedacht. Das macht das Erheben von Umsatzsteuern bei Edelmetallen unlogisch und besonders unangemessen.

- **Wenn man Gold und Silber besteuert, schadet das auf Bundesstaatenebene dem Geschäft:**
  Dieser Markt ist stark umkämpft. Käufer aus Staaten, in denen Edelmetalle mit einer Umsatzsteuer belegt werden, verlegen ihre Geschäftsaktivität deshalb häufig in angrenzende Bundesstaaten, die die Besteuerung von Edelmetallen teils oder ganz aufgehoben haben. Kauft ein Anleger einen Goldbarren von einer Unze für 1950 Dollar, kann er die möglicherweise anfallenden 136,50 Dollar Umsatzsteuer leicht umgehen. Insofern schadet sich ein Bundesstaat selbst, wenn er Edelmetalle mit einer Umsatzsteuer belegt, denn die Kunden wechseln einfach zu Edelmetallhändlern in anderen Bundesstaaten. Auch Münzmessen meiden oftmals diejenigen Staaten, in denen eine Umsatzsteuerpflicht gilt.

- **Eine Besteuerung von Edelmetallen schadet Bürgern, die sich bemühen, ihre Vermögenswerte zu schützen:**
  Bei den Käufern von Edelmetallen handelt es sich nicht um Investoren »mit tiefen Taschen«. Die meisten Käufer physischer Metalle erstehen kleinere Mengen, um auf diese Weise Geld anzusparen. Investoren, die ihr Geld in Edelmetalle stecken, wollen auf diese Weise ihr Vermögen vor den wertmindernden Auswirkungen der Inflation schützen. Es ist vor allem »der Mann von der Straße«, dem die Inflation zusetzt, also auch Rentner, Pensionäre, Lohnempfänger und Sparer.

Aber das ist nur ein erster Schritt bei dem Bemühen, Silber und Gold wieder zu einem Zahlungsmittel zu machen. Es gibt Anstrengungen, die über die Abschaffung von Umsatzsteuern hinausgehen.

US-Bundesstaaten wie Utah, Wyoming und Oklahoma sind einen Schritt weiter gegangen und haben Gold- und Silberbarren als legales Zahlungsmittel anerkannt. Die amerikanische Verfassung erlaubt es den Staaten, ihren Bürgern das Recht einzuräumen, Schulden in Silber und Gold zu begleichen. In Artikel I, Abschnitt 10 heißt es: »Kein Einzelstaat darf [...] etwas anderes als Gold- oder Silbermünzen zum gesetzlichen Zahlungsmittel erklären …«

Mehrere US-Staaten verfolgen ähnliche Ziele, in einigen liegen Gesetzesentwürfe vor, Silber und Gold zum legalen Zahlungsmittel zu erklären und Kapitalertragssteuern abzuschaffen. Das ergibt aus einer ganzen Reihe von Gründen heraus Sinn. Schließlich produzieren nationale Prägeanstalten häufig Silber- und Goldmünzen unterschiedlichen Nennwerts und machen sie damit zu einem gültigen Zahlungsmittel zum Begleichen von Schulden. Wenn Federal Reserve Notes, besser bekannt als US-Dollar, nicht besteuert werden, sollte daraus folgern, dass Silber und Gold auch keinen Steuern unterliegen. Der Weg mag lang sein, aber was bislang an Fortschritten gemacht wurde, ist ermutigend.

Seien Sie Ihre eigene Zentralbank

2020 war MicroStrategy (NYSE: MSTR) unter Chairman und CEO Michael Saylor das erste börsennotierte Unternehmen, das einen ansehnlichen Teil seiner Vermögenswerte in Bitcoin investierte.

Die Märkte reagierten schockiert, dabei handelte es sich um eine einfache Strategie, den Liquiditätsüberschuss MicroStrategys – wir reden über eine halbe Milliarde Dollar – breiter zu streuen und seine Kaufkraft zu schützen.

Anfang 2021 beschloss dann der durch **Tesla (Nasdaq: TSLA)** berühmt gewordene Unternehmer Elon Musk, 1,5 Milliarden Dollar aus den Barmitteln des Unternehmens in Bitcoin zu pumpen – ein Schritt, der sehr viele Schlagzeilen machte.

In Teslas Form 10-K[4] hieß es damals:

> *»Im Januar 2021 aktualisierten wir unsere Investmentpolitik dahin gehend, mehr Flexibilität zu erzielen und die Renditen auf Barmittel, die wir nicht zur Aufrechterhaltung einer angemessenen operativen Liquidität benötigen, weiter zu diversifizieren und zu maximieren. Im Rahmen dieser Politik, die ordnungsgemäß vom Prüfungsausschuss unseres Board of Directors genehmigt wurde,* ***können wir einen Teil derartiger Barmittel in gewisse alternative Währungsreserven investieren, darunter digitale Vermögenswerte, Goldbarren, Gold-ETFs und andere zukünftig zu benennende Vermögenswerte****.«* [Hervorhebung von mir]

Und da wurde mir schlagartig klar: Viele Konzerne, insbesondere die großen, multinational aufgestellten, sitzen auf Milliarden Dollar an Barmitteln, in einigen Fällen sogar auf Hunderten Milliarden Dollar. Anfang 2021 beliefen sich die Barmittel von Google-Mutter Alphabet auf 137 Milliarden Dollar, von Microsoft auf 132 Milliarden Dollar, von Apple auf 77 Milliarden Dollar, von Amazon auf 84 Milliarden Dollar und von Facebook auf 62 Milliarden Dollar.

Wir reden hier über 500 Milliarden Dollar … nur diese fünf Unternehmen.

Ich dachte mir: »Sollten wir in eine längere Phase hoher Inflation eintreten, werden sich diese und andere Firmen von ihren Aktionären eines Tages möglicherweise Vorwürfe anhören müssen, dass sie zu viel Bargeld halten, das seine Kaufkraft verliert und damit dem Wert der Aktien schadet.«

Unternehmen, Pensionsfonds, Versicherungskonzerne und wer sich sonst noch gegenüber Anteilseignern rechtfertigen muss, könnten sich eines Tages Sammelklagen ausgesetzt sehen, wenn sie nicht in Vermögenswerte investieren, die der Inflation etwas entgegensetzen. Das ist nicht völlig aus der Luft gegriffen, schon gar nicht in Zeiten wie diesen, wo Klagen schnell von der Hand gehen.

4 Anm. d. Übers.: Ein streng genormter Jahresbericht, den börsennotierte US-Unternehmen der Aufsichtsbehörde SEC vorlegen müssen.

Vielleicht ist das zumindest ein Grund, warum so viele Konzerne mit Aktienrückkäufen begonnen haben. Wir wissen von einigen Unternehmen, die dafür (zu historisch günstigen Konditionen) Schulden gemacht haben. Aus Sicht der Geschäftsführung muss man da nicht lange überlegen, aber liegt dieses Vorgehen wirklich im besten Interesse der Aktionäre?

Doch die Idee, sich mit Edelmetallen vor den Auswirkungen der Inflation abzusichern, erhält Zulauf. Mitte 2020 segnete der Ohio Police & Fire Pension Fund den Schritt ab, 5 Prozent seiner Mittel in Gold zu investieren. Die Entscheidung ging auf exakt die Gründe zurück, die ich gerade genannt habe: Das Portfolio sollte breiter aufgestellt und eine Absicherung gegen Inflationsrisiken eingezogen werden. Die Empfehlung kam von Wilshire Associates, die den Fonds bei Anlageentscheidungen beraten.

Vor einigen Jahren rief Shayne McGuire einen Goldfonds für das Teacher Retirement System of Texas ins Leben und verwaltete ihn. Er sagte:

> *»Vor 2008 spielte das Kontrahentenrisiko keine Rolle, wenn man Lehman Brothers, Citigroup oder sogar die größte Bank, die RBS, hinter sich wusste oder die Unterstützung eines Versicherungsriesen wie AIG genoss. Gold ist die ultimative finanzielle Absicherung, die einzige tragfähige und liquide Investition, die nicht in die Haftung eines anderen Unternehmens fällt. Pensionsfonds reden darüber.*
>
> *Ein angesehener Unternehmer im Bereich Bodenschätze mit einem starken historischen Blick auf den Goldmarkt sagte mir vergangene Woche: ›Noch vor einem Jahrzehnt hätte die ‚Prudent Man Rule‘[5] verhindert, dass Vermögensverwalter mit treuhänderischer Verantwortung Gold halten.* ***Aber eines Tages werden wir das genaue Gegenteil erleben: Jeder wird etwas Gold in seinem Portfolio halten müssen, und das wird auf den künftigen Preis von Gold spürbare Auswirkungen haben.****‹«* [Hervorhebung von mir]

5 Anm. d. Übers.: Grundsätze einer Vermögensverwaltung, die vom Vorsichtsprinzip bestimmt wird.

Es gibt sogar eine Verbindung zu amerikanischen Bundesstaaten, die daran arbeiten, Silber und Gold als legales Zahlungsmittel zu akzeptieren. Anfang 2022 verabschiedete Idaho mit überwältigender Zustimmung den House Bill 522, den Idaho Sound Money Reserves Act.

Die Sound Money Defense League unterstützte den Gesetzentwurf und erklärt, dem Finanzministerium des Staats stünde es künftig frei, Teile der staatlichen Mittel in physischem Gold und Silber anzulegen, um das Vermögen des Staats vor den Risiken der Inflation und Finanzturbulenzen zu schützen. Es sei darüber hinaus legitim, in der Absicht auf Kapitalerträge in Edelmetalle zu investieren.

Eingereicht wurde der Entwurf von dem republikanischen Abgeordneten Ron Nate, der sagte: »Aktuell bestehen Idahos Investitionen nahezu ausschließlich aus Schuldtiteln mit negativer Realrendite, hinzu kommt das Risiko eines Zahlungsausfalls. Wir sprechen über ein Risiko ohne Belohnung. Wir müssen unserem Finanzministerium ein weiteres Instrument zum Schutz der Steuerzahlermittel an die Hand geben, nämlich die Option, Gold und Silber zu halten.«

Jp Cortez, Policy Director der League, sagte: »Inflation hat zu mindestens 7 Prozent jeden Haushalt in Idaho in Mitleidenschaft gezogen, was bedeutet, die reale jährliche Rendite für Idahos ›brachliegende‹ 10 Milliarden Dollar an Steuergeldern ist hochgradig negativ und beläuft sich auf möglicherweise mehr als 500 Millionen Dollar.«

Im nächsten Schritt gilt es, die Zustimmung des Senats einzuholen.

Eine Forschungsumfrage, die Greenwich Associates gemeinsam mit dem World Gold Council durchführte, gelangte zu dem Schluss, dass Gold voraussichtlich für institutionelle Anleger an Bedeutung gewinnen wird.

Andrew McCollum, der bei Greenwich das Investmentmanagement leitet, sagte: »Die Ergebnisse der Studie zeigen, dass institutionelle Anleger vor neuen Herausforderungen stehen, während sie ihre Portfolios für die Zeit nach Covid-19 ausrichten, zusätzlich zu der mittlerweile ein Jahrzehnt alten Suche danach, in einem Umfeld mit geringen Erträgen die Vorgaben für Renditen zu erfüllen. Zu den wichtigsten Hürden zählt die Notwendigkeit, das Portfolio vor zunehmenden Inflationsrisiken zu schützen.«

Der Umfrage zufolge ist jeder fünfte Anleger in Gold investiert. Von ihnen beabsichtigen 38 Prozent, ihre Investitionen innerhalb der nächsten 3 Jahre aufzustocken. Nahezu 40 Prozent der nicht in Gold investierten Anleger beabsichtigen, in das Edelmetall einzusteigen, und zwar mit durchschnittlich 4 Prozent ihres Portfolios. Die meisten dieser Anleger führen alle drei Eigenschaften von Gold (Schutz vor Inflation, Diversifizierung und eine risikobereinigte Verbesserung der Rendite) als wichtige Gründe dafür an, das Metall in ihr Portfolio aufzunehmen.

Es ist etwas in Gang gekommen. Pensionskassen, Konzerne und sogar Manager staatlicher Fonds sehen sich nach alternativen Reserveguthaben um. Man muss davon ausgehen, dass diese Manager in naher Zukunft in ihrem Portfolio vernünftige Positionen an Gold und Silber aufbauen werden.

Zentralbanken besitzen Hunderte, teilweise Tausende Tonnen Gold als Reserveguthaben. Sie mögen über das Metall spotten und es ins Lächerliche ziehen, aber sie wissen sehr wohl um die wichtige Rolle von Gold. Wenn Sie sich etwas Silber zulegen, können Sie sich in eine eigene Zentralbank verwandeln. Anders als eine Aktie oder eine Anleihe hängt Silber nicht davon ab, dass eine Gegenseite ein Zahlungsversprechen einhält.

Eines ist gewiss: Silber und Gold haben sich über die Jahrtausende hinweg als ultimatives Reserveguthaben und finanzielle Absicherung erwiesen. Und sie werden diese Rolle erneut übernehmen.

Kurz zusammengefasst

- Während Geld immer stärker digitalisiert wird, könnte Kryptowährungen, die durch Silber gedeckt sind, eine wichtige Rolle zukommen.
- Es sind Bestrebungen im Gange, Silber als Zahlungsmittel anzuerkennen. Die Besteuerung von Käufen und Kapitalerträgen soll wegfallen.
- Konzerne und sogar Regierungen wollen Barmittelreserven in Edelmetalle investieren, um sich auf diese Weise gegen die Auswirkungen der Inflation abzusichern.

In **Teil III** habe ich Ihnen gezeigt, dass Silber und Gold zwar enge Verwandte sind, es aber wichtige Unterschiede gibt, die weit über die jeweils verlangten Preise hinausgehen.

Der Silbermarkt hat etwa ein Zehntel der Größe des Goldmarkts. Nahezu 90 Prozent des Golds dient Anlagezwecken, gerade einmal 10 Prozent werden von der Industrie gekauft. Bei Silber dagegen nimmt die Industrie rund 50 Prozent ab, während – je nach Art der Berechnung – bis zu 40 Prozent des Silbers als Investition erworben werden.

Dank Mutter Natur werden nur etwa 27 Prozent allen Silbers als Primärmetall abgebaut, der Großteil wird zusammen mit anderen Metallen wie Gold, Kupfer, Blei und Zink aus der Erde geholt. Das hat zur Folge, dass das Silberangebot *starr* ist und nicht spürbar anzieht, nur weil gerade die Preise steigen.

Die Silberproduktion entfällt größtenteils auf eine Handvoll Staaten, und im Schnitt entwickelt sich das Angebot seit einigen Jahren langsamer als die Nachfrage. Als »Wundermetall« findet Silber an zahlreichen Stellen in der Medizin, der Automobilfertigung, bei Solaranlagen, in der Fotografie, der Elektronik, der Schmuckherstellung und bei Tafelsilber sowie in brandneuen Hightechbereichen Anwendung.

Der industrieseitige Bedarf wächst stetig und rasch, aber der eigentliche Joker, was die Nachfrage anbelangt, sind Investitionen in physisches Silber und ETFs. Die Covid-19-Pandemie und Ereignisse in den sozialen Medien haben einen Silberboom ausgelöst, was dazu führte, dass die Reserven der Silber-ETFs die Jahresversorgung übersteigen und der Aufschlag, der für Silbermünzen zu bezahlen ist, dreimal so hoch ist wie normal.

Ich schätze, der nächste Neustart der globalen Finanzwelt könnte eine große Nachfrage nach Kryptowährungen anschieben, die durch Silber gedeckt sind. Derartige Währungen gibt es bereits. Parallel dazu wird in unterschiedlichen Jurisdiktionen daran gearbeitet, Steuern auf physisches Silber und Gold aufzuheben. Ich rechne damit, dass sich Konzerne Silber als Reserveguthaben zulegen werden, während mehr und mehr Menschen klar wird, wie rasch ihre Barmittel aufgrund der Inflation an Wert verlieren.

Silber ist in vielerlei Hinsicht einzigartig. In **Teil IV** zeige ich Ihnen, wie Silber im Laufe der Zeit während Bullenmärkten beständig andere Anlageklassen, auch Gold, abgehängt hat.

Silber ist ein vergleichsweise kleiner Markt, er kann zahlreiche begeisterte Investoren vorweisen, und Silber ist im Vergleich zu anderen Metallen noch immer erstaunlich günstig.

All das führt dazu, dass kaum eine andere Vermögensklasse derart verlockende Aussichten zeigt. Vor diesem Hintergrund werde ich Ihnen verraten, wo ich das Kursziel für Silber sehe. Auf den ersten Blick werden Sie es vielleicht für völlig absurd halten, aber lassen Sie mich meine Überlegungen erklären, und Sie werden sehen, dass es vielleicht doch nicht so aus der Luft gegriffen ist.

Sehen wir uns also an, wie Silber tickt und wie diese Faktoren zu massiven Kursgewinnen führen können – was das Metall selbst angeht und silberbezogene Investitionen wie Fonds, Bergbauunternehmen und Explorationsfirmen.

Teil IV

Silber – einzigartig und unaufhaltsam

Einleitung

Was bewegt den Silbermarkt

Ich habe große Pläne für dieses Buch – und für Sie.

Ich wünsche mir, dass Sie den Silbermarkt besser verstehen. Und das bedeutet, Sie sollten ein Gefühl für die historischen, wirtschaftlichen und politischen Hintergründe dieses Metalls entwickeln.

Vor allem aber möchte ich Ihnen zeigen, warum so viel dafür spricht, heute in Silber zu investieren.

Mein Ziel: Ich möchte das gewaltige Profitpotenzial beleuchten, das dieses ganz besondere Metall eröffnet, und ich möchte zeigen, wie Sie sich Ihren Anteil an diesen Profiten sichern können.

Ich werde ausführlich darlegen, warum Alltagswährungen aufgrund der Modern Monetary Theory nicht länger durch Silber und Gold gedeckt werden. Die letzten amerikanischen Münzen mit Silbergehalt wurden 1964 geprägt, 1971 kappte US-Präsident Richard Nixon die letzten Verbindungen des Dollar zum Gold.

Seit damals wird der US-Dollar – immerhin *de facto* die globale Leitwährung – einzig durch die Zahlungsbereitschaft und die Bonität der amerikanischen Regierung gedeckt. Es geht im Grunde um Vertrauen, um ein Versprechen. Der Dollar ist nur etwas wert, solange andere ihn besitzen wollen. Und das gilt für alle Fiatwährungen.

Den Menschen wird immer deutlicher bewusst, dass seit Jahrzehnten Geld aus dem Nichts erschaffen wird, umso mehr, seit Präsident Nixon das Goldfenster geschlossen hat.

Seinen nächsten großen Schub bekam das Drucken von Dollar 2000, als die Aktienkurse ihren Zenit überschritten. Um die Schwäche der Börsen abzufedern und das Rezessionsrisiko zu mindern, erhöhten die Zentralbanken die Geldmenge. Es folgte die Weltfinanzkrise von 2008/2009, als die Modern Monetary Theory erstmals in der Praxis angewendet wurde – und bis heute ohne Unterbrechung eingesetzt wird. Zuletzt war es die globale Covid-19-Pandemie, die die Gelddruckmaschinen zum Glühen brachte.

Die Sache ist die: Mehr und mehr Menschen erkennen, wie ihre Kaufkraft schwindet. Die Investoren fliehen aus dem Bargeld, was dazu führte, dass Aktien Anfang 2022 in die Nähe ihres Allzeithochs gedrückt wurden. Aus diesem Grund steigen die Lebensmittelpreise, und aus diesem Grund explodieren die Preise für Immobilien und andere Arten von Grundbesitz.

Investoren suchen Zuflucht bei Sachwerten, die sie vor Wertverlusten ihrer Währung schützen sollen.

Und dennoch eröffnen sich Anlegern noch immer großartige Möglichkeiten.

Eine der größten davon ist Silber. Dieses Metall übersteht gewaltige Bullenmärkte – Märkte, die sich durch ganz eigene und einzigartige Signale ankündigen.

Ich weiß, wie diese Signale aussehen.

In **Teil IV** zeige ich Ihnen, wie sich Silber in früheren Bullenmärkten verhalten hat. Sie werden sehen, wie es mit Silber, Silberaktien und anderen silberbezogenen Investitionen weitergeht. Und Sie werden auch sehen, welches Vermögen Sie mit Anlagen in Silber erzielen könnten.

Silber wird ständig mit Gold verglichen. Das ist normal. Gold ist der König der Edelmetalle. Aber Silber ist der Ministerpräsident.

Es gibt nichts Vergleichbares zu Silber. Silber ist außerordentlich – nicht nur wegen seiner physischen Eigenschaften, sondern auch wegen seiner Eigenschaften am Markt. Wie Menschen Silber kaufen, halten und verkaufen, mithin nicht zuletzt das psychologische Moment hinter dem entsprechenden Verhalten, wirkt sich stark auf die Kursentwicklung von Silber aus. Wenn Sie das begreifen, können Sie eine riesige Gelegenheit buchstäblich versilbern.

Zahlreiche Werkzeuge und Indikatoren können Ihnen helfen herauszufinden, wo Silber im historischen Vergleich und im relativen Vergleich steht. Ich gehe sie mit Ihnen durch, damit Sie ganz genau abschätzen können, wann Silber günstig ist, wann gerecht bewertet und wann teuer.

Ich zeige Ihnen, *welche* Marktkräfte *wie* den Silberpreis beeinflussen. Ich nenne Ihnen sogar meine Prognose für einen Silberhöchstpreis, die unterschiedlichen Methoden, mit denen ich zu diesem Ergebnis komme, und ich erkläre, warum ich dieses Ziel für unbedingt erreichbar halte.

Sehen wir uns zunächst frühere Silber-Bullenmärkte an.

Kapitel 27

Die Vergangenheit ist der Prolog – die Silber-Roadmap

»Ein guter Blick auf die Geschichte erlaubt uns ein besseres Verständnis von Vergangenheit und Gegenwart und damit eine klare Vision der Zukunft.«

Carlos Slim Helú
mexikanischer Industrieller

Ab 1971 erlebte Silber einen gewaltigen säkularen Bullenmarkt, der bis 1980 andauerte.[6] Ein weiterer großer Bullenmarkt folgte von etwa 2001 bis 2011.

Die meisten säkularen Bullenmärkte gelangen irgendwann an einen Punkt, an dem der Preis des Rohstoffs um etwa 50 Prozent einbricht, manchmal auch um mehr. Üblicherweise geschieht dies etwa nach der Hälfte der Zeit. Diese Beobachtung geht auf den legendären Rohstoffinvestor Jim Rogers zurück.

Meiner eigenen Erfahrung nach trifft das häufig zu, aber manchmal fällt die Preiskorrektur auch weniger heftig aus, wenn sie sich über einen längeren Zeitraum hinzieht. Korrekturen sind zumeist kurz und tief oder lang und flach, aber es gibt keine Regel und keine identischen Abläufe.

6 Anm. d. Übers.: Von einem »säkularen« Markt ist die Rede, wenn er über mehrere Jahre andauert.

Sehen wir uns diese früheren Bullenmärkte an, um ein Gefühl dafür zu bekommen, wie sich Silber verhalten hat. Daraus können wir einen Fahrplan für das ableiten, was möglicherweise auf uns zukommt. Spoileralarm: Das Verhalten von Silber in vergangenen Zeiten spricht dafür, dass deutlich größere Gewinne bevorstehen.

Während der 1970er-Jahre stieg der Silberpreis von knapp 1,30 Dollar im Jahr 1971 bis auf 50 Dollar im Jahr 1980. Das entspricht einer kolossalen Verachtunddreißigfachung oder 3700 Prozent Plus. Hatte man 1971 für 1000 Dollar Silber zu 1,30 Dollar gekauft, war dieses Silber zu seinen besten Zeiten 1980 38 000 Dollar wert. Das belegt, welches enorme Potenzial Silber-Bullenmärkte zu bieten haben.

Silber trat dann in einen langen Bärenmarkt ein und erreichte schließlich 2001 mit 4,14 Dollar einen Tiefstand. Dann setzte ein neuer Bullenmarkt ein, und der Silberpreis stieg bis 2011 zurück auf 49 Dollar. Wer sich rechtzeitig positioniert hatte, konnte eine Rendite von 1080 Prozent einstreichen.

Wir wollen nun diese beiden Bullenmärkte ausführlicher betrachten, denn wenn wir begreifen, wie sich die Märkte in der Vergangenheit verhalten haben, kann uns das bei unseren Vorbereitungen von Nutzen sein.

Sie sehen: Silber ist volatil. Aber wenn Sie von den großen Zugewinnen profitieren wollen, müssen Sie auch bereit sein, das durchzustehen, was sich gelegentlich zu einer wilden Achterbahnfahrt auswächst.

Der Silber-Bullenmarkt der 1970er

Wie bereits erwähnt: Im Oktober 1971 erreichte Silber mit knapp 1,30 Dollar einen Tiefstand – der Auftakt für den säkularen Bullenmarkt der 1970er-Jahre.

Mit 5,78 Dollar erreichte Silber im Februar 1974 einen ersten Höhepunkt. Das waren 340 Prozent Plus in weniger als 3½ Jahren. Doch dann bröckelte der Preis wieder.

Entwicklung des Silberpreises
1971–1980

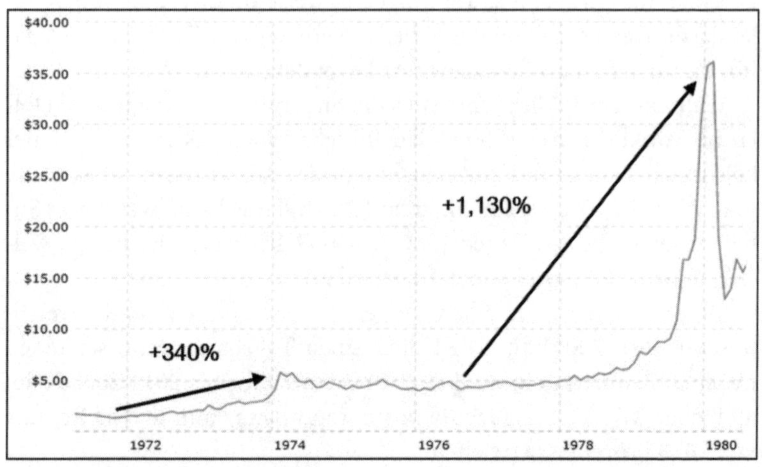

Quelle: *macrotrends.net, silverstockinvestor.com*

Bis zum Januar 1976 fand eine Korrektur statt, und der Preis ging von 5,78 Dollar auf 3,97 Dollar zurück. Es handelte sich um eine vergleichsweise flache, aber langwierige Korrektur. Bis Oktober 1978 zog Silber dann an den 5,78 Dollar vorbei und schoss im Zuge eines manischen Blow-offs[7] auf 50 Dollar im Januar 1980 – ein Plus von 1160 Prozent gegenüber dem Stand von 1976. (Hinweis: Der Höhepunkt von 50 Dollar taucht in der obigen Grafik nicht für 1980 auf, denn diese führt die monatlichen Preise an.)

Zwischen dem Tiefstand von 1971 (1,31 Dollar) und dem Hochstand von 1980 (50 Dollar) legte Silber also **atemberaubende 3740 Prozent zu.**

Zwei Jahrzehnte später sollte die Entwicklung ähnlich verlaufen.

7 Anm. d. Übers.: Von einem Blow-off spricht man am Markt, wenn bei stark steigenden Preisen auch die gehandelten Mengen explosionsartig zunehmen. Als Bild dient der Dampfkochtopf, dem es den Deckel wegbläst (to blow off).

Der Silber-Bullenmarkt der 2000er

Im November 2001 fiel Silber mit 4,14 Dollar auf einen Tiefstand. Silber interessierte praktisch niemanden, und praktisch niemand wollte es kaufen. Silber war die perfekte Handelsgelegenheit.

Das Metall setzte dann zu neuen Höhenflügen an und kletterte im Februar 2008 auf 19,89 Dollar, ein Plus von 380 Prozent.

Entwicklung des Silberpreises
2001–2011

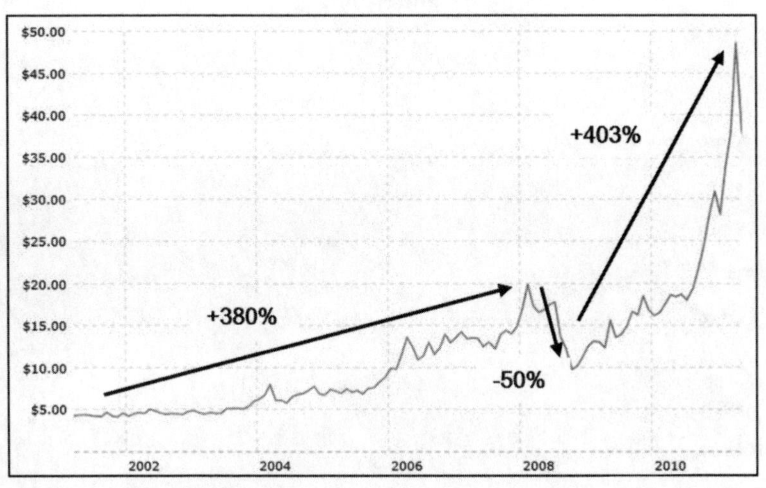

Quelle: *macrotrends.net, silverstockinvestor.com*

Im Oktober 2008 fand eine Preiskorrektur von 19,89 auf 9,73 Dollar statt, eine relativ kurze und scharfe Korrektur um 50 Prozent – die 50-Prozent-Korrektur aus dem Lehrbuch, auf die man Jim Rogers zufolge achten soll. (Die 50 Prozent sind übrigens ein ungefährer Wert, aber manchmal passt es halt.) Der Preis schoss dann in die Höhe und betrug im April 2011 49 Dollar, 403 Prozent Gewinn gegenüber dem Tiefstand von 2008.

Aber betrachtet man die Zeitspanne von 2001 bis zu dem Hochstand von 2011, so legte Silber *um 1080 Prozent zu – also um mehr als das 10-Fache.*

Berücksichtigt man das extreme und beispiellose Ausmaß von Konjunkturprogrammen, Gelddrucken und Schuldenmachen, das wir in den vorangegangenen Jahrzehnten erlebt haben, befinden wir uns aus meiner Sicht weiterhin mitten in dem Silber-Bullenmarkt, der 2001 einsetzte.

5 bis 6 Jahre könnte dieser Markt durchaus Bestand haben.

Silberpreis
2001–2022

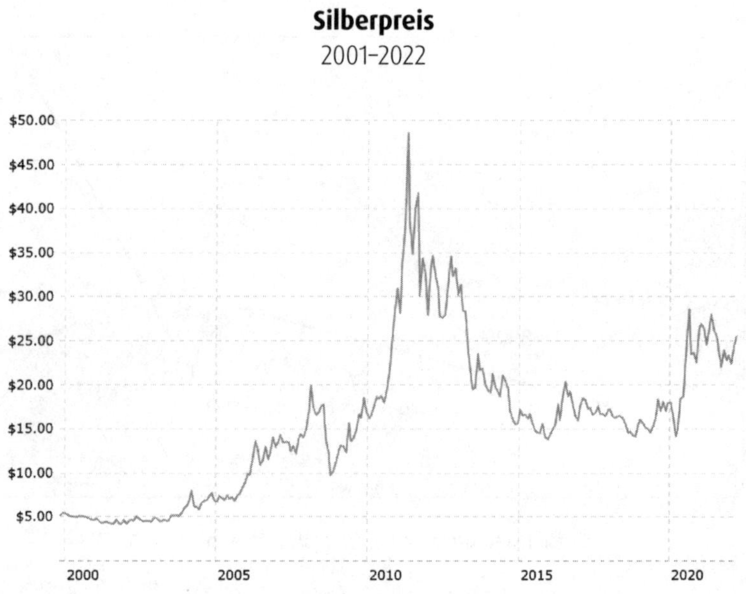

Quelle: *macrotrends.net*

Ich glaube, die 13,70 Dollar, die Silber Ende 2015 erreichte, stellen das zyklische Tief dar. Nach einem Fehlstart und einer Rückkehr zu 14 Dollar Ende 2018 nahm der Bullenmarkt für Silber erneut Fahrt auf.

2020 kam es zu einem kurzlebigen Abverkauf, in dessen Verlauf der Kurs von 16 Dollar Anfang März auf 12 Dollar fiel, um dann wieder auf 16 Dollar zu klettern. Zeitlich fällt das mit dem Höhepunkt der Panik rund um die Covid-19-Pandemie zusammen. Nach einem Monat war der Spuk vorbei.

Dass Silber nicht unter 12 Dollar fiel – und damit fast dreimal so teuer blieb wie 2001, als der Kurs bei 4,14 Dollar lag –, ist für mich ein Zeichen dafür, dass wir uns weiterhin in dem jahrzehnteübergreifenden kräftigen Bullenmarkt befinden. Bis Juni 2020 hatte sich der Preis wieder auf 18 Dollar erholt, bis August jagte er auf 29 Dollar hoch.

Anscheinend war also die Pandemie-Panik ein Auslöser für die nächste Phase des aktuellen Silber-Bullenmarkts (genauer gesagt waren es wohl die Reaktionen von Staats- und Zentralbankseite).

Kurz zusammengefasst

- Der Silber-Bullenmarkt der 1970er-Jahre generierte einen Kursgewinn von 3740 Prozent.
- Zwischen 2001 und 2011 gewann Silber 1080 Prozent.
- Vermutlich befinden wir uns in der zweiten Hälfte eines säkularen Silber-Bullenmarkts, bei dem für die Zukunft mit kräftigen Zugewinnen zu rechnen ist.

Kapitel 28

Während Bullenmärkten übertrifft Silber Gold

Ich habe Ihnen erklärt, warum Silber genau wie Gold ein Edelmetall und ein monetäres Metall ist.

Es gibt allerdings einen Aspekt, bei dem sich Silber ganz deutlich von Gold unterscheidet, und das ist die industrielle Nutzung. Diese macht etwa 50 Prozent der Silbernachfrage aus, während es beim Gold gerade einmal 10 Prozent sind.

Doch die Unterschiede zwischen Silber und Gold reichen weit darüber hinaus. Silber und die Silbermärkte verfügen über diverse Eigenschaften, die Sie kennen sollten, denn Sie können sich dadurch einen Vorteil gegenüber anderen Anlegern verschaffen.

Also werde ich in diesem und den nächsten Kapiteln auf diese Besonderheiten eingehen, um Ihnen zu helfen, besser und mit mehr Erfolg in Silber zu investieren.

Interessant und gut zu wissen: Während Bullenmärkten performt Silber nahezu immer besser als Gold. Gerne heißt es in diesem Zusammenhang: »Silber ist wie Gold auf Steroiden.« Silber erzielt meistens noch größere Kursgewinne als Gold, wenngleich auch gerne mit zeitlicher Verzögerung.

Die nachfolgende Grafik vergleicht die Renditen von Gold und Silber während einiger Bullenmärkte.

Natürlich sticht hier die zweite Hälfte der 1970er-Jahre hervor. Während des säkularen Bullenmarkts für Silber zwischen 1976 und 1980 hängte Silber Gold deutlich ab. Ich rechne auch dieses Mal damit, dass Silber deutlich besser abschneidet.

Silber schlägt während Bullenmärkten Gold

Bull Markets	GOLD	SILVER
1976-1980	717%	1,063%
1985-1987	75%	97%
2001-2008	289%	383%
2008-2011	164%	446%
2020 - April '21	22%	118%

Quelle: *goldsilver.com*

Hier eine weitere Grafik, die zeigt, wie sich einige dieser Silber-Bullenmärkte entwickelten.

Silber im Vergleich zu Gold

während früherer und aktueller Bullenmärkte

Quelle: Discovery Silver, Thomson Reuters, *Silverseek.com*

Und noch eine Methode, das Abschneiden von Silber im Vergleich zu Gold während der vergangenen 50 Jahre optisch aufzubereiten.

Was wir hier sehen, ist, dass sich Silber, was die prozentualen Zugewinne anbelangt, deutlich besser entwickelte als Gold. Das gilt insbesondere für 1980 und erneut für 2011.

Silberpreise und Goldpreise

1970–2021

Quelle: *macrotrends.net, silverstockinvestor.com*

Am rechten Rand der Tabelle sehen wir, dass Silber deutlich gegenüber Gold aufholen muss, um auch auf dem derzeitigen Bullenmarkt besser abzuschneiden.

Die Geschichte zeigt: Befindet sich Gold in einem stark ansteigenden Bullenmarkt, entwickelt sich der Silberpreis letztlich besser.

Woran liegt das? Lassen Sie uns unterschiedliche Gründe betrachten.

Kurz zusammengefasst

- Auf Bullenmärkten entwickelt sich Silber besser als Gold, manchmal dramatisch besser.
- Das war seit 1970 mehrfach der Fall.
- Aktuell muss Silber gegenüber Gold deutlich aufholen.

Kapitel 29

Silber – ein Winzling im Vergleich zum Goldmarkt

Dies ist eines der kürzesten Kapitel im Buch, aber die Botschaft ist ausgesprochen wichtig.

Der Silbermarkt ist um ein Vielfaches kleiner als der Goldmarkt.

Vergleichen wir die beiden Märkte anhand der Angaben zum jährlichen Angebot. Bei Gold beträgt das jährliche Liefervolumen rund 150 Millionen Feinunzen, was bei einem Preis von 1800 Dollar pro Unze einen Gesamtwert von etwa 270 Milliarden Dollar ergibt. Das jährliche Liefervolumen von Silber beträgt etwa 1 Milliarde Unzen, was bei 27 Dollar für die Unze einem Wert von 27 Milliarden Dollar entspräche. Das heißt, das jährliche Liefervolumen von Gold ist ungefähr zehnmal so viel wert wie das von Silber.

Daraus lässt sich ableiten, dass viel weniger Silber gekauft oder verkauft werden muss, um den Preis in die Höhe oder die Tiefe zu treiben. Genauso wirkt sich dieser Umstand auf die Volatilität des Silberpreises aus. Diese ist bei Silber normalerweise in beide Richtungen stärker ausgeprägt.

Auf dem Silbermarkt sind weniger Kleinanleger und institutionelle Anleger aktiv als auf dem Goldmarkt. Vergessen wir nicht: Viele Zentralbanken halten Gold, auch einige Investmentbanken und sogar Pensionskassen und Staatsfonds. Das geringere Maß an Liquidität tendiert dazu, Preisbewegungen am Silbermarkt zu verstärken.

Eine Besonderheit von Silber besteht darin, dass es Gold auf Bullenmärkten zwar meistens abhängt, das aber häufig erst mit zeitlicher Verzögerung. Wenn in früheren Zeiten bei Silberinvestoren die Überzeugung wuchs, dass die Stimmung ins Negative kippt und voraussichtlich auch für eine Weile so bleiben würde, verkauften sie ihr Silber.

Bei Gold lagen die Dinge etwas anders, aber meine Analysen der vergangenen Jahre sprechen dafür, dass sich dies in Zukunft ändern könnte.

In jedem Fall gilt aber: Goldkäufer sind breiter aufgestellt und eher bereit, ihr Gold zu halten, weshalb der Bullenmarkt für Gold eher schrittweise steigt.

Kurz zusammengefasst

- Das jährliche Volumen an Gold, das auf den Markt kommt, ist etwa zehnmal so viel wert wie das von Silber.
- Weil der Silbermarkt deutlich kleiner ist, reichen schon geringere Käufe und Verkäufe aus, um den Preis zu bewegen.
- Silber wird eher von Einzelpersonen gehalten als von großen Institutionen.

Kapitel 30

Spotpreise und das Austrocknen des Terminmarkts

Sie möchten in Silber investieren? Dann sollten Sie unbedingt verstehen, wie der Silberpreis zustande kommt, und Sie sollten die Unterschiede zwischen Spotpreisen und dem Preis für physisches Silber kennen.

Als »Spotpreis« wird der ständig schwankende Preis bezeichnet, den wir den Tag über auf dem Liveticker durchlaufen sehen. Es handelt sich beim Spotpreis nicht um den Preis, den Sie bezahlen, wenn Sie sich physisches Silber kaufen.

Der Spotpreis wird in erster Linie durch Terminkontrakte (Futures) bestimmt, bindende Vereinbarungen, Silber an einem bestimmten Termin zu einem bestimmten Preis zu kaufen oder zu verkaufen. Der britische Barrenhändler BullionByPost erklärt es so: »Für Minen, Prägeanstalten, Raffinerien, Händler und Käufer von Silber sind derartige Kontrakte ein Weg, den Wert ihres Metalls vor starken Schwankungen auf dem Rohstoffmarkt abzusichern. Auf diese Weise erlangt ein ansonsten volatiler Rohstoffmarkt ein gewisses Maß an Stabilität.«

Theoretisch sind Terminkontrakte Verträge über die künftige Lieferung großer Mengen an Silber. Praktisch dienen nahezu sämtliche Handelsgeschäfte auf dem Terminmarkt dazu, sich gegen Risiken abzusichern oder um Spekulationsgeschäfte zu betreiben. BullionByPost: »Ganz einfach gesagt: Ein Hersteller benötigt 100 Unzen Silber für die Fertigung seiner Produkte. Er kann die Risiken über die Produktionsphase absichern, indem er das physische Metall kauft und gleichzeitig Futures-Optionen für dieselbe Menge Silber ersteht. Verkauft er Produkte zu dem damals geltenden Silberpreis, kann er die Optionen zurückkaufen und das Risiko abdecken.«

Ich würde Ihnen nicht empfehlen, auf dem Terminmarkt zu handeln, schon gar nicht, wenn Sie neu im Investmentgeschäft sind. Geschäfte auf dem Terminmarkt sind zumeist komplex, kostspielig und können mit einem hohen Risiko verbunden sein.

Die London Bullion Market Assocation (LBMA) ist ein Industrieverband der Edelmetallbranche. Sie legt die Standards für Gold- und Silberbarren fest (Qualität, Größe und dergleichen) und führt ein Verzeichnis der Veredler, die diese Standards erfüllen.

Wollen institutionelle Vermögensverwalter, Händler und Investoren Gold oder Silber in größerem Stil kaufen oder verkaufen, kaufen üblicherweise die Banken, über die sie ihre Geschäfte abwickeln, diese Barren. Zumeist bleiben die Barren innerhalb bestimmter zugelassener Lager, damit die Integritätskette gewahrt bleibt und alle Marktteilnehmer sicher sein können, dass die verwahrten Barren auch tatsächlich echt sind.

Die Mitglieder der LBMA sind vor allem internationale Großbanken sowie Händler und Veredler von Gold. Kritiker werfen der LBMA deshalb vor, Teil einer Intrige zu sein, die darauf aus ist, die Preise zu manipulieren. Bis zu einem gewissen Grad kann ich die Kritik nachvollziehen.

So besteht eine Hauptaufgabe der LBMA darin, den Silberpreis zu bestimmen. An jedem Werktag findet um 12:00 Uhr Londoner Zeit eine private Auktion statt, an der die zehn an der LBMA beteiligten Banken teilnehmen und bei der sie den Silberpreis für den jeweiligen Tag bestimmen. Das klingt für Sie nicht zeitgemäß? Für mich auch nicht. Ich glaube auch nicht, dass diese Praxis noch lange Bestand haben wird – schon gar nicht, wenn man bedenkt, wie viele Kontrakte von dem Preis abhängen und wie groß die Kluft zwischen den Spotpreisen für Silber und den Preisen ist, die man beim Händler für physisches Silber bezahlen muss.

Den größten Einfluss auf die Schwankungen der Spotpreise hat der COMEX-Handel. Die in New York ansässige COMEX gehört zur Börse **Chicago Mercantile Exchange**, kurz: CME. Die Spotpreise für Silber setzen sich aus den weltweiten Terminmärkten zusammen, aber die COMEX ist, was Metalle angeht, der weltgrößte Handelsplatz für

Terminkontrakte und Optionen, entsprechend gilt er als die Börse mit den größten Auswirkungen auf den Markt für Silber-Termingeschäfte.

Der Edelmetallhändler APMEX schreibt: »Terminkontrakte für Silber an der COMEX stehen für den prognostizierten Preis von 5000 Unzen Silber zu einem hypothetischen künftigen Lieferzeitpunkt. Die meisten Terminkontrakte werden jedoch niemals in physischem Silber beglichen, sondern in Barmitteln. Für jede Unze physischen Silbers, die letztlich in der realen Welt ausgeliefert wird, werden Hunderte Unzen Silber gehandelt, die ausschließlich auf dem Papier existieren.«

Der Silber-Spotpreis gehört zu den am meisten diskutierten und abgedruckten Preisen, aber die Preise für physisches Silber sind höher – und zwar nicht selten beträchtlich höher. Warum das so ist, erkläre ich in **Kapitel 41 – Physisches Silber**. Für den Augenblick reicht es, in Erinnerung zu behalten, dass die Kluft zwischen Spotpreisen und Preisen für physisches Silber üblicherweise groß ist. Viele vermuten, dass am Silbermarkt Manipulationen stattfinden, und verweisen darauf, dass die geringere Größe des Markts Derartiges erleichtern würde.

Macquarie bestimmte in einem Bericht, der im August 2020 erschien, für diverse börsengehandelte Rohstoffe das Hebelverhältnis zwischen Derivaten und physischen Märkten. Für Gold betrug dieses Verhältnis 74, dahinter folgte Nickel mit einem Wert von 86. Das mit Abstand größte Hebelverhältnis fand sich auf dem Silbermarkt, wo das Verhältnis zwischen Derivaten und physischem Metall bei 193 lag. Das ist ein wichtiger Grund dafür, warum Silberpreise starken Schwankungen unterliegen können.

Und wenn wir gerade bei diesem Thema sind: Zuletzt gab es interessante Entwicklungen bezüglich der Terminmärkte und physischem Silber.

In einem Interview mit dem Blog »Quoth the Raven« beschrieb Andy Shectman, President und Eigner von **Miles Franklin Precious Metals**, Ende 2021 die jüngsten Ereignisse auf dem Silbermarkt:

»Die physische Nachfrage sickert von oben durch. Einige der versiertesten und betuchtesten Investoren der Welt haben 2020

mehr als 300 Millionen Unzen Silber vom COMEX-Markt abgezogen. Üblicherweise finden Ausgleichszahlungen an der COMEX größtenteils in Dollar statt. Die COMEX ist nicht als Quelle physischer Lieferungen gedacht. Das ist keine unbedeutende Entwicklung. In den Jahren davor hätte eine derartige Menge ungefähr ein Jahrzehnt an Lieferungen physischen Silbers bedeutet. Und für 2021 sind die COMEX-Lieferungen auf dem besten Weg, die Zahlen von 2020 noch zu übertreffen. Wenn zu alledem noch eine globale Rekordnachfrage nach Münzen und Barren kommt, wird die physische Nachfrage früher oder später – und vermutlich eher früher – das Angebot völlig übersteigen.«

Natürlich kann niemand vorhersagen, ob die Terminmärkte weiterhin dazu genutzt werden, Zugang zu physischem Silber zu erhalten. Sollte das der Fall sein, wird dies die Angebotsseite weiter zusätzlich belasten. Schon jetzt sorgt dieser Trend zunehmend für Druck.

Meiner Ansicht nach kann der beträchtliche Unterschied zwischen Spotpreisen und Preisen für physisches Silber nicht von Dauer sein. Da die Preise für physisches Silber weiterhin deutlich höher liegen, gehe ich davon aus, dass die Spotpreise mit der Zeit ansteigen und aufschließen werden.

Kurz zusammengefasst

- Die Spotpreise unterscheiden sich von dem, was man für physisches Silber bezahlen muss.
- Termingeschäfte auf Silber dienen Bergbauunternehmen, Händlern und großen Institutionen als Absicherung oder als Vehikel für Spekulationsgeschäfte.
- Der Silber-Spotpreis dürfte in Angleichung an den deutlich höheren Preis für physisches Silber spürbar anziehen.

Kapitel 31

Silber ist ein »FOMO«-Ziel

Kennen Sie den Begriff »FOMO«? Er steht für »Fear of Missing Out«, die Angst, etwas zu verpassen. Im Grunde ist es das Anlegergefühl der Gier, reduziert auf seine instinktivste Form.

Und es ist ausgesprochen real.

In diesem Kapitel zeige ich Ihnen, wie sich »FOMO« sehr real auf die Silberpreise auswirkt.

Und ich werde Ihnen zeigen, wie Sie die Gefühle anderer zu Ihrem Vorteil nutzen können.

»FOMO« ist die Angst, außen vor zu bleiben, während andere etwas tun, das Spaß bringt, das interessant ist oder das lohnenswert ist. Die sozialen Medien spielen hier eine wichtige Rolle, denn die Nutzer werden ständig mit dem konfrontiert, was andere Menschen tun. Es gibt sogar ein Element des Bedauerns – Menschen haben die Sorge, etwas zu verpassen, wenn sie bei einem gesellschaftlichen Ereignis oder einer möglicherweise rentablen Anlagemöglichkeit nicht dabei sind.

In **Kapitel 38** zeige ich, wie ein Beben in den sozialen Medien Anfang 2021 dazu führte, dass der Silberpreis binnen weniger Tage um nahezu 20 Prozent in die Höhe schoss. Die Vorgänge führten zum Entstehen des Forums Wall Street Silver auf der Internetplattform Reddit. Nach einem Jahr hatte das Forum mehr als 180 000 Mitglieder, darunter viele junge Silberfans, die jetzt Teil einer neuen und wachsenden Gemeinschaft sind.

Angst ist eine sehr starke Motivation, und »FOMO« verstärkt ihre Folgen einfach. Geht es um Edelmetalle, heißt es häufig, dass höhere Preise zu noch höheren Preisen führen. Ich denke, wir erleben da »FOMO« in Reinkultur.

Bei praktisch jedem anderen Markt lässt die Nachfrage nach, wenn die Preise steigen. Üblicherweise führen steigende Preise dazu, dass sich Käufer günstigeren Ersatz oder eine Alternative suchen. Und handelt es sich um einen normal funktionierenden Markt, wird das Angebot steigen, um der steigenden Nachfrage Herr zu werden. Das führt dazu, dass die Preise wieder sinken oder zumindest stagnieren.

Silber und Gold stellen diese Prämisse auf den Kopf. Vergessen wir nicht, dass es sich bei ihnen nicht um gewöhnliche Rohstoffe handelt, sondern um Absicherungen gegen Chaos. Diese Metalle durchlaufen starke Rallyes, die sich aus sich selbst heraus nähren, während Beobachter zu Teilnehmern werden und neue Kaufaktivität bloß dazu führt, dass noch mehr gekauft wird.

Der berühmte Hedgefonds-Manager George Soros gab im Januar 2010 auf dem Weltwirtschaftsforum ein Interview, bei dem er sagte: »Sind die Zinsen niedrig, sind die Umstände günstig dafür, dass sich Vermögenspreisblasen bilden, und die Umstände entwickeln sich gerade. Die ultimative Vermögenspreisblase ist Gold.«

Soros' Timing war wieder einmal perfekt. Zwischen Januar 2010 und September 2011 jagte Gold von 1100 Dollar pro Unze auf 1920 Dollar, den bis dato höchsten Stand überhaupt. Ein spektakulärer 18-monatiger Run, und es handelte sich um einen glasklaren, eindeutigen Fall von »FOMO«.

In **Kapitel 28** haben wir gesehen, dass Silber in der Vergangenheit auf Bullenmärkten besser abschnitt als Gold. Nähert sich der Gold-Bullenmarkt der Sättigung, wird aufgrund der allgemeinen Berichterstattung immer mehr Anlegern immer stärker bewusst, wie sich das Metall am Markt schlägt. Nun beginnen Anleger, aufmerksam zu werden, bis sie an einen Punkt kommen, an dem sie beschließen: »Jetzt wollen wir auch ein Stück vom Kuchen auf dem Gold-Bullenmarkt abhaben.«

Das ist normalerweise aber erst dann der Fall, wenn, wie gesagt, der Bullenmarkt für Gold bereits einigermaßen gesättigt ist. Bullenmärkte sind bekannt dafür, dass sie die meisten Teilnehmer erst in den späteren Phasen anlocken. Wird potenziellen neuen Goldinvestoren klar, wie kostspielig 1 Unze Feingold ist, wenden sie sich lieber der günstigeren Alternative zu – Silber. Bei Silber bekommen sie »mehr fürs Geld«, so die Wahrnehmung. Insofern ist das wie bei den Käufern, von denen ich vorhin sprach, die sich nach günstigerem Ersatz oder Alternativen umsehen.

Eine Welle von Silberkäufen bricht los, während Investoren sich bemühen, während der steigenden Edelpreismetalle auf dem Bullenmarkt schnell noch ein Schnäppchen zu machen. Also bieten sie rasch den Silberpreis hoch, was dazu führt, dass dieser schneller in die Höhe schießt als der Preis von Gold. Das ist aus meiner Sicht einer der wichtigsten Gründe dafür, dass die Silberpreisentwicklung auf Bullenmärkten von Gold abhängt.

Doch als Anleger müssen wir für den Fall gewappnet sein, dass sich die Dinge nicht jedes Mal nach Lehrbuch entwickeln.

Dank der Covid-19-Pandemie und den staatlichen Konjunkturprogrammen hat der Silbermarkt das Interesse einer breiteren Investorengruppe geweckt. Zusätzlich strömen neue und jüngere Käufer auf den Silbermarkt, getrieben unter anderem von dem Streben nach umweltfreundlicheren Energiequellen und als Reaktion auf Kampagnen in den sozialen Medien.

Mehr über diese starke neue Strömung zeige ich Ihnen später. Für den Augenblick reicht es zu begreifen, dass sie die Preise rascher steigen lassen werden als bei früheren Silber-Rallyes.

Kurz zusammengefasst

- Silber ist das perfekte Ziel für die Angst, etwas zu verpassen (»FOMO«).
- Werden die Märkte für Edelmetalle gesättigter, steigen die Anleger von Gold auf Silber um.
- Günstige Umstände könnten dazu führen, dass Silber auf diesem Bullenmarkt früher als sonst üblich Gold abhängt.

Kapitel 32

Das Gold-Silber-Verhältnis

Wenn Sie in Silber investieren möchten, kann es sich bezahlt machen, ein Auge auf das Verhältnis der Gold- und der Silberpreise zueinander zu haben.

Das Verhältnis von Gold zu Silber ist ein simples Werkzeug und verschafft Anlegern einen groben Eindruck davon, ob Silber im Vergleich zu Gold zu teuer ist, ob es günstig ist oder gerecht bewertet wird. Im Grunde geht es nur um die Rechnung, wie viele Silberunzen nötig sind, um sich 1 Unze Gold zu kaufen. Dazu teilen Sie den Goldpreis durch den Silberpreis.

Seit 1975 lag das Gold-Silber-Verhältnis im Durchschnitt zwischen 55 und 60, Sie hätten also zwischen 55 und 60 Unzen Silber benötigt, um 1 Unze Gold zu kaufen.

Die Grafik auf der nächsten Seite deckt mehrere Jahrzehnte ab und liefert einige wichtige Erkenntnisse.

Erstens: Als Silber 1980 seinen Hochstand von 50 Dollar erreichte, war das Verhältnis mit knapp 15 auf seinem bislang niedrigsten Stand. Einen weiteren Tiefstand (nahe 30) erreichte das Verhältnis 2011, als der Silberpreis auf 49 Dollar kletterte.

Zweitens: Wir sehen, dass das Verhältnis oftmals bei um die 80 eine Spitze erreicht. Das spricht dafür, dass Silber im Vergleich zu Gold zu niedrig bepreist ist, wenn es 80 oder noch mehr Unzen Silber braucht, um sich 1 Unze Gold zu kaufen. Das Verhältnis entwickelt sich dann üblicherweise in die andere Richtung, und der Silberpreis beginnt, sich besser zu entwickeln als der Goldpreis.

Eines sollten Sie dabei nicht vergessen: Das bedeutet nicht zwingend, dass der Silberpreis rascher steigen wird als der Goldpreis. Es kann genauso bedeuten, dass der Silberpreis langsamer fällt als der Goldpreis und sich auf diese Weise trotz Preiseinbußen besser entwickelt als der Goldpreis. Es ist auch vorstellbar, dass der Silberpreis

Gold-Silber-Verhältnis 1975–2021

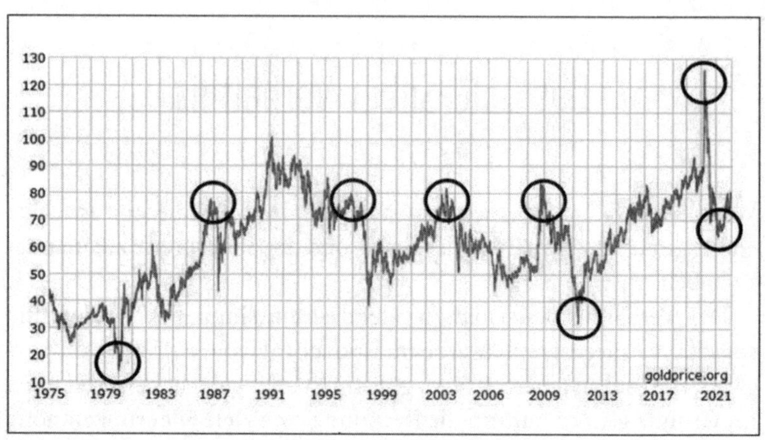

Quelle: *goldprice.org, silverstockinvestor.com*

steigt, während der Goldpreis fällt, allerdings kommt das über einen längeren Zeitraum hinweg nur selten vor, denn meistens entwickelt sich der Silberpreis doch in dieselbe Richtung wie der Goldpreis.

Drittens: 2011 erreichte das Verhältnis einen Tiefstand, stieg dann ziemlich stetig an und schoss, während die Panik rund um die Covid-19-Pandemie im März 2020 in voller Blüte stand, rasch zu einem historischen Hochstand von atemberaubenden 125. Im Anschluss ging das Verhältnis sehr rasch wieder auf 70 zurück, während Silber sich dramatisch besser entwickelt als Gold.

Für mich ist das ein starkes Anzeichen dafür, dass Silber in die »Beschleunigungsphase« (wie ich sie nenne) eingetreten ist. Ich glaube, Silber wird Gold auf diesem Bullenmarkt auch weiterhin übertreffen. Und wann wird das Verhältnis endgültig seinen Tiefstand erreichen? Meine Prognose gebe ich Ihnen demnächst.

Fällt das Verhältnis von einem hohen Wert – insbesondere von einem Wert größer als 80 –, bedeutet das häufig, dass sowohl bei Gold wie auch bei Silber ein Bullenmarkt herrscht. Und wenn Silber Gold abhängt, sollten Sie sehr sorgfältig achtgeben.

Kurz zusammengefasst

- Das Gold-Silber-Verhältnis besagt, wie viele Unzen Feinsilber es kostet, sich 1 Unze Gold zu kaufen.
- Liegt dieses Verhältnis bei 80 oder darüber und beginnt dann zu fallen, ist das meistens ein guter Zeitpunkt, sich Silber zu kaufen.
- 1980 erreichte das Gold-Silber-Verhältnis mit 15 einen Tiefstand, 2011 mit 30.

Kapitel 33

Silber ist volatil

Ja, Silber ist volatil, aber Sie sollten sich davon keinesfalls abschrecken lassen, ganz im Gegenteil: Lassen Sie Silber für sich arbeiten!

Für den Augenblick reicht es, sich vor Augen zu führen, dass Volatilität eines der zentralen Kennzeichen von Silber ist und einen Teil seines Reizes ausmacht. Tatsächlich ist die Volatilität von Vorteil. In **Kapitel 53 – Die fünf Geheimnisse des Risikomanagements** zeige ich Ihnen einfache Methoden, wie Sie Ihre Risiken verringern können – auch solche Risiken, wie sie aufgrund von Volatilität entstehen.

Natürlich hat auch Volatilität Vor- und Nachteile, aber wenn man weiß, dass die Volatilität existiert, und sich darauf einstellt, kommt man auch leichter damit zurecht.

Machen Sie sich diese Volatilität zunutze, setzen Sie sie zu Ihrem Vorteil ein. Das kann durchaus sehr lohnenswert sein.

Zwischen 2002 und 2006 fiel der Silberpreis zu vier unterschiedlichen Zeitpunkten um 10 Prozent oder noch mehr.

Zwischen 2006 und 2011 kam es zu kürzeren, aber teilweise sehr starken Korrekturen. Bei drei Gelegenheiten fiel der Silberpreis um mindestens 13 Prozent.

Zwischen 2001 und seinem Höhepunkt im Jahr 2011 sank der Silberpreis viermal um 20 Prozent oder mehr. Aber die eigentliche Lektion hier lautet: Wer von Anfang an dabei war und sein Silber hielt, strich sagenhafte 1080 Prozent Rendite ein.

Die entscheidende Frage ist die, ob Silber sich noch in einem Bullenmarkt befindet. Wenn das so ist, sind Sie eher bereit, Korrekturen, sogar tiefere Korrekturen, auszusitzen und ihr Silber nicht abzustoßen. Das soll aber nicht heißen, dass Sie einfach herumsitzen und in die Luft starren sollten.

Manch ein Anleger beschließt, sein Engagement herunterzufahren, und trennt sich von Teilen bestimmter Silberinvestitionen oder ver-

Deutliche Preiskorrekturen für Silber
2006–2011

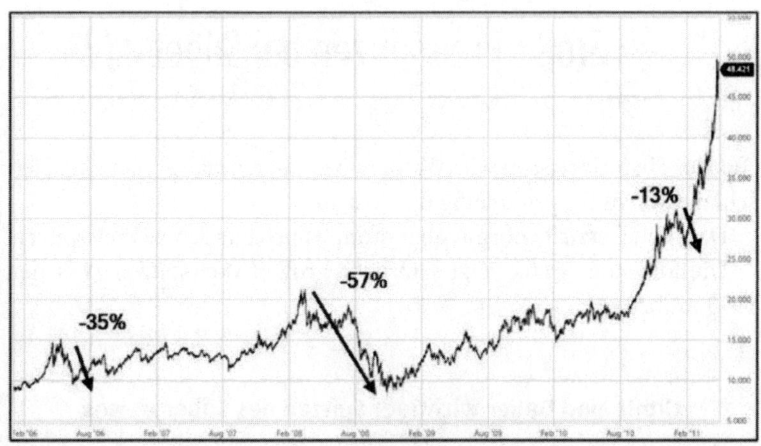

Quelle: *silverstockinvestor.com*

kauft sie gleich ganz. Das ist alles in Ordnung und hängt von der persönlichen Risikobereitschaft jedes Einzelnen ab. Aber es ergibt absolut Sinn, eine Kernposition aufzubauen und zu behalten, um im Silbermarkt aktiv zu bleiben.

Kurz zusammengefasst

- Silber ist volatil. Mit ordentlichem Risikomanagement können Sie das für sich in einen Vorteil verwandeln.
- Wenn Sie Volatilität begreifen und erwarten, sollte Ihnen der Umgang damit leichter fallen.
- Sie können Silbervolatilität dazu nutzen, Ihr Investment auszubauen oder Gewinne einzustreichen.

Kapitel 34

Große Preisspitzen bei Silber

Aus der Historie wissen wir: Wenn Silber erst einmal aus seinem Tiefschlaf erwacht ist, geht häufig die Post ab.

Das Metall erzielt enorme, aber oftmals auch kurzlebige Preisspitzen.

Die folgende Grafik zeigt sämtliche großen Preisspitzen zwischen 1973 und 2020.

Größe und Dauer wichtiger Spitzen des Silberpreises

1973–2020

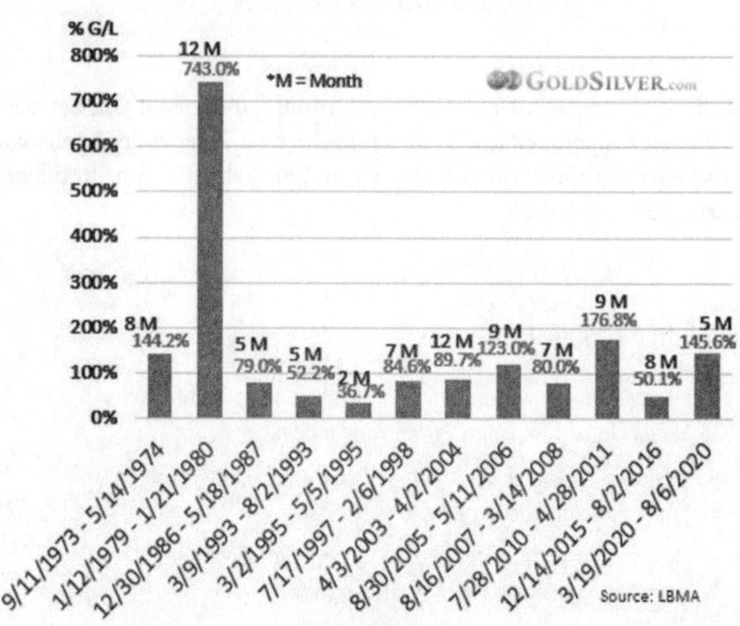

Quelle: *goldsilver.com*

Und die Tabelle gibt den Mittelwert aller oben aufgeführten Preisspitzen aus.

Plus, Dauer und Zeitraum zwischen Silberpreisspitzen im Schnitt

Silver Spikes GOLDSILVER.com	
Average Gain	150.4%
Average Duration	7.4 mos
Average Time Between Spikes	3 yrs, 6 mos

Quelle: *goldsilver.com*

Diese Preisspitzen kommen rasch und mit Wucht. Das bedeutet nicht, dass der Preis erst dramatisch ansteigt und dann alle Zugewinne wieder abgibt, wobei auch das gelegentlich der Fall sein kann. Bei anderer Gelegenheit bewegt sich der Preis nach seinem Anstieg erst einmal eine Weile lang seitwärts.

Silberpreise März 2017 bis 2022

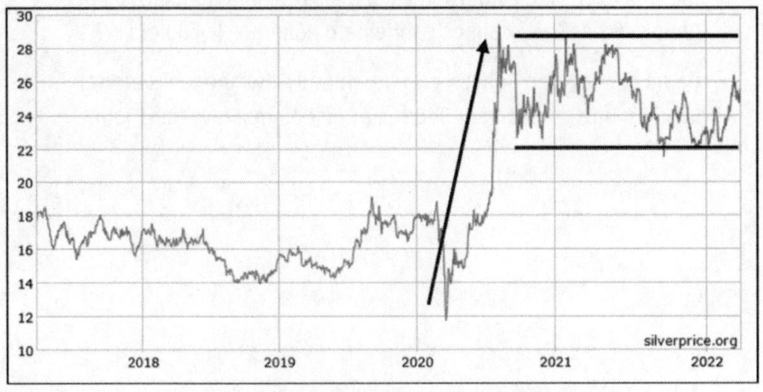

Quelle: *silverprice.org, silverstockinvestor.com*

So fiel der Silberpreis im März 2020 auf 12 Dollar, um bis Anfang August auf nahezu 30 Dollar zu schießen – ein Plus von 145 Prozent innerhalb von gerade einmal 5 Monaten. Nach diesem enormen Schub musste der Silberpreis den Zugewinn offenbar erst einmal »verdauen«, denn für mehr als 20 Monate pendelte er nun innerhalb einer Spanne von 22 bis 29 Dollar. Er baute eine neue Plattform, von der aus er den weiteren Aufstieg in Angriff nehmen konnte.

Das Folgende sollten Sie unbedingt im Gedächtnis behalten.

Erstens: Um von diesen Preisanstiegen profitieren zu können, müssen Sie überhaupt erst einmal investiert sein. Zweitens: Preisanstiege können eine hervorragende Gelegenheit sein, Gewinne zu sichern und Risiken zu reduzieren. Auf diese Weise können Sie Kapital einsammeln und auf den nächsten Wendepunkt warten.

Wenn jedoch andererseits die Haltung gegenüber Silber stark ins Negative kippt, kann das ein Zeichen sein, auf Schnäppchenjagd zu gehen und überverkauftes Silber und überverkaufte Silberaktien zu erwerben.

Kurz zusammengefasst

- Silber ist bekannt für gewaltige Preissteigerungen.
- Diese Spitzen sind zumeist kurzlebig, aber häufig pendelt sich der Preis anschließend dennoch auf einem höheren Niveau ein.
- Damit Sie von den Spitzen profitieren und Gewinne realisieren können, müssen Sie aber überhaupt erst einmal investiert sein.

Kapitel 35

Silber und die Jahreszeiten

Saisonalität ist ein Phänomen, das man auf den Investment- und Handelsmärkten beobachten kann. Wie Sie sehen werden, wirken sich die Jahreszeiten sehr deutlich auf die Silberpreise aus. Und das können Sie nutzen.

Vergessen Sie nicht: Der Einfluss anderer Faktoren wird meistens größer sein, ganz besonders dann, wenn es um einzelne Aktienwerte geht. Aber die Auswirkungen, die die Saisonalität auf die Preise von Rohstoffen selbst hat, sollten Sie nicht ignorieren.

Wenn wir erkennen, wie sich Silber über den Verlauf des Jahres hinweg unterschiedlich verhält, können wir das zu unserem Vorteil nutzen. Auch hier gilt, was für viele andere Indikatoren gilt: Dieser Indikator existiert, weil Beobachtungen über lange Zeiträume klare Trends erkennen ließen.

Doch nicht immer verlaufen saisonale Muster so, wie sie es ansonsten durchschnittlich tun würden. In einem Jahr können die Trends völlig anders verlaufen. Bedenken Sie, dass die saisonalen Silbertrends auch davon abhängig sind, ob sich Silber in einem Bärenmarkt befindet, ob sich der Preis mehr oder weniger seitwärts bewegt oder ob ein Bullenmarkt herrscht.

Welche Faktoren beeinflussen die Saisonalität? Üblicherweise handelt es sich um eine Kombination unterschiedlicher Dinge.

Wie wohl nicht anders zu erwarten, neigt Silber dazu, dem zu folgen, was Gold vorgibt. Insofern ist es nicht überraschend, dass die Saisonalität von Silber *identisch* mit der von Gold ist. Am stärksten ist Gold üblicherweise, wenn auf der Nordhalbkugel Herbst herrscht. Vor allem Inder kaufen dann viel Gold und investieren überschüssiges Geld nach ihrer Erntesaison gerne in Gold. Hindus warten mit größeren Goldkäufen oftmals die im Herbst liegenden Feste Dhanteras und Diwali ab.

Darauf folgen im Westen Weihnachten und Neujahr und dann im Februar der Valentinstag. Wie die Inder fühlen sich auch die Chinesen Gold sehr verbunden. Das chinesische Neujahr fällt üblicherweise auf Ende Januar oder Anfang Februar, insofern wird rund um den Jahreswechsel sehr viel Gold gekauft.

Das sind nur einige Beispiele dafür, was bei Gold für Saisonalität sorgt – und in gewissem Maße auch bei Silber.

Sehen wir uns die Silberpreise aufgeschlüsselt nach Jahreszeit an.

Silbersaisonalität

Durchschnittliche Kursgewinne und -verluste
von Silber im Jahresverlauf 1975–2021

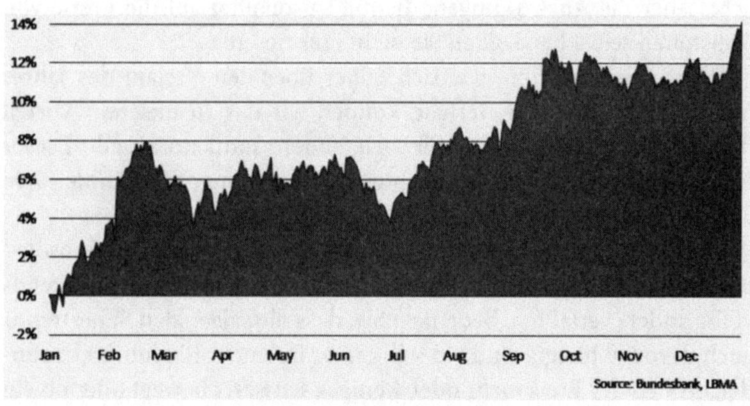

Quelle: *goldsilver.com*

Sie sehen: Die stärkste Phase von Silber beginnt im Herbst und dauert im Durchschnitt von September bis in den Februar hinein. Es gibt eine Art Frühjahrsschwäche, bevor sich der Preis erholt, gefolgt von einer weiteren Schwächephase im Hochsommer, dann gehen die Preise wieder nach oben.

Auf dieser Grundlage wären Juli, September und Dezember die besten Zeitpunkte im Jahr für einen Silberkauf.

Ein weiterer Faktor, der die Silberpreise im Sommer beeinflusst, sind die Händler. Die Preise für Termingeschäfte wirken sich stark auf den Spotpreis für Silber aus, und wie so viele von uns auf der nördlichen Halbkugel fahren auch Händler gerne während der Sommermonate in Urlaub. Das führt dazu, dass viele Händler Positionen schließen, bis sie zurück am Arbeitsplatz sind. Das führt zu Abverkäufen, die größer sind als im restlichen Jahr.

Und das bringt uns zu einem als »Sommerflaute« bekannten Phänomen. Edelmetalle und ihre Produzenten durchlaufen dann die schwächste Phase des Jahres. Einzelne Silberaktien hängen stärker davon ab, welche Neuigkeiten es aus den jeweiligen Unternehmen gibt, aber der Silberpreis verstärkt ihre Bewegungen zweifelsfrei. Die Aktien von Junior Minern hängen stärker davon ab, ob es gute oder schlechte Nachrichten gibt, was die Suche nach neuen Vorkommen anbelangt, die Gründung eines Joint Ventures, einen Verkauf, eine Fusion oder eine Übernahme.

Ausgeprägter noch als beim Rest der Silberbranche hängen die Aktien von Junior Minern davon ab, wie Bohrungsergebnisse ausfallen. Je nachdem, wo ihre Projekte sind, können sie entweder das ganze Jahr bohren oder nur während bestimmter Zeitfenster. Üblicherweise gilt: Je weiter nördlich die Bohrungen sind, desto schwieriger oder unmöglicher wird es, im Winter oder auch nur während der Frühjahrsmonate zu bohren und Zugang zum Bohrort zu bekommen. Das gilt für einige Staaten im Norden der USA sowie Teile Kanadas. Auch in Skandinavien und dem sonstigen Nordeuropa kann das zum Problem werden.

Begrenzter Zugang kann bei manchen Projekten bedeuten, dass erst im Mai oder Juni mit Explorationsarbeiten und dem Bohren begonnen werden kann. Es vergehen vielleicht Monate, bis die ersten Bohrlöcher fertiggestellt sind oder die Ergebnisse aus dem Labor vorliegen und ausgewertet werden können. Die ersten Pressemeldungen zu einem Explorationsprojekt treffen also vielleicht erst im Juli oder August ein, was im Frühsommer dazu führt, dass der Markt ruhig oder schwach ist.

Bedenken Sie auch, dass es sich auf Silberaktien genauso wie auf Silber selbst auswirkt, wenn Händler, Kleinanleger und Vermögensverwalter in Urlaub fahren und nicht vor dem Computer sitzen. Das

Handelsvolumen sinkt genauso wie die Aktienkurse, während das Interesse der Marktteilnehmer vorübergehend erlahmt.

Aber Konsolidierungsphasen, während denen der Silberpreis fällt oder sich seitwärts bewegt, können ein hervorragender Zeitpunkt zum Kaufen von Silber sein. Im Juli und August werden deutliche Preisuntergrenzen eingezogen. Die besten Investoren warten häufig auf derartige Gelegenheiten, um dann Kapital einzusetzen und qualitativ hochwertige Silberaktien günstig zu erstehen.

Es gibt eine weitere Phase der Schwäche auf diesem Markt, insbesondere in Kanada und den USA, und das sind die letzten Dezemberwochen, wenn das sogenannte Tax-Loss-Selling stattfindet. Zum Jahresende hin verkaufen Investoren verlierende Positionen, um Verluste zu kristallisieren und Kapitalerträge auszugleichen, die im Verlauf des Kalenderjahrs aufgelaufen waren. Mit dieser Maßnahme aus der Steuerplanung sollen die anfallenden Steuern möglichst gering gehalten werden. Gewieften Anlegern kann diese Phase vorübergehender Schwäche hervorragende Möglichkeiten zum Kauf von Silberaktien eröffnen.

Kurz zusammengefasst

- Die Historie zeigt, dass die Silberpreise über das Jahr hinweg einigermaßen verlässlich schwanken.
- Der Sommer ist ruhig, da Händler und Investoren Urlaub machen, zum Jahresende hin ist der Markt schwach, weil Posten aus steuerlichen Gründen aufgelöst werden.
- Scharfsinnige Silberinvestoren nutzen diese Phasen von Auf und Ab zu ihrem Vorteil.

Kapitel 36

Silber ist historisch günstig

»Buy low, sell high«, günstig einkaufen und teuer verkaufen, ist eine Investmentregel, die wohl alle schon einmal gehört haben.

Und das aus gutem Grund: Wenn es eine narrensichere Methode gibt, potenzielle Gewinne zu vergrößern und gleichzeitig Risiken zu reduzieren, dann besteht sie darin, eine Aktie, eine Anleihe, einen Rohstoff oder einen anderen Vermögenswert zu kaufen, wenn der Preis günstig ist.

Und wie man es auch dreht und wendet: Silber ist äußerst günstig … im Moment.

Silberpreis

1971–2021

Quelle: *silverprice.org*

Ich sage immer, am besten tritt man ein, zwei Schritte zurück, um einen besseren Überblick zu erhalten. Um zu begreifen, wie es weitergehen könnte, konzentriert man sich häufig reflexhaft auf Tages-,

Monats- oder Jahresdaten eines bestimmten Vermögenswerts. Aber Langzeitdaten ermöglichen ganz andere Einsichten.

Die Grafik auf Seite 211 zeigt den Silberpreis während der vergangenen 50 Jahre.

Wir erkennen ganz deutlich, dass Silber innerhalb dieses Zeitraums zweimal an der 50-Dollar-Marke gekratzt hat, einmal 1980 und einmal 2011. Und obwohl 40 Jahre ins Land gingen, seit Silber 1980 erstmals die 50 Dollar erreichte, ist Silber heute noch immer rund halb so teuer wie zu Zeiten des nominellen Allzeithochs. Erstaunlich: So viel Zeit ist vergangen, so viel Papiergeld wurde gedruckt, und Silber ist trotzdem immer noch so günstig.

Sehen wir uns nun an, wie die Dinge liegen, wenn man die Preise inflationsbereinigt betrachtet. Ich halte das für eine realistischere Betrachtungsweise, denn die Preise von nahezu allem steigen mit der Zeit im Zusammenspiel mit den Investitionskosten. Das ist eine natürliche Entwicklung.

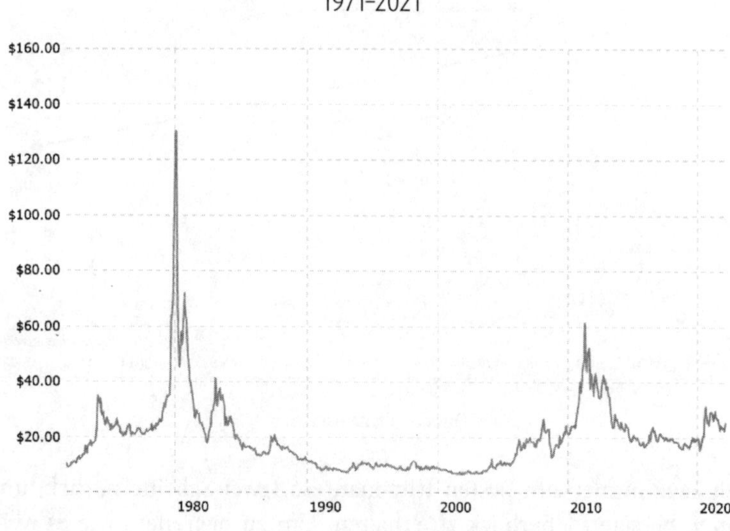

Quelle: *macrotrends.net*

Wie Sie sehen können, ist der Spitzenwert von 125 Dollar nahezu fünfmal so hoch wie der derzeitige Silberpreis (er liegt bei ungefähr 25 Dollar). Selbst die 50-Dollar-Spitze von 2011 liegt inflationsbereinigt heute bei 60 Dollar und damit immer noch 2,4-mal über dem aktuellen Preis.

Die 125 Dollar in der Grafik auf Seite 212 gehen vermutlich auf einen durchschnittlichen monatlichen Preis zurück – und sollten, ausgehend von der 50-Dollar-Spitze, vermutlich eher dichter an 170 Dollar liegen. Laut Inflationsrechner der US-Behörde Bureau of Labor Statistics entsprechen 50 Dollar vom Januar 1980 heute 174 Dollar.

Das mag nach viel klingen, aber Sie sollten auch Folgendes bedenken: Zwischen 1971 (1,31 Dollar) und 1980 (50 Dollar) brachte Silber eine massive Rendite in Höhe von 3740 Prozent ein. Als 2001 der Bullenmarkt begann, fiel der Silberpreis mit 4,14 Dollar auf einen Tiefstand. Setzen wir hier einen ähnlichen Zugewinn an, kommen wir auf ein Ergebnis von 155 Dollar.

Verhältnis Dow Jones zu Silber

1970–2022

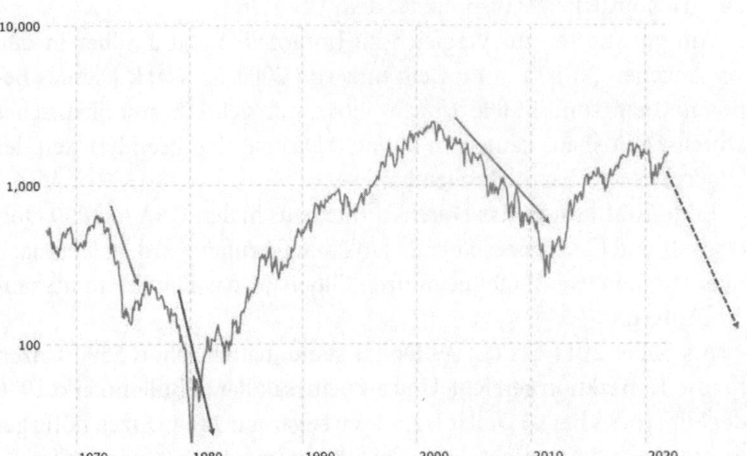

Quelle: *macrotrends.net, silverstockinvestor.com*

Betrachten wir das Verhältnis von Dow-Jones-Index und Silber, spricht einiges dafür, dass Silber im Vergleich zum allgemeinen Aktienmarkt ganz besonders günstig ist – und dass die allgemeinen Märkte möglicherweise ziemlich teuer sind.

Für diesen Wert teilen wir den Dow Jones Industrial Average Index durch den Silberpreis.

Das Verhältnis erreichte 1980, als der Silberpreis auf 50 Dollar schoss, mit 24,5 eine Talsohle. Übertragen wir diesen Wert auf heute, kommen wir zu einem verblüffenden Ergebnis. Für ein Verhältnis von 24,5 müsste bei einem Dow-Jones-Wert von 35 000 Punkten 1 Unze Silber 1429 Dollar kosten.

Nun will ich damit nicht sagen, dass der Silberpreis auch nur ansatzweise in die Nähe von 1400 Dollar klettern wird, aber hey – man weiß ja nie. Außerdem könnte auch der Dow einbrechen, vielleicht sogar kräftig. Ich halte das für wahrscheinlich. Sagen wir, der Dow bricht um 50 Prozent auf 17 500 Punkte ein. Das würde immer noch einen Silberpreis von 715 Dollar implizieren – ein Vielfaches der 25 Dollar von heute.

Die nächste Grafik mag ein wenig sonderbar sein, aber das macht sie nicht weniger interessant. Sie vergleicht den Silberpreis mit dem durchschnittlichen Hauspreis auf dem US-Markt.

Am günstigsten im Vergleich zu Immobilien stand Silber in den vergangenen 50 Jahren im Zeitraum von 2000 bis 2004. Damals benötigte man rund 55 000 Unzen Silber, um sich ein amerikanisches Durchschnittshaus kaufen zu können. Das hat sich geändert, seit der Silberpreis spürbar angezogen hat.

Ende 2021 kostete das Durchschnittshaus in den USA 478 000 Dollar, während für 1 Unze Silber 23 Dollar aufgerufen wurden. Demnach musste man etwa 21 000 Feinunzen Silber für das Durchschnittshaus hinblättern.

Als Silber 2011 bei fast 49 Dollar stand, hätten schon 5500 Unzen für die Transaktion gereicht. Und als beim säkularen Bullenmarkt 1980 der Silberpreis bei 50 Dollar lag, wären sogar nur 1464 Unzen nötig gewesen. Auch dies spricht dafür, dass Silber immer noch günstig ist.

Verhältnis Silber zu durchschnittlichem Hauspreis in den USA 1975–2021

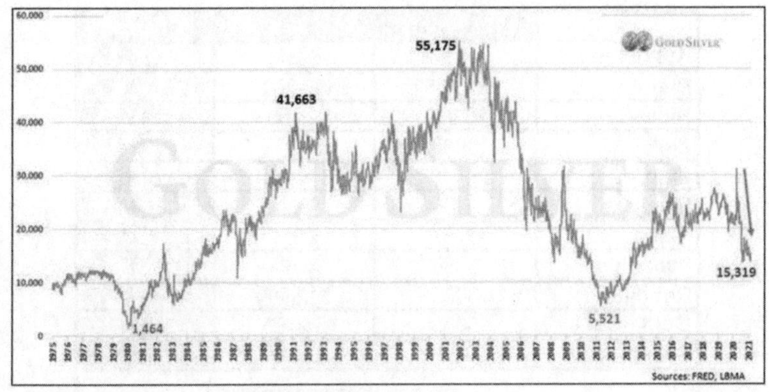

Quelle: *goldsilver.com*

Am bezeichnendsten jedoch ist möglicherweise die folgende Tabelle (Seite 216). Sie enthält den Preis mehrerer Grundmetalle und Edelmetalle, einmal während ihres Hochstands 1980 und einmal im November 2021.

Verblüffend: Die meisten Metalle haben ihren Wert verdoppelt und verdreifacht, einige sogar knapp verachtfacht oder mehr als verzehnfacht.

Aus dieser Auflistung sticht Silber ganz eindeutig hervor – es ist das einzige Metall, das seinem Hochstand von 1980 hinterherhinkt, und das nicht nur ein klein wenig. Bei einem Preis von aktuell um die 25 Dollar liegt Silber weiterhin 50 Prozent unter seiner Preisspitze von 1980. Das ergibt überhaupt keinen Sinn. Nehmen wir als Grundlage für unsere Berechnung die 174 Dollar, die die 50 Dollar von damals inflationsbereinigt heute wert wären, ergibt sich ein Minus von über 85 Prozent.

Preise für Grund- und Edelmetalle 1980 und 2021
Silber ist das einzige Metall, das günstiger ist als während seines Hochstands von 1980.

	1980 High	Nov. 26, 2021	Change
Kupfer	$1	$4.46	225.5%
Blei	$1,166	$2,330	99.8%
Nickel	$6,979	$21,063	201.8%
Zink	$867	$3,431	295.7%
Zinn	$17,461	$40,950	134.5%
Eisenerz	$12	$94	686.1%
Platin	$752	$951	26.5%
Palladium	$350	$1,688	382.3%
Rhodium	$833	$12,500	1,400.6%
Gold	$850	$1,785	110.0%
Silber	$50	$23.09	-53.8%

GoldSilver.com — Sources: LBMA, macrotrends.net, businessinsider.com

Quelle: *goldsilver.com*

Im Rahmen meiner Recherchen beobachte ich zahlreiche Vermögenswerte, aber ich kann beim besten Willen keinen anderen einfach investierbaren Bereich nennen, der dermaßen günstig ist, wie es bei Silber derzeit der Fall ist. Und das macht Silber und Silberaktien zu einer sehr aufregenden Angelegenheit, wenn wir in die Zukunft schauen.

Kurz zusammengefasst

- Mehrere Indikatoren zeigen, dass Silber außergewöhnlich günstig ist.
- Der Silberpreis liegt 50 Prozent unter dem Allzeithoch von 1980 und inflationsbereinigt sogar 85 Prozent.
- Im Vergleich zu Aktien, Immobilien und allen anderen wichtigen Metallen ist Silber unverändert spottbillig.

Kapitel 37

Silber ist »Sticky Money«

Ich habe die Erfahrung gemacht, dass Menschen, die Silber kaufen, sich nur sehr zögerlich wieder davon trennen.

Diese Erkenntnis hat weitreichende Folgen für das Investmentgeschäft.

Das gilt in besonderem Maße für physisches Silber und bis zu einem gewissen Grad auch für Silberinvestments wie die auch als Exchange Traded Products (ETPs) bekannten Exchange Traded Funds (ETFs). Diese Anlageprodukte sind wie börsennotierte Aktien und stehen für einen Teilbesitz von Silber.

Silber-ETFs unterscheiden sich untereinander vom Aufbau her leicht, aber sie alle haben das Ziel, die Kursbewegungen des Silberpreises abzubilden, wobei die meisten einen Anspruch auf Auszahlung in physischem Silber anbieten. In einem späteren Kapitel gehe ich ausführlicher auf Silber-ETFs ein. 2006 wurde der erste Silber-ETF aufgelegt, seitdem sind sie ziemlich populär geworden. Das liegt unter anderem daran, dass man als Investor mit einigen Klicks am Computer Zugriff auf Silber erhalten und diese Investition in seinem Maklerkonto parken kann.

Die folgende Grafik vergleicht Bestände von Silber-ETPs mit dem Silberpreis, und mir ist dabei aufgefallen, dass dieses Verhältnis in den vergangenen Jahren von einer Besonderheit geprägt war. »Silber ist Sticky Money« habe ich diese Besonderheit getauft.[8]

Was die Grafik zeigt: Über einen Zeitraum von mehreren Jahren hinweg konnte der Silberpreis tun, was er wollte, er konnte sogar stark zurückgehen, trotzdem gab der Gesamtbestand an Silberbesitz über ETPs höchstens geringfügig nach, wenn er nicht sogar weiter anstieg. Ich habe einige dieser Fälle durch Pfeile gekennzeichnet.

8 Anm. d. Übers.: An der Börse bedeutet »Sticky Money« (klebriges Geld), dass Investoren vergleichsweise treu sind und über einen langen Atem verfügen.

Globaler Silber-ETP-Bestand zu Silberpreis

2008 bis März 2021

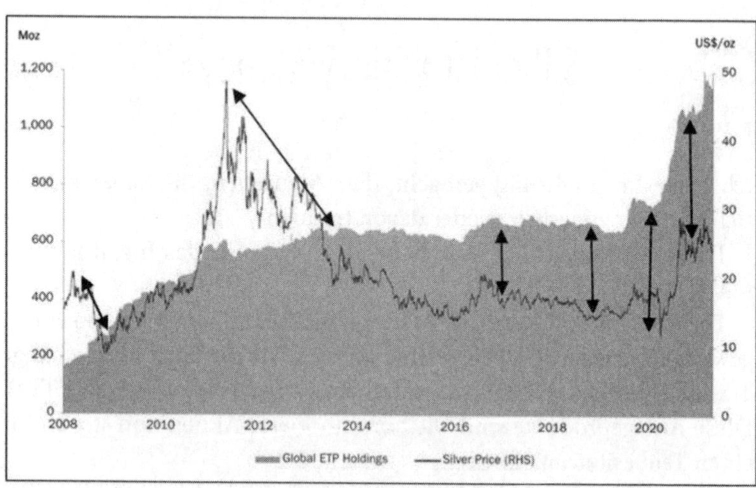

Quelle: *lbma.org, silverstockinvestor.com*

Das spricht dafür, dass Investoren, die sich in Silber-ETPs eingekauft haben, größtenteils »kleben bleiben«.

Nachdem das Interesse der Investoren an Silber über 4 Jahre hinweg praktisch unverändert gewesen war, nahm es interessanterweise deutlich an Fahrt auf. Ende 2019 war beim Bestand von Silber-ETPs ein spürbarer Anstieg zu verzeichnen, der sich bis ins frühe Jahr 2020 hinein seitwärts entwickelte. Dann schlug die Panik rund um die Covid-19-Pandemie zu, und der Silberpreis wurde vorübergehend auf 12 Dollar pro Unze heruntergeprügelt. Aber beachten Sie: Der Bestand an Silber-ETPs reagierte kaum und legte dann, genauso wie der Silberpreis, für das restliche Jahr 2020 deutlich zu.

Tatsächlich war es geradezu atemberaubend, wie sich der Silberpreis nach der Pandemie-Panik im März 2020 bis ins Jahr 2021 hinein und darüber hinaus entwickelte. Silber-ETPs verkauften sich praktisch wie geschnitten Brot. Laut *World Silver Survey 2021* des Silver Institute legten die Silber-ETPs unter dem Strich um 331 Millionen Unzen zu, ein Plus von 298 Prozent gegenüber dem damals ohnehin bereits hohen Wert von 83 Millionen von 2019. Mehr noch: Ende 2021 beliefen sich allein die Silber-ETPs auf einen Gesamtbestand von 1,13 Milliarden Unzen, was mehr als das ist, was in einem Jahr am Markt angeboten wird.

Ich schätze, die Silbernachfrage durch ETPs wird stark bleiben, vor allem im weiteren Verlauf dieses Bullenmarkts. Das sollte zu einer soliden, ansteigenden Preisuntergrenze für Silber beitragen.

Kurz zusammengefasst

- Silberinvestoren neigen dazu, sehr lang an ihrem Silber festzuhalten, insofern gilt »Silber ist Sticky Money«.
- Selbst wenn die Silberpreise fallen, neigen Silber-ETFs dazu, stabil zu bleiben.
- Der Bestand an Silber-ETFs ist enorm gestiegen, die Gesamtmenge liegt mittlerweile bei über 1 Milliarde Unzen, was mehr als ein Jahresangebot an Silber ist.

Kapitel 38

Der Silbermarkt unter Druck, Teil 2

Nach dem berühmten Angriff der Gebrüder Hunt auf den Silbermarkt (zum ersten »Silver Squeeze« siehe Kapitel 6) verging viel Zeit, bevor Silber wieder Schlagzeilen in großem Stil machte – das war Anfang 2021, und Auslöser war ein faszinierendes Ereignis, das als »Silver Squeeze 2.0« bezeichnet wurde.

Ausgangspunkt war WallStreetBets (WSB), ein Forum der Social-News-Webseite Reddit. In dem Forum diskutieren die Mitglieder über Aktien, die sie kaufen und verkaufen. Anfang 2021 nahmen die WSB-Mitglieder GameStop Corporation (NYSE: GME) ins Visier, den größten amerikanischen Einzelhändler für Computerspiele. Vorausgegangen war die Erkenntnis, dass Hedgefonds bei den Firmenaktien massiv auf sinkende Kurse setzten, oder in Börsensprache: Sie gingen short.

Gehen Investoren short, heißt das im Grunde, dass sie sich die Firmenaktien leihen, sie zum aktuellen Kurs verkaufen, den Erlös einsacken und darauf wetten, dass sie die Aktien später zu einem deutlich niedrigeren Preis erneut kaufen (und die geliehenen Aktien zurückgeben) können. Den Preisunterschied streichen sie als Gewinn ein.

WSB regte an, GameStop-Aktien zu kaufen und dadurch den Preis in die Höhe zu treiben. Mitglieder der Gruppe waren der Ansicht, die Hedgefonds würden den Kurs von GameStop-Aktien vorsätzlich in den Keller jagen, also beschlossen sie, einen sogenannten Short Squeeze zu erschaffen, die Aktie also so zu verknappen, dass die institutionellen Spekulanten unter Druck geraten und Verluste einfahren. Würden genügend Anleger GameStop-Aktien kaufen, so die Argumentation bei WSB, würde man den Preis in die Höhe treiben und die Hedgefonds sähen sich gezwungen, ihre Short-Positionen zu decken, indem sie die Aktie kauften. Das wiederum würde den Kurs noch weiter ansteigen lassen.

Die Short-Squeeze-Strategie war ausgesprochen erfolgreich – sie löste einen Run aus, der dazu führte, dass die GameStop-Aktie, die Mitte Januar noch unter 20 Dollar gelegen hatte, in gerade einmal 1½ Wochen auf letztlich 483 Dollar in die Höhe schoss. So gut funktionierte die Strategie, dass der Hedgefonds Melvin Capital (der enorm short gegangen war) eine Notfall-Kapitalspritze in Höhe von 2,8 Milliarden Dollar benötigte. Natürlich war ein derart schwindelerregender Kurs nicht haltbar, aber selbst 6 Monate später wurde die GameStop-Aktie noch immer zu 185 Dollar gehandelt.

Nach der GameStop-Affäre rief ein WSB-Mitglied in einem Beitrag die anderen Forumsmitglieder dazu auf, den auf Silber ausgerichteten ETF SLV zu kaufen und die Short-Positionen bei Silber-Termingeschäften unter Druck zu setzen. SLV kauft physisches Silber, um den Erwerb seiner Aktien zu unterstützen, deshalb wollte man nun dafür sorgen, dass dieser ETF dermaßen viel Silber kaufen musste, dass die Short-Positionen in Not gerieten.

Der Beitrag im Reddit-Forum WSB trug den Titel »Der größte Short Squeeze der Welt $SLV Silber $25 auf $1000«. Hier ein Auszug aus dem Beitrag, der am 28. Januar 2021 online gestellt wurde:

Beitrag aus dem Forum WSB

28. Januar 2021

Posted by u/jjalaj30 1 day ago

Der größte Short Squeeze der Welt $SLV Silber $25 auf $1000

DD

Weltweit unterliegt kaum ein Markt derart starken Manipulationen wie der Silberbarrenmarkt. Jeder Short Squeeze bei geshorteten Silbertiteln wäre GENIAL. Wir wissen, dass milliardenschwere Banken Gold und Silber manipulieren, um die echte Inflation zu kaschieren. Sowohl aus industrieller Sicht wie auch aus monetärer Sicht war das Schuldendrucken niemals günstiger für die beste aller Inflationsabsicherungen – Silber.
Inflationsbereinigtes Silber sollte bei 1000 Dollar stehen anstatt bei 25 Dollar. (Link zu Beitrag von Moderatoren entfernt)
Warum nicht $SLV zu wahrem physischen Preis drücken.

Quelle: *reddit.com*

Dem Vernehmen nach kauften die Forumsmitglieder SLV *in großen Mengen,* und der Spotpreis für Silber schoss mit dem ETF im Gefolge innerhalb von nur 3 Handelstagen von 25 auf 29,50 Dollar. Silber folgt normalerweise Gold in die Höhe, aber diese Ereignisse fanden statt, während der Goldpreis unverändert blieb. Ich habe das Geschehen in Echtzeit auf meinem Computerbildschirm verfolgt: *Die durchschnittliche Silberaktie gewann innerhalb von gerade einmal 3 Handelstagen 30 bis 40 Prozent. Das Handelsvolumen war sechs- bis siebenmal höher, und bei SLV war es neunmal höher als üblich.*

Die Ereignisse zwangen SLV ETF dazu, innerhalb eines Tages den Trust um 37 Millionen Anteile aufzustocken und schätzungsweise 1150 Tonnen Silber zu erstehen. Im Grunde machten diese Onlineforen viele Leute zum allerersten Mal mit Investitionen in Silber vertraut.

Seit Jahren (wenn nicht Jahrzehnten) weisen Investmentbanken bei Silber-Termingeschäften eine Netto-Leerposition auf. Niedrige Silberpreise spielen ihnen in die Karten, denn sie helfen, das wahre Ausmaß der Inflation zu verschleiern. Also versuchten WSB-Follower, diese Leerverkäufer dazu zu zwingen, physisches Silber zu kaufen.

Nachdem der Kaufdruck nachgelassen hatte, gingen die Silberpreise am Spotmarkt innerhalb von ungefähr einem Monat langsam wieder auf etwa 25 Dollar zurück. Auch die raschen und beträchtlichen Kursgewinne von Silberaktien lösten sich wieder in Luft auf. Wichtig in diesem Zusammenhang jedoch ist der Umstand, dass der Spotpreis für Silber keine Aufschläge enthält. Es handelt sich schlicht um einen »offiziellen« Preis für Silber, der dazu dient, beispielsweise Bedingungen für Kontrakte festzulegen.

Nachdem die Covid-19-Pandemie im März 2020 zugeschlagen hatte, waren die Lager der Barrenhändler ohnehin bereits leerer als sonst üblich, da die Menschen sich aktiv mit Münzen und Barren aus Silber und Gold eindeckten. Diese Situation dauerte bis ins Jahr 2021 hinein an, doch als der »Silver Squeeze« zuschlug, wurde die Nachfrage nach physischem Silber über Nacht auf eine völlig neue Ebene katapultiert.

Während des Wochenendes 30. und 31. Januar 2021 rannte man den Barrenhändlern die Türen ein, und für einige Händler war es schlicht zu viel. Sie waren teilweise seit Jahrzehnten im Geschäft, aber einen derartigen Nachfragetsunami hatten sie noch nie erlebt. Die ohnehin bereits schmalen Lagerbestände waren nach wenigen Tagen vollends aufgezehrt. Bei einigen Händlern brach an jenem Wochenende das Computersystem zusammen, so viele Anrufe und Onlinetransaktionen gingen ein. Andere begrenzten vorsätzlich die Abgabemengen oder schlossen ihr Geschäft, weil ihre Vorräte nur auf dem Papier existierten.

Interessanterweise sagten viele aus, es habe sich um eher kleinere Aufträge gehandelt, was dafür spricht, dass Kleinanleger für den Großteil des Kaufinteresses verantwortlich waren.

Die Aufschläge auf Silbermünzen und Barren waren zuvor bereits doppelt so hoch wie normal gewesen, nun stiegen sie auf das 3-Fache des Üblichen. Damit lagen sie 50 Prozent oberhalb des Spotpreises für Silber. Und dieser Zustand hielt im Anschluss viele Monate an, während der Käuferdruck erhöht war. Die Lagerbestände blieben knapp, und Lieferverzögerungen reichten von 2 bis 3 Tagen bis zu 2 bis 3 Wochen.

Das unterstreicht, wie klein der Silbermarkt ist und wie er auf derartige Einflüsse reagiert. Weil es sich hier jedoch nicht um einen fundamentalen Auslöser handelte, beispielsweise um eine Verknappung von Minensilber, rechnete ich auch nicht damit, dass diese Impulskäufe die Silberpreise dauerhaft in die Höhe treiben würden. Das erklärte ich meinen Abonnenten, und so kam es auch.

Doch das Ereignis lenkte die Aufmerksamkeit vieler junger Menschen, praktisch einer völlig neuen Generation, auf Silber, Edelmetalle und echtes Geld. Möglicherweise wird das ihre Haltung dauerhaft verändert haben. Wie bereits in Kapitel 31 erwähnt, schwoll das Reddit-Diskussionsforum Wall Street Silver auf beeindruckende 180 000 Mitglieder an, die alle sehr daran interessiert waren, den Silbermarkt aktiv zu beobachten. Das Ereignis war auch der Auslöser für den YouTube-Kanal Wall Street Silver mit 45 000 Abonnenten und den Twitter-Account von Wall Street Silver mit nahezu 100 000 Followern.

Für alle Silberinvestoren ist dies die größte Erkenntnis des gesamten Ereignisses – eines Ereignisses, das die künftige Entwicklung dieses Silber-Bullenmarkts grundlegend verändern könnte.

Kurz zusammengefasst

- Die sozialen Medien stürzten sich Anfang 2021 auf den Silbermarkt und trieben den Preis von Silber und Silberaktien in die Höhe. Eine völlig neue Anlegergeneration kam auf diese Weise erstmals mit Silberinvestitionen in Berührung.
- Silber-ETFs und Silberaktien wurden massiv gekauft.
- Die Zahl der Aufträge überwältigte Barrenhändler, was wiederum die Aufschläge steigen ließ.

Kapitel 39

Die Folgen des zweiten Silver Squeeze

Die London Bullion Market Association (LBMA) legt nicht nur den Silberpreis fest (siehe Kapitel 30), sie verwaltet auch physisches Silber für diverse ETFs, darunter mit SLV auch den größten Silber-ETF. Die LBMA führt Buch darüber, wer wie viel von dem Metall hält.

Silber ist ein Vermögenswert, der nichts produziert, dafür aber Geld kostet (Lagerung, Versicherung und dergleichen), weshalb einige Besitzer größerer Silberbestände ihr Silber verleasen, um damit Zinsen zu verdienen. Das hat Bedenken laut werden lassen, denn einige der Parteien, die das Silber leasen, erheben ihrerseits Anspruch auf die Kontrolle über das Silber. Es kann also sein, dass zwei Parteien Anspruch auf ein und dasselbe Silber erheben, ein Zustand, den viele Menschen verständlicherweise beunruhigend finden.

Im April 2021, 2 Monate nachdem im WSB-Forum dazu aufgerufen worden war, die Leerhändler am Silbermarkt unter Druck zu setzen, stellte die LBMA ihren Bericht *Silver Investment 2021* vor. In diesen Bericht flossen auch Nachfragezahlen aus der von Metals Focus erstellten Fünfjahresprognose zur Silbernachfrage ein.

Im LBMA-Bericht hieß es, in den vorangegangen 12 bis 18 Monaten habe der Silbermarkt erstaunliche Entwicklungen erlebt und die Anlegeraktivität habe massiv zugenommen. Die Gesamtnachfrage und die Nettoposition von Hedgefonds und Investmentgesellschaften (das sogenannte Managed Money) seien etwa 20 Prozent auf rund 10 Milliarden Dollar gestiegen, laut Metals Focus der zweithöchste gemessene Wert der vorangegangenen 10 Jahre.

Besonders bemerkenswert in diesem Bericht ist folgende Aussage, wenn man bedenkt, welche Rolle die LBMA auf dem Markt spielt: »Anfang 2021 wurden beispiellose 110 Millionen Unzen innerhalb von gerade einmal 3 Tagen hinzugefügt. Es gab einige Liquidationen, aber die Sorge wurde wach, dass London das Silber ausgehen würde, sollte die ETP-Nachfrage auf hohem Niveau verharren.«

Ein derartiges Eingeständnis würde man von der LBMA normalerweise nicht erwarten. Der Verband räumte weiter ein, dass die 331 Millionen Unzen, die 2020 in ETFs geflossen waren, weit jenseits von allem lagen, was man im Verlauf des vorigen Jahrzehnts erlebt hatte. Tatsächlich übertraf es dem *World Silver Survey 2021* des Silver Institutes zufolge den Rekord aus dem Vorjahr fast um das 4-Fache. 2019 waren es 83 Millionen Unzen gewesen.

Über die Preisspitze bei Silber Ende Januar/Anfang Februar heißt es im Bericht der LBMA:

> *»Der globale ETP-Bestand erreichte am 2. Februar 2021 mit 1207 Millionen Unzen einen Rekordstand. So beeindruckend das für sich genommen bereits klingen mag, so gibt es doch nur einen Teil des Gesamtbilds wieder. Als Ende Januar der Rausch in den sozialen Medien Fahrt aufnahm, sprang die Nachfrage nach Münzen, Barren und ETPs gleichermaßen in die Höhe. Bei Letzteren wuchs der globale Bestand innerhalb von nur 3 Tagen um 119 Millionen Unzen, geballt im iShares-Fonds, dessen Position um 110 Millionen Unzen stieg. Ein Großteil dieses Metalls stand in London zur Verfügung, und es wuchs die Furcht, ob das Silber ausreichen würde, sollte sich die Nachfrage auf diesem Niveau halten. Ende Februar 2021 waren in London 765 Millionen Unzen für ETPs reserviert, sodass potenziell noch 360 Millionen Unzen zur Verfügung standen. Hätte die Nachfrage nach iShares das hektische Tempo von Ende Januar/Anfang Februar beibehalten, wäre es demnach nur noch eine Frage von Wochen gewesen, bevor Londons bestehende Reserven aufgezehrt gewesen wären. Nun wäre es überraschend gewesen, hätte sich die ETP-Nachfrage auf einem derartigen Niveau fortgesetzt, dennoch waren die Bedenken durchaus sehr real. Das zeigt zum einen, wie viel Zeit dafür nötig wäre, dass zunächst ein Veredler Non-Good-Delivery-Material in die 1000-Unzen-Barren verwandelt, die die Ansprüche der LBMA für ›Good Delivery‹ erfüllen, und dass diese Barren dann per Seefracht nach London geliefert werden.*

Für eine andere Betrachtungsweise sieht man sich das kombinierte COMEX/LBMA-Inventar an. Ende Februar betrug es 1518 Millionen Unzen. Die ETP-Bestände an diesen Standorten lagen bei 880 Millionen Unzen, was bedeutet, 42 Prozent oder 638 Millionen Unzen standen theoretisch bereit, unverzüglich neue Nachfrage seitens Silber-ETPs zu bedienen. Ganz so einfach ist es jedoch nicht. Unberücksichtigt bleiben dabei eventuelle Herausforderungen, die beim Umlagern des Metalls zwischen Londoner Tresoren anfallen, ebenso mögliche Hindernisse, die auftauchen könnten, will man zulasten von London ETP-Zuteilungen an der COMEX hochfahren. Die Zahlen sprechen dafür, dass der Pool verfügbaren Metalls ausreichen sollte, neue ETP-Nachfrage, zumindest für die absehbare Zukunft, zu bedienen. Das setzt voraus, dass sich der Social-Media-Rausch nicht wiederholt. In so einem Fall würden mit großer Wahrscheinlichkeit höhere Preise in Gang kommen, gefolgt von starken Abverkäufen.«

Die LBMA räumt also ein, dass es Bedenken gegeben hat, inwieweit man während des Silver Squeeze die Nachfrage würde bedienen können. Weiter räumt sie ein, dass ein neues Anschwellen der Nachfrage zu einer Verknappung hätte führen können, weil das eingelagerte Silber den Bedarf möglicherweise nicht gedeckt hätte, was ein weiteres Hochschnellen der Silberpreise hätte nach sich ziehen können. Wir wissen zudem, dass nur wenige Tage nach Einsetzen des Silver Squeeze der Prospekt des iShares Silver Trust überarbeitet und um den folgenden Passus ergänzt wurde:

»Die Silbernachfrage kann vorübergehend das zur Lieferung an den Trust zur Verfügung stehende Angebot übersteigen, was sich negativ auf eine Investition in die Aktien auswirken könnte.

Insofern, als die Silbernachfrage zu diesem Zeitpunkt das verfügbare Angebot übersteigt, werden Autorisierte Teilnehmer möglicherweise nicht in der Lage sein, die für die Erschaffung eines Korbs erforderlichen Mengen an Silber problemlos zu beziehen.

Nur autorisierte Teilnehmer sind befugt, einen Korb zu erschaffen, und Körbe werden nur im Austausch gegen eine vom Treuhänder festgelegte Menge an Silber ausgegeben, die die unter »Beschreibung der Aktien und der Treuhandvereinbarung – Hinterlegung von Silber; Ausgabe von Körben« beschriebenen Anforderungen an jedem Tag erfüllen, an dem regulärer Handel an der NYSE Arca erfolgt. Marktspekulationen in Silber könnten zu erhöhten Anfragen nach der Ausgabe von Körben führen.

Es ist möglich, dass autorisierte Teilnehmer nicht in der Lage sind, ausreichend Silber zu erwerben, das für die Ausgabe neuer Körbe an den Trust geliefert werden kann, da das Angebot begrenzt ist und die Nachfrage nach den Anteilen stark ansteigt.

Unter derartigen Umständen steht es dem Trust frei, die Ausgabe von Körben auszusetzen oder zu begrenzen. Ein derartiges Ereignis kann zu weiterer Volatilität des Aktienpreises und zu möglicherweise signifikanten Abweichungen des Marktpreises der Anteile gegenüber dem Nettovermögenswert führen.«

Was im Anschluss durchsickerte, war wahrlich bizarr und recht besorgniserregend. Im April 2021 veröffentlichte die LBMA die Monatszahlen zu ihren Beständen. Demnach war die Menge der in London eingelagerten Silberbarren gegenüber Ende März von 1,125 Milliarden auf knapp 1,25 Milliarden Unzen gestiegen – ein Plus von 124 Millionen Unzen und ein neuer Rekord.

Doch am 10. Mai veröffentlichte die LBMA eine Pressemitteilung, in der es hieß:

»Ein Fehler bei der Datenübermittlung führte dazu, dass für die Gesamtmenge an Silber, die in den Tresoren in London im März gelagert wurde, eine nicht korrekte Zahl angegeben wurde. Die korrigierte Zahl beträgt 1 143 194 Feinunzen.«

Offenbar hatte einer der sechs Tresorbetreiber falsche Zahlen übermittelt. Ein Monatsplus von 11 Prozent entspricht dem nahezu 4-Fachen des bisherigen Rekords. Allein das hätte die LBMA schon dazu verleiten sollen, die Zahlen vor der Veröffentlichung noch einmal zu überprüfen. Das ist hochgradig peinlich für die LBMA und ein echter Makel. Wenn Sie mich fragen, ist das für eine derartige Institution nicht zu entschuldigen.

Bedenken Sie: Fast 110 Millionen Unzen Silber wurden für den März zu viel angegeben. Das entspricht nahezu der Menge, die SLV im Rahmen des Silver Squeeze innerhalb weniger Tage kaufen musste. Die ganze Geschichte lässt Zweifel aufkommen, ob das Silber überhaupt jemals von einem Tresorbetreiber in das SLV-Inventar übergegangen ist.

Und bedenken Sie auch dies: 110 Millionen Unzen Silber in Barren von 1000 Unzen entsprechen 110 000 Barren. Das macht rund 3700 Paletten mit jeweils 30 Barren, die in den für SLV vorgesehenen Tresor transportiert werden mussten – alles innerhalb von gerade einmal 3 Tagen. Und daraufhin folgten die Änderungen, die SLV an seinem Prospekt vornahm.

Das sind reichlich merkwürdige Zufälle und Ereignisse, die diesen diversen miteinander in Verbindung stehenden Parteien innerhalb nur weniger Monate zugestoßen sind. Und es bleiben viele Fragen rund um diese Vorgänge unbeantwortet. Eines ist jedenfalls ganz klar: Eine der wichtigsten Auswirkungen des Silver Squeeze bestand darin, Zweifel gesät zu haben, was die Integrität der internen Abläufe bei einigen der größten Institutionen anbelangt, die mit physischem Silber umgehen. Die Befürworter des Silver Squeeze dürften dies als Anreiz verstehen, ihre Anstrengungen fortzusetzen.

Sie haben einige Marotten von Silber kennengelernt, wenden wir uns nun der Frage zu, wie es mit Silber weitergehen wird, denn letztlich ist es das, worauf es ankommt.

Wenn Sie wirklich verstehen, wie weit Silber voraussichtlich noch steigen wird, dann werden sie auch besser begreifen, wie Silber Ihnen helfen kann, die gewünschte finanzielle Stabilität und Unabhängigkeit zu erreichen.

Kurz zusammengefasst

- Nach dem Silver Squeeze von 2021 räumte die LBMA ein, es habe zwischenzeitlich Bedenken gegeben, dass das Silber ausgehen könnte.
- Ein neuer Silver Squeeze könnte die Silberpreise erneut in die Höhe treiben.
- Es wurden große Zweifel laut, dass die Silberreserven von SLV tatsächlich den ausstehenden Anteilen entsprachen.

Kapitel 40

Silber bei 300 Dollar – und der Weg dorthin

»Nur damit das klar ist: Ich behaupte, es wird ein weiteres, noch hektischeres Gerangel geben, das die Silberpreise in die Höhe treiben wird und das alles überschüssig gedruckte Papiergeld, die Preisunterdrückung, den Nachfrageüberhang und die Bärenstimmung der vergangenen zwei Jahrzehnte korrigieren wird. Die Ereignisse werden als die große Silberkrise bekannt werden.«

David Morgan
circa 2002

Prognosen sind eine schwierige Sache.

Dennoch steckt Silber mitten im größten Bullenmarkt seit einer Generation.

Aus diesem Grund prognostiziere ich, dass der Silberpreis in den nächsten Jahren 300 Dollar pro Unze erreichen wird.

Eine große Zahl, ich weiß. Vielleicht denken Sie nun: »Das (oder der Typ) ist doch wahnsinnig.«

Aber wenn hier »Wahnsinn« eine Rolle spielt, dann hat dieser Wahnsinn auch Methode.

Tatsächlich habe ich mir nicht einfach eine beliebige Zahl ausgedacht, und tatsächlich ist es auch keine Prognose, die ich leichthin abgebe.

Und nach Sensationshascherei steht mir der Sinn gewiss nicht.

Es geht um eine Schätzung, die sich auf den Goldpreis und die Inflation bezieht und darauf basiert, wie Gold und Silber auf früheren Bullenmärkten abgeschnitten haben.

Ich werde Ihnen mehrere unterschiedliche Wege zeigen, auf denen ich zu den von mir prognostizierten 300 Dollar gelangt bin.

Aber weil so viele Augen auf Gold gerichtet sind, schauen wir doch erst einmal, wohin bei Gold die Reise geht.

Warum Gold Kurs auf 5000 bis 10 000 Dollar die Unze nimmt

Gold müssen wir deshalb berücksichtigen, weil es – vor allem während eines Bullenmarkts – derart starken Einfluss auf Silber hat. Ich denke, Gold wird letztlich bei 5000 Dollar pro Feinunze seinen Höchststand erreichen. Tatsächlich sagte ich das bereits 2010 öffentlich.

Und auch wenn ich an meinem »Call« von 5000 Dollar die Unze festgehalten habe, würde es mich aber auch keineswegs überraschen, wenn Gold letztlich sogar die Grenze von 10 000 Dollar durchbricht.

Mehrere renommierte und bekannte Analysten sprechen von ähnlichen Kurszielen und begründen dies mit sorgfältiger Recherche.

2009 leitete Shayne McGuire die Forschungsabteilung bei der Pensionskasse Teacher Retirement System of Texas und arbeitete dort auch als Portfoliomanager. Er rief den Gold Fund der Kasse ins Leben, den ersten auf Edelmetalle spezialisierten Fonds im amerikanischen Pensionssystem.

Im Jahr darauf veröffentlichte er sein Buch *Hard Money: Taking Gold to a Higher Investment Level*. In einem Kapitel über Angebot und Nachfrage auf dem Goldmarkt untermauerte er seine Prognose, wonach der Goldpreis 10 000 Dollar erreichen könnte. Und wir reden hier über das Jahr 2010!

Eine der möglicherweise bemerkenswertesten Prognosen in Sachen Gold stammt von Scott Minerd. Mit seinem Stammbaum, seinen zahlreichen Rollen und seinen guten Verbindungen wäre es einfach, ihn in die Schublade »Mitglied des Establishments« zu stecken. Minerd ist Chairman von Guggenheim Investments und bei Guggenheim Partners Global Chief Investment Officer. Er sitzt im Investorenberaterausschuss zu Finanzmärkten der Federal Reserve Bank of New York, berät die Organisation für wirtschaftliche Zusammenarbeit und Entwicklung (OECD) und ist beitragendes Mitglied im Weltwirtschaftsforum. Es handelt sich um besonnene und konservative Institutionen, von denen man nicht erwarten würde, dass sie öffentlich über gewaltige Preissprünge bei Gold und Silber sprechen.

Und trotzdem: Im Mai 2021 sagte Minerd dem US-Fernsehsender CNBC, sein Kursziel für Gold liege bei 5000 bis 10 000 Dollar und »das ist letzten Endes durchaus möglich. Silber folgt traditionell mit zeitlicher Verzögerung. Es ist das Gold des armen Mannes, und dort wird man, was die prozentuale Entwicklung angeht, die meiste Bewegung sehen. Es ist die High-Beta-Version[9] von Gold.« Minerd erklärte zudem, Gold werde in eine »exponentielle Phase« eintreten.

Auf dem Weltwirtschaftsgipfel im Schweizer Davos im Januar 2020 sagte Minerd *Bloomberg Surveillance*, Silber sei das Geschäft, das er mit der höchsten Überzeugung betreibe. Auf die Frage, warum es nicht Gold sei, erklärte er, Silber liege immer noch 65 Prozent unter seinem früheren Hochstand, wohingegen Gold sich dem früheren Hochstand sehr annähere. Auf die Frage, ob sich Silber exponentiell entwickeln könne, erwiderte Minerd, das halte er für hochgradig wahrscheinlich.

Meine liebste ausführliche Prognose zu einem Goldpreis-Höchststand stammt von James G. Rickards, einem Anwalt, Ökonom und Investmentbanker mit 40 Jahren Kapitalmarkterfahrung an der Wall Street. Er war 1998 Chefunterhändler, als es darum ging, die Rettung des Hedgefonds Long-Term Capital Management (LTCM) durch die amerikanische Notenbank auszuhandeln. Zu seinen Kunden zählen institutionelle Anleger und Regierungsabteilungen. Seine Arbeit taucht regelmäßig in der *Financial Times* auf, dem *Evening Standard*, der *New York Times*, dem *Telegraph* und der *Washington Post*. Er ist regelmäßig zu Gast bei Medienunternehmen wie der BBC, CNN, CNBC und Bloomberg.

Rickards hat amerikanische Geheimdienste zu Fragen der Kapitalmärkte ebenso beraten wie das US-Verteidigungsministerium. Er hat

9 Anm. d. Übers.: Der Beta-Faktor zeigt an, ob eine Aktie stärkeren Kursschwankungen unterliegt als der Gesamtmarkt. In so einem Fall wäre der Beta-Faktor größer 1. Eine Aktie mit hohem Beta (High Beta) ist riskanter, eröffnet aber auch mehr Chancen auf rasche Gewinne.

vor dem Repräsentantenhaus der USA zur Weltfinanzkrise von 2008 ausgesagt. Rickards ist Verfasser des 2016 erschienenen Buchs *The New Case for Gold*[10] und vier weiterer New York Times-Bestsellern.

In einem Bericht, der im August 2016 unter der Überschrift »Zweistellige Inflation und der Aufstieg von Gold« bei Daily Reckoning erschien, erklärte Rickards, wie er zu dem Kursziel von 10 000 Dollar für Gold gelangt ist. Nachfolgend ein Auszug:

*»So kam die Zahl von **10 000** Dollar pro Unze zustande*

Die habe ich mir nicht einfach ausgedacht. Ich mache so etwas nicht öffentlich, weil ich Schlagzeilen et cetera haben möchte. Es ist der implizite, nicht deflationäre Preis von Gold. Alle sagen, einen Goldstandard könne man nicht haben, weil es nicht genügend Gold gibt. Es gibt immer genügend Gold, es muss bloß der Preis stimmen.

Das war der Fehler, den Churchill 1925 beging. Die Welt wird diesen Fehler nicht wiederholen. Ich sage nicht, dass wir einen Goldstandard bekommen werden. Ich sage vielmehr, wenn man etwas in der Art eines Goldstandards haben möchte, ist es von zentraler Bedeutung, den Preis richtig hinzubekommen. In dieser Beziehung waren Paul Volcker und ich einer Meinung.

Die analytische Frage lautet: Wenn du den Preis richtig hinbekommst, kannst du einen Goldstandard haben, aber wie ist der nicht deflationäre Preis? Welchen Preis müsste Gold haben, um den Welthandel zu unterstützen und die Bankbilanzen, ohne die Geldmenge zu reduzieren? Die Antwort darauf lautet: 10 000 Dollar für die Unze.

Für die Berechnungen arbeite ich mit M1, gestützt auf mein eigenes Urteil. Wenn Sie möchten, wählen Sie ein anderes Kriterium (es gibt unterschiedliche Bemessungen der Geldmenge). Ich nehme 40 Prozent Deckung. Viele Menschen stimmen damit nicht überein. Die Österreicher sagen, es müssen 100 Prozent sein.

10 **Anm. d. Übers.: Auf Deutsch 2016 im FinanzBuch Verlag erschienen unter dem Titel** *Gold: Wie Sie sich vor Inflation, Zentralbanken und finanzieller Repression schützen.*

Historisch betrachtet betrug die Deckung auch schon einmal nur 20 Prozent, aber ich wähle die 40 als meinen Wert. Nehmen Sie die globale M1-Menge der wichtigsten Volkswirtschaften mal 40 Prozent und teilen das durch die Menge offiziellen Golds in der Welt, kommen Sie auf ein Ergebnis, das bei rund 10 000 Dollar pro Unze liegt.

Gehen Sie hoch auf 100 Prozent, werden Sie mit M1 als Ergebnis 25 000 Dollar pro Unze erhalten. Nutzen Sie M2 zu 100 Prozent, bekommen Sie 50 000 Dollar pro Unze. All diese Zahlen werden abhängig vom Input voneinander abweichen, aber nur noch einmal zur Verdeutlichung: Ich verwende das M1 der großen globalen Volkswirtschaften, zu 40 Prozent gedeckt, und ein offizielles Goldangebot von rund 35 000 Tonnen.

Verändern Sie die Eingaben, verändern Sie auch das Resultat, aber das Ganze hat nichts Geheimnisvolles an sich. Die Zahl ist nicht ausgedacht. Es handelt sich auch nicht um Infinitesimalrechnung, sondern um Mathematik für Achtklässler.

Und so komme ich auf den Wert von 10 000 Dollar. Interessant in diesem Zusammenhang: Sie müssen keinen Goldstandard haben, aber wenn Sie doch einen haben möchten, ist das der Preis.«

Berücksichtigen wir noch, dass Rickards seinen Artikel 2016 geschrieben hat. Seit damals ist die Geldmenge um mindestens 50 Prozent angeschwollen. Auf einige könnte seine Prognose zum Goldpreis mittlerweile eher konservativ wirken.

Und dann ist da noch der jährliche erscheinende Bericht *In Gold We Trust,* auf den ich in **Kapitel 17 – Umlaufgeschwindigkeit und Horten** eingegangen bin.

In der Fassung von 2020 stellen die Autoren ein von ihnen entwickeltes Modell vor, das den Goldpreis vorhersagen soll. Sie nehmen den US-Dollar und arbeiten mit der breiter gesteckten Geldmengendefinition M2, die neben Barmitteln und Sichteinlagen auch Spar- und Terminguthaben, Hinterlegungsscheine und Geldmarktfonds umfasst. Dann projizieren sie die potenziellen Wachstumsraten der Geldmenge M2.

Davon ausgehend berechnen sie die implizite Golddeckungsquote, indem sie die Goldreserven der Zentralbank zum aktuellen Preis durch den Wert von M2 teilen. Das Ergebnis ist die folgende Grafik.

Ungefährer Goldpreis 2030
nach Verteilungswahrscheinlichkeit, in US-Dollar

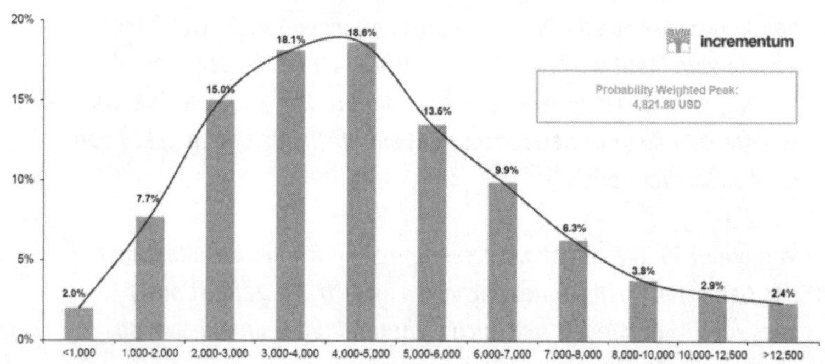

Quelle: Incrementum AG

Der höchste Punkt in der Tabelle ist der mit der größten Wahrscheinlichkeit. Basierend auf diesem Modell gehen die Autoren Stöferle und Valek davon aus, dass der Goldpreis bis 2030 4800 Dollar erreichen wird. Allerdings heißt es in dem Bericht auch: »Nicht zuletzt aufgrund der einzigartigen globalen Schuldensituation, die ausführlich in der diesjährigen Ausgabe von *In Gold We Trust* dargestellt wird, ist es nicht unwahrscheinlich, dass M2 im gerade begonnenen Jahrzehnt ähnliche Wachstumszahlen erreichen wird wie in den 1970er-Jahren. **In diesem Fall spricht das Modell für einen Goldpreis in Höhe von 8900 Dollar im Jahr 2030.** [Hervorhebung von mir]

Dieselben Autoren sprechen im 2021er-Bericht von *In Gold We Trust* davon, dass ein fünfstelliger Goldpreis, also 10000 Dollar oder mehr, bis 2030 erreicht werden könne, sollte die Inflation in den kommenden Jahren signifikant ansteigen.

Es gibt viele weitere Fachleute, die auf ihre eigene Weise detailliert darlegen, warum der Goldpreis pro Unze 10000 Dollar oder noch mehr erreichen könnte.

Möchte ich eine Prognose zum künftigen Goldpreis ausarbeiten, besteht eines meiner Lieblingswerkzeuge darin, mir einfach den vorangegangenen Gold-Bullenmarkt anzusehen.

Gold könnte durchaus die Preisentwicklung aus den 1970er-Jahren wiederholen, die das beste und jüngste Beispiel für einen säkularen Bullenmarkt darstellt, das uns zur Verfügung steht. In diesem Jahrzehnt kletterte der Goldpreis von 35 auf 850 Dollar, also um das 24-Fache.

Nehmen wir den Gold-Tiefstand von 2001, 260 Dollar, und multiplizieren dies mit 24, kommen wir auf einen Preis von 6240 Dollar.

In früheren Kapiteln habe ich ausführlich erklärt, warum dieser Bullenmarkt vermutlich seinen 50 Jahre alten Vorgänger übertrumpfen wird.

Berücksichtigt man, dass die Staatsschulden derzeit auf Rekordhöhe liegen, die Zinsen historisch niedrig sind und mit beispielloser Geschwindigkeit Geld gedruckt wird, und nimmt man dazu die Gefahr einer anhaltend hohen Inflation, einer Finanzkrise, einer neuen großen Wirtschaftsdepression oder einer Spekulationsblase, klingt eine Goldrallye, die den Preis auf über 10000 Dollar jagt, eigentlich ganz vernünftig (wenn nicht gar wahrscheinlich).

Was bedeutet das nun für Silber – das Metall – und sämtliche weiteren Investitionen, die Sie in diese Richtung getätigt haben?

300-Dollar-Silber: Das Gold-Silber-Verhältnis

In Kapitel 32 habe ich gezeigt, dass das Gold-Silber-Verhältnis 1976 mitten während des Bullenmarkts ein Tief von unter 30 erreichte. Als Silber im Januar 1980 auf einen Preis von 50 Dollar kletterte, erreichte das Gold-Silber-Verhältnis mit 15 einen neuen Tiefstwert.

Sehen wir uns etwas ausführlicher an, was das für die Zukunft bedeuten könnte.

Gold-Silber-Verhältnis

1975–2021

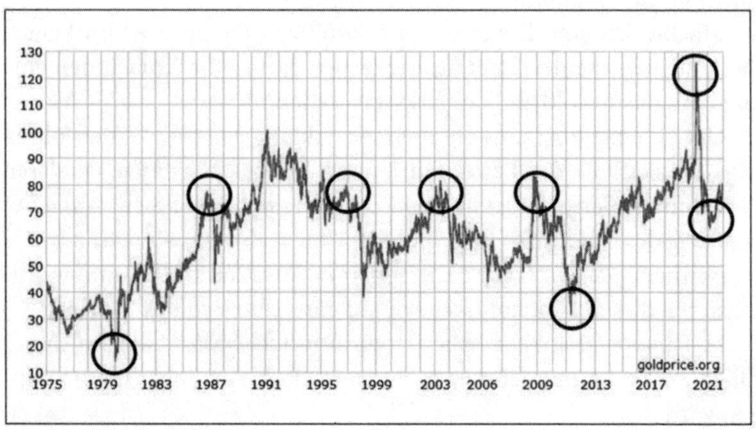

Quelle: *goldprice.org, silverstockinvestor.com*

Springen wir zum Silber-Bullenmarkt der 2000er-Jahre. Im April 2011 stand Silber erneut bei knapp 50 Dollar.

Auch damals fiel das Gold-Silber-Verhältnis auf einen Tiefstand nahe 30. Ich glaube, ähnlich wie Mitte der 1970er-Jahre markierte dieser niedrige Stand den Peak des säkularen Silber-Bullenmarkts, der 2001 eingesetzt hatte.

Ich glaube, dieses Verhältnis wird auch in diesem Bullenmarkt eine endgültige Talsohle in der Größenordnung von 15 erreichen, ich möchte aber die Möglichkeit nicht ausschließen, dass dieser Wert noch weiter unterschritten wird.

Die 5000 Dollar, die ich für 1 Unze Gold als Höchstkurs prognostizierte, entspricht gerade einmal dem 2,5-Fachen der knapp 2000 Dollar, die Gold im August 2020 kostete. Gehen wir von 5000 Dollar für

Gold aus und einem Tiefpunkt von 15 für das Gold-Silber-Verhältnis, kommen wir bei 5000 geteilt durch 15 auf Silber zu einem Unzenpreis von 333 Dollar.

Nehmen wir nun an, dass Gold auf 10000 Dollar klettert, wie es viele glaubwürdige Fachleute vorhersagen. Fällt das Gold-Silber-Verhältnis nur auf 30, wie es 2011 der Fall war, kommen wir wieder auf 333 Dollar für die Unze Silber (10000 durch 30).

Wenn wir also das Gold-Silber-Verhältnis als Leitfaden nehmen, ist es realistisch, davon auszugehen, dass Silber letztlich 300 Dollar erreichen wird.

Nachfolgend eine Tabelle, die mehrere mögliche Ergebnisse abbildet. Sie zeigt den Silberpreis abhängig von unterschiedlichen Goldpreisen und unterschiedlichen Verhältnissen zwischen Gold und Silber.

Silberpreise basierend auf unterschiedlichen Gold-Silber-Verhältnissen

Gold Price	Gold/Silver Ratio						GoldSilver.com	
	80	70	60	50	40	30	20	14 (1980 low)
$1,300	$16.25	$18.57	$21.67	$26.00	$32.50	$43.33	$65.00	$92.86
$1,500	$18.75	$21.43	$25.00	$30.00	$37.50	$50.00	$75.00	$107.14
$1,800	$22.50	$25.71	$30.00	$36.00	$45.00	$60.00	$90.00	$128.57
$2,000	$25.00	$28.57	$33.33	$40.00	$50.00	$66.67	$100.00	$142.86
$2,500	$31.25	$35.71	$41.67	$50.00	$62.50	$83.33	$125.00	$178.57
$3,000	$37.50	$42.86	$50.00	$60.00	$75.00	$100.00	$150.00	$214.29
$4,000	$50.00	$57.14	$66.67	$80.00	$100.00	$133.33	$200.00	$285.71
$5,000	$62.50	$71.43	$83.33	$100.00	$125.00	$166.67	$250.00	$357.14
$8,000	$100.00	$114.29	$133.33	$160.00	$200.00	$266.67	$400.00	$571.43
10,000	$125.00	$142.86	$166.67	$200.00	$250.00	$333.33	$500.00	$714.29
20,000	$250.00	$285.71	$333.33	$400.00	$500.00	$666.67	$1,000.00	$1,428.57

Quelle: *goldsilver.com*

In der Spalte ganz rechts sehen Sie: Erreicht das Verhältnis den Tiefstand von 1980, könnte der Preis durchaus in Höhen schießen, die sich heute nur die allerwenigsten vorstellen können.

300-Dollar-Silber: Prolog in den 1970ern

Wie bereits gesagt, schoss Silber in den 1970er-Jahren von 1,30 Dollar auf einen Spitzenwert von 50 Dollar im Jahr 1980. Wir sprechen von einer 38-fachen Gewinnsteigerung, einem Plus von 3700 Prozent. Wer 1971 zu 1,30 für 1000 Dollar Silber gekauft hatte, besaß 1980 zu Spitzenzeiten 38 000 Dollar. Das belegt das gewaltige Potenzial von Silber in Bullenmärkten.

Übertragen wir nun diesen Wert auf den aktuellen Bullenmarkt für Silber und beginnen mit dem Silber-Tiefstand von 4,20 Dollar im Jahr 2001. Multipliziert mit 38, erhalten wir einen Spitzenwert von 160 Dollar. Das ist natürlich noch weit von den 300 Dollar entfernt, die ich prognostiziert habe. Aber ich halte Kontext und Umstände des derzeitigen Bullenmarkts für eine Nummer größer, als es beim Bullenmarkt der 1970er-Jahre der Fall war. Die Schuldenquote liegt um ein Mehrfaches höher als damals, die Verschuldung hat gewaltig zugenommen, und die Zinsen sind weiterhin sehr niedrig, während sich gleichzeitig viele Hürden auf dem Weg zu weiteren Zinsschritten auftürmen.

Ich sehe ganz klar das Potenzial für Silber, das Abschneiden vom vorangegangenen säkularen Bullenmarkt zu verdoppeln.

Aus meiner Sicht befinden wir uns in der zweiten Hälfte eines Bullenmarkts, der 2001 begann. Auch in den 1970er-Jahren gab es inmitten des Bullen- einen Bärenmarkt. Nach Abschluss dieser Korrektur erreichte Silber im Januar 1976 mit 3,97 Dollar einen zwischenzeitlichen Tiefstand. Es handelte sich um eine vergleichsweise flache, aber lang gezogene Korrektur.

Die folgende Grafik zeigt den Verlauf mehrerer früherer Bullenmarktzyklen für Silber.

Die zweite Hälfte des säkularen Bullenmarkts der 1970er verlief von Anfang 1976 bis Anfang 1980, und Silber gewann in diesem Zeitraum 1130 Prozent hinzu und erzielte im Januar 1980 im Rahmen eines Blow-offs knapp 50 Dollar.

Das Zyklustief im aktuellen säkularen Bullenmarkt findet sich im Dezember 2015, eine Korrekturphase, die 2011 eingesetzt hatte und bis dahin andauerte. Die in der folgenden Grafik als Current Bull Market

Silber-Bullenmärkte, 100 = Beginn des Bullenmarktzyklus
1/1971–5/2021

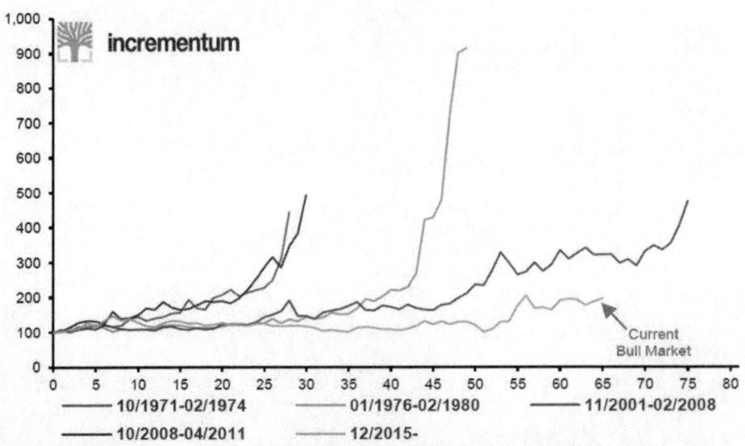

Quelle: Incrementum AG

gekennzeichnete Kurve zeigt, dass Silber bis Anfang 2021 nur eher geringe Gewinne von knapp 100 Prozent produziert hatte. Nutzen wir die zweite Hälfte des Silber-Bullenmarkts der 1970er-Jahre als Vorlage, wird Silber noch sehr viel deutlicher anziehen.

Im Dezember 2015 sank Silber auf 15,85 Dollar. Wendet man hier dieselbe Rendite von 1130 Prozent an, kommt man auf ausgesprochen respektable 179,10 Dollar.

Auch dies ist weit von den 300 Dollar entfernt, aber der aktuelle Bullenmarkt läuft bislang deutlich langsamer an als der Bullenmarkt in der zweiten Hälfte der 1970er. Ich glaube, dieser säkulare Bullenmarkt wird nach Größe und Intensität den der 1970er-Jahre bei Weitem übertreffen.

Vergleichen Sie anhand der Grafik auf Seite 242 die damalige Verschuldung mit aktuelleren Werten.

Wir sehen, dass das Verhältnis der Verschuldung zum BIP der USA in den 1970er-Jahren niemals bei mehr als 35 Prozent lag und in diesem Jahrzehnt größtenteils rückläufig war, bevor es Anfang der 1980er-Jahre mit 30 Prozent einen Tiefstand erreichte. Heute liegt die

Schuldenquote der USA
1965–2021

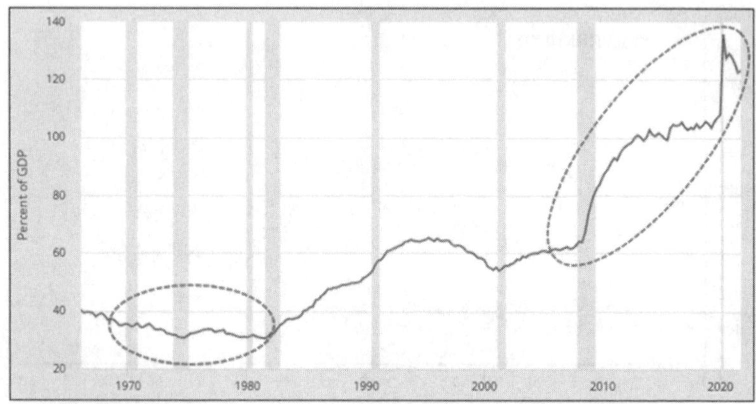

Quelle: Federal Reserve Bank of St. Louis, *silverstockinvestor.com*

Schuldenquote viermal so hoch, bei 130 Prozent des amerikanischen Bruttoinlandsprodukts – Tendenz steigend.
Dem Institute of International Finance zufolge ist allein 2020 aufgrund der weltweiten Reaktionen auf die Covid-19-Pandemie der Schuldenberg um 24 000 Milliarden Dollar angewachsen und betrug im ersten Quartal 2021 289 000 Milliarden Dollar. Das entspricht 360 Prozent des globalen BIP. Und es bedeutet: Die Zentralbanken haben keine andere Wahl, sie müssen versuchen, die Zinsen niedrig zu halten und auf diese Weise zu verhindern, dass Banken oder sogar ganze Länder zahlungsunfähig werden.

Zinssätze, die auf dem tiefsten Stand seit 5000 Jahren stehen, sind eine Ermutigung, weitere Schulden zu machen. Wenn hinzukommt, dass viele Länder Geld aufnehmen müssen, um ihre Schulden bedienen zu können, und dass Zentralbanken große Teile dieser neuen Staatsschulden aufsaugen, gewinnen sichere Häfen wie Edelmetalle, die Schutz vor Inflation bieten, sehr an Reiz.

300-Dollar-Silber: Inflation als Treiber

Betrachten wir das Kursziel für Silber aus einem anderen Blickwinkel, nämlich der Inflation.

Inflationsbereinigter Silberpreis
1970–2021

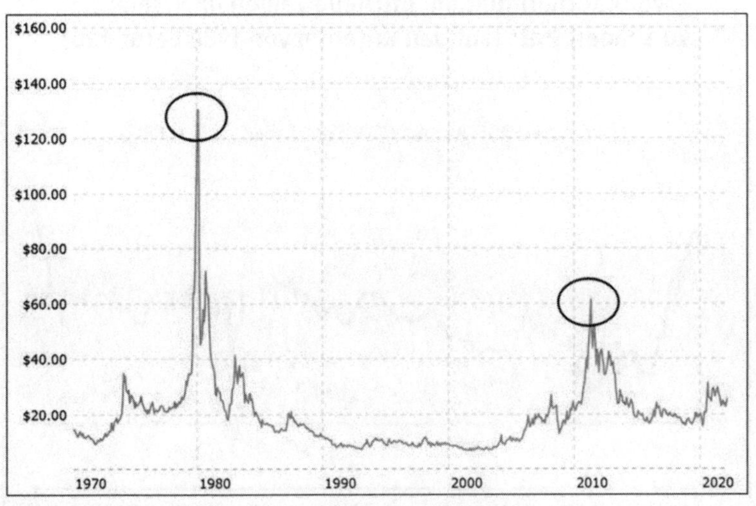

Quelle: *macrotrends.net, silverstockinvestor.com*

Schauen wir uns die inflationsbereinigten Silberpreise bis zurück in die 1970er-Jahre an, so sehen wir, dass der 1980 erreichte Spitzenwert in heutigen Dollar bei 120 Dollar die Unze lag – und »inflationsbereinigt« heißt hier, dass die Inflationsstatistiken der Regierung herangezogen wurden, die meistens deutlich unter dem liegen, was wir im tagtäglichen Leben erleben. Selbst der 49-Dollar-Hochstand von 2011 liegt inflationsbereinigt eher bei 60 Dollar.

Ziehen wir nun die alte Methode der Inflationsberechnung heran, die in den Vereinigten Staaten seit Jahrzehnten nicht mehr angewendet wird, hier aber (wie in Kapitel 16 auch) von *shadowstats.com* genutzt wird. Auf dieser Grundlage hätte die Inflationsrate seit 1980 realistischerweise durchschnittlich 7 bis 8 Prozent betragen, dreimal so viel, wie es der offiziell gemeldete durchschnittliche Wert war. Das entspräche für den Höchststand von 1980 einem Silberpreis von 240 bis 360 Dollar.

Verbraucherinflation: offizielle Zahlen im Vergleich zu ShadowStats (auf den Kriterien von 1980 beruhend)

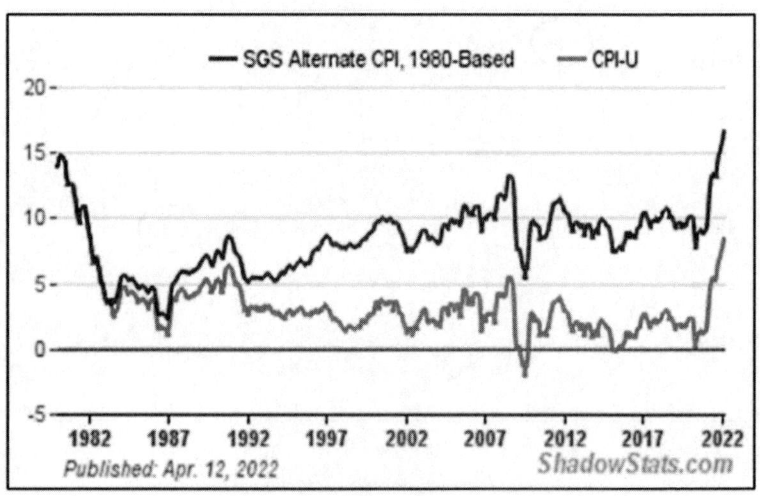

Quelle: *shadowstats.com*

Mit 333 Dollar liegt mein Silberziel errechnet durch das Gold-Silber-Verhältnis mitten in der Spanne von 240 bis 360 Dollar die Unze. Der Mittelwert aus 240 und 360 Dollar wäre 300 Dollar. Für mich ist das eine gute Schätzung dessen, wo Silber auf dem aktuellen Bullenmarkt seinen Hochstand erreichen wird.

300-Dollar-Silber: Abbauverhältnis von Silber zu Gold

Anfang 2022 ist Gold ungefähr 75-mal so teuer wie Silber, ich bräuchte also 75 Unzen Silber, um mir 1 Unze Gold zu kaufen. Aber Silber wird deutlich weniger gefördert, und zwar um eine ganze Größenordnung weniger. Für jede Unze Gold, die aus dem Boden geholt wird, werden nur 7 Unzen Silber extrahiert.

Verblüffend, wenn man bedenkt, um wie viel Silber billiger ist als Gold.

Wenn wir also einen Goldpreis von 1900 Dollar nehmen und ihn durch das derzeitige Abbauverhältnis von 7:1 teilen, kommen wir auf einen Preis von 271 Dollar.

Auch das liegt sehr dicht bei meinem 300-Dollar-Kursziel und basiert auf dem derzeitigen Abbauverhältnis von Silber und Gold. Nehmen wir an, dieses Verhältnis bleibt unverändert bei 7:1, und der Goldpreis steigt weiter, werden die 270 Dollar zu einem Mindestkursziel für Silber.

Bei einem Goldpreis von 2500 Dollar entspräche das 7:1-Verhältnis einem Silberpreis in Höhe von 357 Dollar. Und wenn Gold letztlich mein Kursziel von 5000 Dollar erreicht, würde das Abbauverhältnis einen Silberpreis von 714 Dollar pro Unze bedeuten. Diese Ziele basieren auf meiner Meinung nach vernünftigen Goldpreisen und sprechen ganz eindeutig dafür, dass 300 Dollar für Silber absolut machbar wäre.

300-Dollar-Silber: Hauspreise als Indikator

In Kapitel 36 hatte ich Ihnen eine Grafik gezeigt, bei der der Silberpreis mit dem durchschnittlichen Hauspreis in den USA verglichen wurde. Dieses Verhältnis ist auch dann interessant, wenn man versucht, einen Höchstkurs für Silber vorherzusagen.

Silber im Vergleich zum durchschnittlichen Hauspreis in den USA
1975–2021

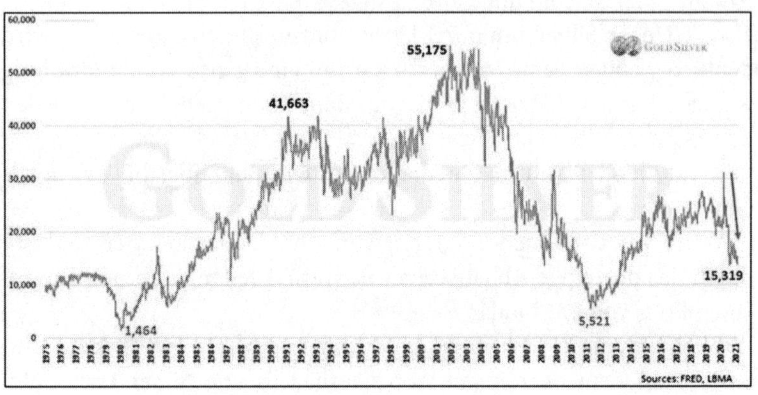

Quelle: *goldsilver.com*

Ende 2021 betrug der durchschnittliche Hauspreis in den USA 478 000 Dollar. Als Silber 1980 mit 50 Dollar einen Höhepunkt erreichte, sank das Verhältnis zu den Hauspreisen auf 1464. Setzen wir einen durchschnittlichen Hauspreis von 450 000 Dollar an und teilen dies durch ein Verhältnis zu Silberunzen von 1500, kommen wir auf einen Silberpreis von 300 Dollar. Unberücksichtigt bleibt dabei der zu erwartende Anstieg der Hauspreise.

Auf dieser Grundlage müsste der Silberpreis von seinem jetzigen Niveau aus um mehr als das 10-Fache ansteigen, damit er seinen Höchststand erreicht.

Lassen Sie sich dieses Bild einen Augenblick lang durch den Kopf gehen. Überlegen Sie, welche Folgen eine Verzehnfachung des Silberpreises hätte. Stellen Sie sich vor, wie sich das auf die Aktienkurse der Unternehmen auswirken würde, die nach Silber suchen und es fördern – und vergessen Sie dabei nicht die Hebelwirkung.

Es fällt schwer, sich keine spektakulären Renditen vorzustellen, und genau aus diesem Grund ist die Zeit gekommen, sein Geld für sich arbeiten zu lassen, und zwar mit einem Korb von Aktien, die die Risiken breit streuen, gleichzeitig aber dafür sorgen, dass Sie garantiert die Welle reiten, wenn sie kommt.

Wenn der Silberpreis um den Faktor 10 steigt, stehen die Chancen gut, dass *die durchschnittliche Silberaktie diesen Anstieg problemlos verdoppelt* und um den Faktor 20 zulegt. Einige der erfolgreichsten Junior Miner könnten sogar einen Faktor von 50 erzielen. Es gibt zahlreiche Beispiele von Silberaktien, die um das 100-Fache angestiegen sind – das entspricht einer Rendite von 10 000 Prozent.

Und bei alledem gilt: Das wäre einfach nur eine Wiederholung früherer Bullenmärkte. Auf dem Weg dorthin müssen Sie mit Volatilität und Kurskorrekturen rechnen und sich darauf einstellen. Aber profitieren werden Sie nur, wenn Sie bereit sind, Ihren Kurs fortzusetzen.

Kurz zusammengefasst

- Basierend auf mehreren Indikatoren, darunter einem Goldpreis, der auf 5000 bis 10 000 Dollar steigt, erwarte ich, dass Silber in diesem Bullenmarkt 300 Dollar erreicht.
- Das Gold-Silber-Verhältnis, die inflationsbereinigten Werte, das Abbauverhältnis der beiden Edelmetalle zueinander und die Beziehung von Silber zu Immobilien – sie alle sprechen für einen Silberpreis von 300 Dollar.
- Während sich Silber auf den Weg zu 300 Dollar macht, dürften die Kurse von Silberaktien explodieren und noch stärker zulegen.

In **Teil IV** haben wir viele Themen behandelt. Ich habe Ihnen gezeigt, warum Silber aufgrund seiner Anlageeigenschaften einzigartig ist.

Wir haben gesehen, für welche herausragende Renditen Silber in den 1970er-Jahren und auch in den 2000ern gesorgt hat. Silber übertrifft Gold, weil der Silbermarkt kleiner ist, weil dort Gefühle eine stärkere Rolle spielen, weil er stärkeren Schwankungen unterliegt und weil Silber nach unterschiedlichsten Lesarten das günstigste aller Metalle ist.

Haben Anleger Silber erworben, halten sie daran fest. Sie haben auch gesehen, wie der von WallStreetBets angestoßene Silver Squeeze Anfang 2001 die Silberpreise explodieren ließ und eine ganz neue Generation von Anlegern mit Silber vertraut machte.

Unter den Edelmetallen erhält Gold den Großteil der Aufmerksamkeit. Neue Anleger sehen mit an, wie Gold steigt und teurer wird. Die logische Alternative ist das eher bezahlbare Silber.

Das ist einer der Gründe dafür, warum Silber und Silberinvestments in großer Menge getätigt werden.

Gold nimmt Kurs auf einen Preis von 5000 bis 10000 Dollar. Die Inflation steigt. Sehe ich mir nun noch an, wie Silber historisch gegenüber anderen Vermögensklassen abgeschnitten hat, komme ich für Silber auf ein Kursziel von 300 Dollar.

Aber diese Information ist für Sie nur dann hilfreich, wenn Sie auch in Silber investieren.

In **Teil V** behandele ich die gesamte Spanne an Möglichkeiten, wie Sie in Silber investieren können. Ich bin an Ihnen allen beteiligt. Sie werden alles von Münzen und Barren bis hin zu Junior-Explorationsfirmen kennenlernen.

Ich zeige Ihnen, wo jeder Posten im Risikospektrum steht, wie Silberaktien den Silberpreis hebeln und wie ich mir das ideale Silberportfolio aufbaue. Ich verrate Ihnen sogar meine Geheimnisse des Risikomanagements und die vier Indikatoren, an denen Sie ablesen können, ob der Silber-Bullenmarkt auf seinen Höhepunkt zusteuert.

Das ist insofern wichtig, als Sie letztlich den Großteil Ihrer Silberinvestitionen abstoßen sollten, wenn dieser Bullenmarkt endet. Auf diese Weise fahren Sie Ihre Gewinne ein und ziehen den Nutzen.

Je besser Sie das Investieren in Silber verstehen, desto rentabler wird es sein.

Teil V

In Silber investieren – der ultimative Leitfaden

Einleitung

Wie man in Silber investiert und von Silber profitiert

Möglichkeiten, in Silber zu investieren, gibt es viele.

Abhängig von Ihrem Alter, Ihrer Risikobereitschaft, Ihrer Erfahrung als Anleger und Ihrem Komfortniveau werden Ihnen einige Entscheidungen eher zusagen als andere.

Ich werde ausführlich auf sie alle eingehen.

Ich werde bei jeder Möglichkeit, in Silber zu investieren, erklären, wie sie funktioniert, welche Vorteile und welche Nachteile sie hat und wo die relativen Risiken liegen. Besser noch: Ich werde Ihnen einige großartige Methoden an die Hand geben, wie Sie Ihr Risiko minimieren und trotzdem einen Großteil der Gewinne einstreichen können.

Weiter beschreibe ich die Anzeichen dafür, dass dieser Silber-Bullenmarkt auf die Sättigung zusteuert und dass der Zeitpunkt naht, an dem Sie Ihr Silber und Ihre Silberinvestitionen abstoßen sollten. Es geht ja unter dem Strich nicht darum, Gewinne zu generieren, sondern auch darum, diese Gewinne einzustreichen, damit Sie Ihre finanzielle Zukunft absichern können.

Als Reaktion auf die Covid-19-Pandemie schossen 2020 die Silberpreise in die Höhe. Die Anleger flüchteten sich in Silber (und Gold) als Absicherung gegen Ungewissheit und Chaos.

Staaten kündigten Konjunkturprogramme in einer Größenordnung an, wie man sie nie zuvor beobachtet hatte, und das spielte sich rund um den Globus in einer Geschwindigkeit ab, dass man den Eindruck gewinnen konnte, es sei alles über Nacht geschehen. Die Zentralbanken senkten die Zinsen dramatisch und versprachen, sie bei Bedarf auf ultraniedrigem Niveau zu halten.

Die Modern Monetary Theory wurde auf eine ganz neue Ebene gehoben.

Die amerikanische Notenbank rief das »Main Street Lending Program« ins Leben, mit dem sie kleine und mittelständische Unternehmen unterstützen wollte. Parallel begann die Fed damit, in großem Stil Anleihen zu kaufen, für 120 Milliarden Dollar pro Monat. Diese als »Quantitative Easing« bekannte Politik zielte darauf ab, die Zinsen niedrig zu halten. Andere Zentralbanken riefen ähnliche Programme ins Leben.

Unternehmen mussten vorübergehend den Betrieb einstellen oder, sofern möglich, die Belegschaft von zu Hause arbeiten lassen. Mit diesen gewaltigen Anstrengungen sollte eine weitere Verbreitung des Coronavirus eingedämmt werden. Monatelang blieb bis auf systemrelevante Dienste alles geschlossen, und selbst diese unterlagen strengen Vorschriften und zahllosen Einschränkungen.

Nicht einmal während größerer Kriege wurde die Weltwirtschaft derart systematisch und für einen derart langen Zeitraum heruntergefahren. Regierungen stellten weiten Teilen der Bevölkerung großzügige finanzielle Unterstützung in Aussicht, während Unternehmen zum Stillstand kamen und die wirtschaftliche Aktivität dramatisch schrumpfte. Viele Menschen waren gezwungen, untätig zu Hause zu sitzen, und konnten nicht zur Arbeit gehen. Gleichzeitig mussten weiter Dinge wie Mieten und Lebensmittel bezahlt werden.

Die Regierungen entwickelten Konjunkturprogramme und erkannten rasch, dass ihre Wählerschaft in überwältigendem Ausmaß mit großen Infrastrukturmaßnahmen und einem erneuten Kampf gegen den Klimawandel einverstanden war.

Programme für umweltfreundliche Energie wurden massiv angeschoben, erneuerbare Energien und Elektrofahrzeuge fanden viel Zuspruch. Es gehört zwar nicht ausdrücklich zu ihrem Auftrag, aber selbst Zentralbanken und Finanzministerien fühlten sich bemüßigt, ihre Meinung zu dem Thema kundzutun.

Amerikas Finanzministerin Janet Yellen beispielsweise erklärte im März 2021 den Klimawandel zur »existenziellen Bedrohung« für ein gesundes Funktionieren des amerikanischen Finanzwesens. Weiter sagte sie: »Es reicht nicht, bloß zurückzuschauen und die Lehren aus dem vergangenen Jahr zu ziehen. Wir müssen auch nach vorne auf aufkommende Risiken schauen. Der Klimawandel ist dabei natürlich die Nummer eins.«

Und die EZB-Präsidentin Christine Lagarde sagte im Mai 2021: »Es ist ziemlich offenkundig, dass sich der Klimawandel auf die Preisstabilität auswirken wird – und das bereits tut –, egal, ob man sich klimabezogene Ereignisse ansieht, ob man sich besonders betroffene Bereiche ansieht. Preise werden dementsprechend festgelegt werden.« Zum Auftrag der Europäischen Zentralbank gehört es, für Preisstabilität zu sorgen.

Natürlich beflügelt dies Initiativen für grüne Energie und die Abkehr von kohlenstoffhaltigen Brennstoffen zur Erzeugung von Energie und für das Transportwesen. Und warum erzähle ich Ihnen das alles? Weil Silber, wie ich in Kapitel 25 erklärt habe, für eine breite Spanne von Umwelttechnologien von zentraler Bedeutung und unersetzbar ist, sei es für die Solarenergie oder für Hybrid- und Elektrofahrzeuge. Die Entscheidungen, wie die staatlichen Konjunkturmittel ausgegeben werden sollen, werden zweifelsohne dramatische Folgen auf die Silbernachfrage der kommenden Jahre haben.

Es war ein Paradigmenwechsel, mit anzusehen, wie Silber im März 2020 auf 12 Dollar sank und dann bis August auf 30 Dollar schoss.

Da wurde mir klar, dass Silber in die nächste Phase seines säkularen Bullenmarkts eintrat. Ich beschloss, Silver Stock Investor (*silverstockinvestor.com*) ins Leben zu rufen, eine Webseite, die sich ausschließlich mit Investitionen in Silber beschäftigt – etwas, das kein anderer Investment-Newsletter tut. Dieser holistische Ansatz behandelt alles von physischem Silber bis hin zu Junior-Explorationsfirmen und alles dazwischen.

Ich habe im Laufe der Jahrzehnte viel Wissen und Erfahrung im Umgang mit den Silbermärkten gesammelt, nun wollte ich das nutzen, um anderen zu helfen. Ich wollte die Ergebnisse meiner laufenden Recherchen zu Silber und Silberinvestitionen teilen.

Ich wollte aber auch ein größeres Publikum erreichen und ihm erklären, welch große Gelegenheit sich hier eröffnet. Aus diesem Grund habe ich dieses Buch geschrieben.

Und hier nun beginnt der praxisnächste Teil des Buchs.

Wir alle haben unsere individuellen Bedürfnisse, Wünsche und Mittel. Es gibt hier nicht den einen Weg, der für alle richtig ist. Ich möchte, dass Sie all Ihre Anlageoptionen verstehen, ihren Nutzen, ihre Risiken und wie Sie sich das für Sie am besten geeignete Silberportfolio aufbauen.

Genau wie bei anderen Anlagebereichen auch deckt Silber das komplette Risikospektrum ab. Häufig ist es sinnvoll, sich Zugang zu mehreren dieser Optionen zu verschaffen. Manche sollen die grundlegendste Form von finanzieller Absicherung und Schutz des Kapitals bieten. Dazu zählt physisches Silber.

Am entgegengesetzten Ende der Palette sehen wir die Junior-Explorationsfirmen. Sie kommen mit einigen der größten Risiken daher, bieten aber auch die Aussicht auf einige der größten Gewinne. Wie Sie diese Optionen innerhalb ihrer Silberportfolios unterbringen und gewichten, hängt von Ihrem Komfortniveau ab. Vergessen Sie nicht, dass wir als Investoren höhere Risiken kompensieren können. Eine einfache, aber sehr wirksame Methode besteht darin, bei riskanteren Investitionen die Beträge kleiner zu halten.

Machen Sie sich auf Phasen des Auf und Abs gefasst. Wie ich in Kapitel 33 erklärt habe, ist Silber eine volatile Vermögensklasse. Dafür kann es aber auch eine hochgradig lohnende Investition sein. Gegenüber vielen professionellen Anlegern genießen Einzelanleger Vorteile: Zeit und Beweglichkeit. Wenn, wie im März 2020, der Markt überreagiert und die Preise auf ungerechtfertigte Tiefstände drückt, können wir diese Phasen der Angst aussitzen. Und wenn sich der Markt in eine Silberaktie verliebt und sie auf einen unrealistischen Höhenflug der Überbewertung jagt, können wir rasch reagieren und Gewinne einstreichen.

Unser Vorteil: Wir sind fest davon überzeugt, dass sich Silber in einem säkularen Bullenmarkt befindet. Dieser Gedanke ist unser Schild, und er hilft uns, Phasen der Schwäche hindurch geduldig abzuwarten. Tatsächlich mag es manchmal sogar Sinn ergeben, antizyklisch zu agieren und zu kaufen, wenn diese Silberaktien extrem billig werden. Etwas zu kaufen, das deutlich unter Wert gehandelt wird, und sich davon zu trennen, wenn alle anderen nicht genug davon bekommen können, verschiebt die Chancen dramatisch zu unseren Gunsten.

Ich werde mein **»Silver M.A.P.«-System** erklären, eine einfache und leicht zu merkende Methode, in Silber zu investieren. Dann zeige ich Ihnen auch noch, wie ein anständig breit aufgestelltes Investmentportfolio im Silberbereich meiner Meinung nach aussehen sollte. Aber ich wiederhole noch einmal: Es handelt sich um einen Leitfaden. Ihre eigenen Umstände geben Ihnen möglicherweise eine andere Vorgehensweise vor.

Das Universum der Silberinvestitionen umfasst physisches Silber, Silber-ETFs, Silberaktien-ETFs und einzelne Silberaktien. Darüber hinaus können sich Anleger an Silber-Termingeschäfte und Optionen auf Silberaktien herantrauen.

Wobei: Die letzten beiden sind, wie bereits erwähnt, deutlich riskanter. Meiner Ansicht nach sollten die meisten Silberanleger sich von diesen Gebieten fernhalten, sofern sie nicht über ein hohes Maß an Wissen und Erfahrung verfügen. Deshalb werde ich mich auf den ersten Teil der Liste mit Möglichkeiten konzentrieren, in Silber zu investieren.

Beginnen wir mit dem geringsten Risiko – physisches Silber.

Kapitel 41

Physisches Silber

Haben Sie schon einmal eine Münze aus reinem Silber in der Hand gehalten? Wenn nicht, gehen Sie los und kaufen Sie eine. Sie werden beeindruckt sein.

Die meisten sind wunderbare Erzeugnisse mit komplexem Design, hier voller Glanz, dort matt und oftmals mit Fräskante. Eine 1-Unzen-Münze verfügt über ein gewisses Gewicht, das ihr nahezu magische Qualität verleiht.

Aus historischen Gründen gefallen mir besonders Münzen aus nationalen Prägeanstalten. Wussten Sie beispielsweise, dass die Royal Mint weit über 1000 Jahre alt ist? Die Münzprägeanstalt des Vereinigten Königreichs wurde 886 gegründet und befand sich lange Zeit im Tower of London.

Wie ich in einem vorangegangenen Kapitel erklärt habe, ist selbst eine geringe Menge physischen Silbers eine hervorragende und bewährte Methode, sich finanziell abzusichern. Silber ist ein ideales Zahlungsmittel, denn es ist wie Gold ein Edelmetall und bringt viele der Vorteile mit, die auch Gold besitzt. Halten Sie Silber, sind Sie praktisch Ihre eigene Zentralbank.

Zu den wichtigsten Eigenschaften von Silber zählt, dass es kein Kontrahentenrisiko gibt. Anders als bei einer Aktie oder einer Anleihe sind Sie bei physischem Silber nicht darauf angewiesen, dass eine andere Partei ihr Zahlungsversprechen erfüllt. Silber ist unzerstörbar, privat, es kann nicht gehackt werden, und es behält seinen Wert. Gleichzeitig ist das Metall fungibel, das bedeutet, sämtliches Silber desselben Reinheitsgrads ist praktisch identisch. Der Vorrat ist begrenzt, es lässt sich gut teilen, sein Wert wird rund um den Globus anerkannt, und Silber ist in aller Welt begehrt.

(Randbemerkung: Silber und andere Edelmetalle werden üblicherweise in Feinunzen gemessen. Im Englischen spricht man von troy ounces, *benannt nach der französischen Stadt Troyes.* Troy ounces *wurden im Mittelalter vielerorts in Europa genutzt, heute nur noch für den Handel mit Edelmetallen und Edelsteinen. Auch wenn die Begriffe in diesem Buch synonym verwendet werden, ist eine Feinunze mit 1,097 Unzen etwa 10 Prozent schwerer als die gewöhnliche Unze.)*

Ein völlig eigenständiger Markt ist der für Münzensammler (Numismatiker). Münzen sind dort aufgrund ihres Seltenheitswerts oder anderer Gründe teurer, teilweise deutlicher, als es der reine Silbergehalt vermuten ließe. Das soll nicht heißen, dass sich das Münzensammeln nicht lohnt, aber um sich auf diesem Markt zu behaupten, bedarf es viel Fachwissen und viel Erfahrung. Investoren sollten sich auf diesem Markt schon ausgesprochen gut auskennen und manchen Verkäufern von Sammlerstücken mit Argwohn gegenübertreten. Weil es besser für die Verkäufer ist, kann es sein, dass sie Ihnen unbedingt ein Sammlerobjekt anstelle einer Anlagemünze schmackhaft machen wollen. Wie bei jeder Transaktion heißt es auch hier: Käufer, aufgepasst!

Silberbarren

Eine Option sind Silberbarren. Auf diese Weise erhalten Sie am meisten Silber für Ihr Geld. Barren gibt es üblicherweise zu 10 Unzen, 1 Kilogramm, 100 Unzen oder sogar 1000 Unzen. Es gibt sie als »generische« Barren weniger bekannter Firmen, aber ich würde Ihnen empfehlen, sich an global anerkannte Münzprägeanstalten oder Veredler wie die Royal Canadian Mint, Engelhard, Johnson Matthey, Heraeus und PAMP Suisse zu halten, um nur einige zu nennen. Deren Produkte werden ein klein wenig mehr kosten, aber dafür werden Sie auch beim Wiederverkauf einen höheren Preis erzielen.

Der 1000-Unzen-Silberbarren wiegt nicht zwingend exakt 1000 Unzen und wird üblicherweise von Veredlern hergestellt, die auf der

»Good Delivery Silver Bars«-Liste stehen, was bedeutet, dass diese Barren auch von der COMEX akzeptiert beziehungsweise geliefert werden.

Wenn es um den Silberhandel geht, ist die COMEX die wichtigste Anlaufstelle für Futures und Optionen. Theoretisch können Händler über ihre Terminkontrakte auch physisches Silber beziehen. Die Auslieferung findet dann in Form von 1000-Unzen-Barren statt.

Silbermünzen

Ich bevorzuge Bullion- oder Anlagemünzen aus staatlichen Prägeanstalten. Sie sind kleiner als die meisten Silberbarren, das macht es einfacher, sich mehrere Stück zu kaufen, bis man einen gewünschten Wert beieinanderhat. Sie werden praktisch rund um die Welt problemlos anerkannt. Größe, Silbergehalt und Reinheitsstandards bleiben zumeist im Laufe der Zeit konstant, und sie profitieren auch davon, dass ein und dieselbe Münze über Jahrzehnte hinweg hergestellt wird.

Die nachfolgenden Optionen sind alle gleich gut, aber es kann sinnvoll sein, Münzen zu erstehen, welche die Prägeanstalt Ihres Heimatlands ausgibt oder die dort, wo Sie leben, weit verbreitet sind.

Der kanadische Silber Maple Leaf (1 Unze). Hergestellt von der Royal Canadian Mint, zählt diese Münze zu den bekanntesten Silbermünzen der Welt. Mehr noch: Sie hat mit einer Reinheit von 999,9er-Silber Maßstäbe gesetzt, denn andere Münzen kommen nur auf 999er-Silber. Der Nominalwert beträgt 5 kanadische Dollar, das macht sie unter den Silber-Bullionmünzen hoher Auflage zu der mit dem höchsten Nennwert. All diese Faktoren sorgen dafür, dass die Silber Maple Leaf zu den beliebtesten Silbermünzen der Welt zählt. Auf der einen Seite ist ein großes, detailliert dargestelltes Ahornblatt zu sehen, auf der anderen Seite das Profil von Königin Elisabeth II.

Quelle: *kitco.com*

Der American Eagle Silberdollar (1 Unze). Er wird seit 1986 von der U.S. Mint gefertigt und zählt zu den beliebtesten Produkten aller Zeiten dieser Prägeanstalt. Mehr als 500 Millionen Stück hat sie davon verkauft, es ist die weltweit populärste 1-Unzen-Bullionmünze aus Silber. Einheitlichkeit bei Gewicht, Inhalt und Reinheitsgrad wird von der US-Regierung garantiert. 2021 wurde der American Eagle nach 35 Jahren überarbeitet. Auf der einen Seite ist die Figur der Freiheit zu sehen, auf der anderen Seite ein überarbeitetes Adlerbild, bei dem der Vogel einen Eichenzweig trägt. Die Münze enthält eine Feinunze 999er-Silber und besitzt einen Nominalwert von 1 US-Dollar.

Quelle: *kitco.com*

Die 1-Unzen-Münze Wiener Philharmoniker. Hergestellt von der Münze Österreich, ist sie dem weltberühmten Orchester gewidmet und zeigt eine Auswahl von Musikinstrumenten, darunter ein Kontrabass, Cellos, Violinen, eine Harfe, ein Tenorhorn und ein Fagott. Auf der anderen Seite ist die große Orgel der Wiener Konzerthalle Musikverein zu sehen. Die Münze Österreich hat weit über 10 Millionen dieser Münzen hergestellt. Sie sind aus 999er-Silber und haben einen Nennwert von 1,50 Euro.

Quelle: *milesfranklin.com*

Wenn Sie Münzen kaufen, bedenken Sie bitte, dass bei kleineren Silberartikeln üblicherweise ein Aufschlag auf den Spotpreis von etwa 15 Prozent anfällt. Das ist nicht wenig, aber es gibt mehrere gute Gründe dafür. Der Wert einer Unze Silber ist – insbesondere im Vergleich zu Gold – vergleichsweise gering, insofern sind die Produktionskosten der Prägeanstalten verhältnismäßig hoch. Staatliche Prägeanstalten erheben einen sogenannten Seigniorage-Aufschlag für die Herstellung, den Verkauf, die Lagerung und den Versand.

Beachten Sie, dass die Aufschläge sehr stark variieren können, meistens aber zwischen 12 und 15 Prozent des Spotpreises betragen. Während der Finanzkrise von 2008 erhoben einige Händler beim Verkauf von Silbermünzen astronomische Aufschläge von bis zu 75 Prozent auf den Spotpreis. Nachdem im März 2020 die Coronapandemie zugeschlagen hatte, schossen die Aufschläge für Silbermünzen aus Prägeanstalten auf 50 Prozent hoch, zum Teil noch höher. Selbst 1½ Jahre später lagen sie weiterhin hoch bei 40 bis 50 Prozent. Die Konjunkturlage und die Geopolitik können also sehr starken Einfluss auf die Aufschläge nehmen.

Vergessen Sie nicht, vor einer Kaufentscheidung gründlich zu recherchieren. Kaufen Sie immer bei einem angesehenen Händler, und achten Sie auf attraktive Aufschläge. Ich möchte Ihnen dringend empfehlen, im Vorfeld gebührende Sorgfalt walten zu lassen und das Feedback hinsichtlich Kundenzufriedenheit, Zuverlässigkeit und dergleichen zu studieren. Auf jeden Fall sollten Sie auch Preise vergleichen! Die Aufschläge können sich von Händler zu Händler stark unterscheiden. Es gibt weltweit eine Reihe Edelmetallhändler, die lange im Geschäft und allgemein bekannt sind. Die meisten von ihnen werden Ihnen Silber auch über größere Entfernungen und versichert zuschicken.

Wenn Sie schon einen »ewigen Vermögenswert« mit enormem Aufwärtspotenzial kaufen, sollten Sie auch das Beste nehmen, was Sie bekommen können, schließlich werden Sie diesen Posten möglicherweise sehr lang halten und vielleicht sogar an die nächste Generation weiterreichen wollen.

Junksilber

Der Begriff »Junk«, englisch für Ramsch oder Schrott, führt in die Irre. Gemeint sind silberne Dollar-, 10-Cent- und 50-Cent-Münzen aus der Zeit vor 1965. Sie enthalten 90 Prozent Silber und 10 Prozent Kupfer.

Junksilber wird in Beuteln (»Junk Bags«) zu einem Nennwert von 100 oder 1000 Dollar verkauft. Ein typischer 100-Dollar-Beutel enthält tausend 10-Cent-Münzen oder 400 Vierteldollar oder 200 Halbdollar (üblicherweise werden die unterschiedlichen Münzen nicht vermischt). Diese Münzen waren über Jahrzehnte hinweg im Einsatz, die Abnutzung kann also dazu geführt haben, dass sie nicht länger 90 Prozent Silber enthalten. Ein durchschnittlicher Wert liegt bei 71,5 Unzen Silber.

Warum man Junksilber kaufen sollte, fragen Sie sich? Es gibt sechs Gründe, die dafür sprechen: 1. Es handelt sich um einen endlichen Rohstoff, er wird nicht länger produziert (Verknappung). 2. Es ist ein Produkt (Währungsmünzen), das leicht zu erkennen ist. 3. Es lässt sich teilen, Sie könnten also kleine Mengen davon dafür nutzen, etwas zu bezahlen. 4. Es ist keine Prüfung erforderlich. Das Produkt wurde vom Staat hergestellt, jeder erkennt an, was Sie haben, also müssen Sie keine Tests durchführen, um den Wert ihres Besitzes zu beweisen. 5. Es ist utilitaristisch, Sie könnten also etwas damit bezahlen. 6. Weil es ein vom Staat hergestelltes legales Zahlungsmittel ist, vertreten viele die Ansicht, Silber könne nicht konfisziert werden.

Einige weitere wichtige Aspekte: Wenn Sie beispielsweise als Kanadier einen Beutel mit amerikanischem Junksilber kaufen, sollten Sie dabei bedenken, dass der Markt dafür vor allem in den USA existiert. Wollten Sie es in Kanada weiterverkaufen, müssten Sie vermutlich einen Abschlag hinnehmen, da es in Kanada kein legales Zahlungsmittel darstellt. In Kanada wiederum könnten Sie kanadische Münzen aus den Jahren vor 1967 kaufen. Sie enthielten rund 80 Prozent Silber. Sie sind offizielles Zahlungsmittel in Kanada und sind als kanadische 10-Cent-Münzen, Vierteldollar und Halbdollar erhältlich.

Und schließlich: Achten Sie darauf, bei einem Händler zu kaufen, der einen guten Ruf genießt. Das ist möglicherweise der allerwichtigste Aspekt beim Kauf von Junksilber. Machen Sie Ihre Hausaufgaben, und überprüfen Sie zunächst die Händler. Und lassen Sie sich nicht vom Namen auf die falsche Spur führen – Junksilber ist alles andere als Schrott.

Die nächste Möglichkeit, in Silber zu investieren, ist eine deutlich jüngere Erfindung – börsengehandelte Silberfonds.

Kurz zusammengefasst

- Münzen oder Barren aus Silber sind eine großartige erste Investition.
- Erledigen Sie vor einem Kauf Ihre Hausaufgaben, vergleichen Sie Preise und Leistungen. Käufer, aufgepasst!
- Junksilber (Münzen, die früher in Umlauf waren) stellen ebenfalls eine gute Option dar.

Kapitel 42

Silber-ETFs

2004 kam der erste durch physisches Gold abgedeckte ETF auf den Markt, der SPDR Gold Shares (NYSE: GLD). Das war damals eine sehr große Sache, denn plötzlich war es überhaupt nicht mehr kompliziert, Gold in »besicherter« Form zu kaufen und zu verkaufen. Ob groß oder klein, alle Investoren konnten sich fortan über ihr Maklerkonto sofortigen Zugang zu Gold sichern. Jeder Fondsanteil repräsentierte ein Zehntel des Preises einer Unze Gold.

Der gewaltige Erfolg dieses Fonds führte wenig überraschend dazu, dass für den Cousin von Gold ein ähnliches Produkt aufgelegt wurde.

Bereits im April 2006 wurde der erste Silber-ETF aufgelegt, nämlich der iShares Silver Trust (NYSE: SLV). *Er hat sich mittlerweile zu einem der meistgehandelten Rohstoff-ETFs überhaupt entwickelt.* (Hinweis: Die Akronyme ETF und ETP werden üblicherweise synonym verwendet.)

Wichtig in diesem Zusammenhang: Nicht alle Silber-ETFs sind gleich aufgebaut. Die Verwaltung und die rechtlichen Grundlagen unterscheiden sich, beispielsweise beim Amt des Verwahrers. Einige silbergestützte ETFs bieten Ihnen die Möglichkeit, sich die Anteile in physischem Silber auszahlen zu lassen. In vielen Fällen ist der Mindestwert des Silber-Äquivalents aber ziemlich groß, was die Sache für den durchschnittlichen Investor unpraktisch oder unzugänglich macht.

In **Kapitel 39 – Die Folgen des zweiten Silver Squeeze** bin ich auf einige Fragen eingegangen, die nach den Ereignissen von Anfang 2021 aufgetreten waren. Zu den beunruhigendsten Angewohnheiten einiger ETFs zählt das Risiko, dass sie Teile ihres Silbers verleasen, um dafür Zinsen zu kassieren.

Es kann die Integrität eines ETFs beschädigen, wenn zwei Parteien gleichzeitig Anspruch auf ein und dasselbe Silber erheben. Und das ist beunruhigend.

Dass Silber-ETFs so beliebt sind, spricht natürlich für ihre vielen Vorzüge. Zweifelsohne erleichtern es ETFs, in Silber zu investieren.

Allerdings sollten Sie den Besitz von Aktien eines Silber-ETFs nicht mit dem Besitz physischer Silbermünzen oder Silberbarren verwechseln. Bei ETFs haben Sie es mit einem Kontrahentenrisiko zu tun. Sie sind davon abhängig, dass der Verwalter ordnungsgemäß, sicher und effizient arbeitet, und das Silber untersteht nicht ihrer persönlichen Kontrolle.

Unter den durch Silber gestützten ETFs ist der in Toronto und New York gehandelte Sprott Physical Silver Trust (TSX: PSLV; NYSE: PSLV) meine erste Wahl. Es handelt sich um einen geschlossenen Fonds, der in lastenfreie und vollständig zugeteilte London-Good-Delivery-Silberbarren (»LGD«) investiert. Sprott Asset Management ist der Verwalter, RBC Investors Services der Treuhänder, und die Barren sind bei der Royal Canadian Mint eingelagert. Der 2010 gegründete Fonds berechnet eine jährliche Gesamtkostenquote von 0,62 Prozent des durchschnittlichen täglichen Nettoinventarwerts.

Weil es sich um einen geschlossenen Fonds handelt, werden die Aktien häufig mit Abschlag oder Aufschlag zum Nettoinventarwert gehandelt. Oder anders formuliert: Wird die Aktie mit Abschlag gehandelt, ist das so, als kaufe man Silber zu einem Preis, der unterhalb des Spotpreises liegt. Bei einem Aufschlag ist es so, als kaufe man Silber, das teurer als der Spotpreis ist. Wird die Aktie mit Abschlag gehandelt, spricht das häufig für eine negative Stimmung der Anleger bezüglich Silber. Umgekehrt, wenn die Aktie mit Aufschlag gehandelt wird – das spricht dafür, dass die Anleger optimistisch auf Silber schauen.

Sprott Asset Management genießt seit Langem einen soliden Ruf als Investmentmanager mit Schwerpunkt auf Edelmetallen und Rohstoffen. Vergessen Sie dabei nicht, dass Sie Ihre Anteile zwar gegen physisches Silber eintauschen können, die Mindestmengen aber groß sind.

Sie müssen Anteile halten, die mindestens zehn 1000-Unzen-Barren entsprechen. 10 000 Unzen ist jede Menge Silber, und bei 25 Dollar die Unze sprechen wir über 250 000 Dollar.

Der beste Zeitpunkt zum Kaufen ist natürlich dann, wenn PSLV-Aktien mit Abschlag gehandelt werden. Den Abonnenten meines Newsletters habe ich erklärt, dass PSLV dann als Alternative zu physischem

Silber interessant ist, wenn die Abschläge größer als normal sind. Anleger können das, was sie normalerweise in physisches Silber gesteckt hätten, in PSLV investieren. Nähern sich die Silberabschläge wieder einem normalen Niveau an, können die Anleger ihre Positionen in Silber-ETFs verkaufen und die Erlöse dazu nutzen, sich stattdessen physisches Silber zu kaufen. Noch einmal: Vergessen Sie nicht, dass ein Silber-ETF nicht dasselbe wie der Besitz physischen Silbers ist!

Eine weitere Möglichkeit für Silber-ETFs ist der ZKB Silver ETF der Zürcher Kantonalbank. Sie erhebt eine Gesamtkostenquote von 0,6 Prozent und wird an der SIX Swiss Exchange gehandelt. Der Fonds investiert ausschließlich in Silber und ist zu 100 Prozent durch das Metall gedeckt. Es besteht kein Schuldnerrisiko, da es sich um ein Sondervermögen gemäß Schweizer Kollektivanlagegesetz handelt. Anleger können ihre Anteile veräußern oder gegen physisches Silber eintauschen, wobei die Mindestmenge mit 30 Kilogramm hoch angesetzt ist. Der ZKB Silver ETF ist in Schweizer Franken, Euro und US-Dollar verfügbar.

Okay. Jetzt haben Sie einen recht guten Überblick darüber, wie man in Silber investieren sollte.

Aber die echte Action und das wahre Potenzial liegen bei Silberaktien. Wie Sie sehen werden, gibt es die in allen möglichen Varianten, die allesamt über ihre ganz eigenen Risiken und Vorteile verfügen.

Bevor ich ausführlicher darauf eingehe, sollten Sie zunächst einmal verstehen, wie Silber gefunden wird, wie man es anschließend aus der Erde bekommt und wie es dann weitergeht.

Kurz zusammengefasst

- Silber-ETFs sind ein nützlicher und einfacher Ansatz, Zugang zu Silber zu bekommen.
- Silber-ETFs sind nicht dasselbe wie physisches Silber, und sie sind keineswegs alle gleich.
- Meine bevorzugte Option ist der Sprott Physical Silver Trust (TSX: PSLV; NYSE: PLSV).

Kapitel 43

Der Lebenszyklus im Bergbau

Grundsätzlich zu verstehen, wie Silbervorkommen entdeckt werden und wie sie letztlich erschlossen werden, ist nützliches Wissen. Auf jeder Stufe tun sich ganz eigene Risiken und Möglichkeiten auf.

Ein Bergbauprojekt lässt sich grob in fünf Phasen unterteilen.

Die Grafik von **Australian Mining Consultants** zeigt es stark vereinfacht: Wir beginnen natürlich damit, dass wir nach Silber suchen (Exploration). Finden wir ein ausreichend großes Vorkommen, das sich mit Gewinn erschließen lässt, wird im nächsten Schritt die Mine entworfen und geplant (Entwicklung).

Die fünf Lebensphasen eines Minenprojekts

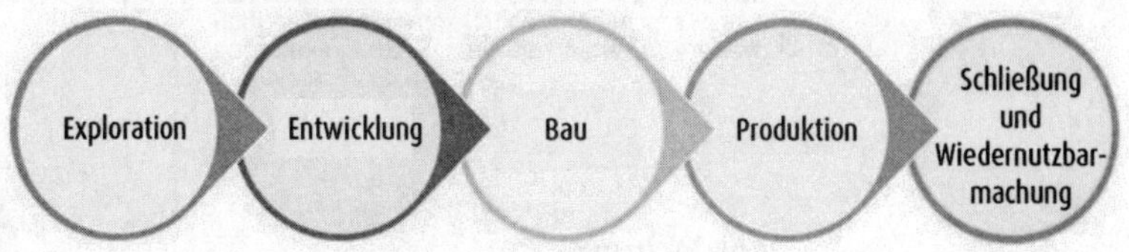

Quelle: *amcmining.com*

Das Bergbauunternehmen muss dann Mittel aufbringen und die Mine bauen (Bau oder Weiterentwicklung). Manchmal erfolgen diese Schritte auch im Rahmen einer Minenerweiterung. Auch dabei kann es nötig sein, dass zunächst einmal Silber in ausreichenden Mengen gefunden wird. Auch dann muss geplant werden, wie man bestehende Einrichtungen so aufstockt, dass sie für eine höhere Produktion geeignet sind.

Der nächste Schritt besteht dann im Abbau selbst (Produktion). Üblicherweise beginnt ein Bergbauunternehmen nun, Cashflow zu generieren und letztlich Gewinn zu erwirtschaften. Die meisten Mi-

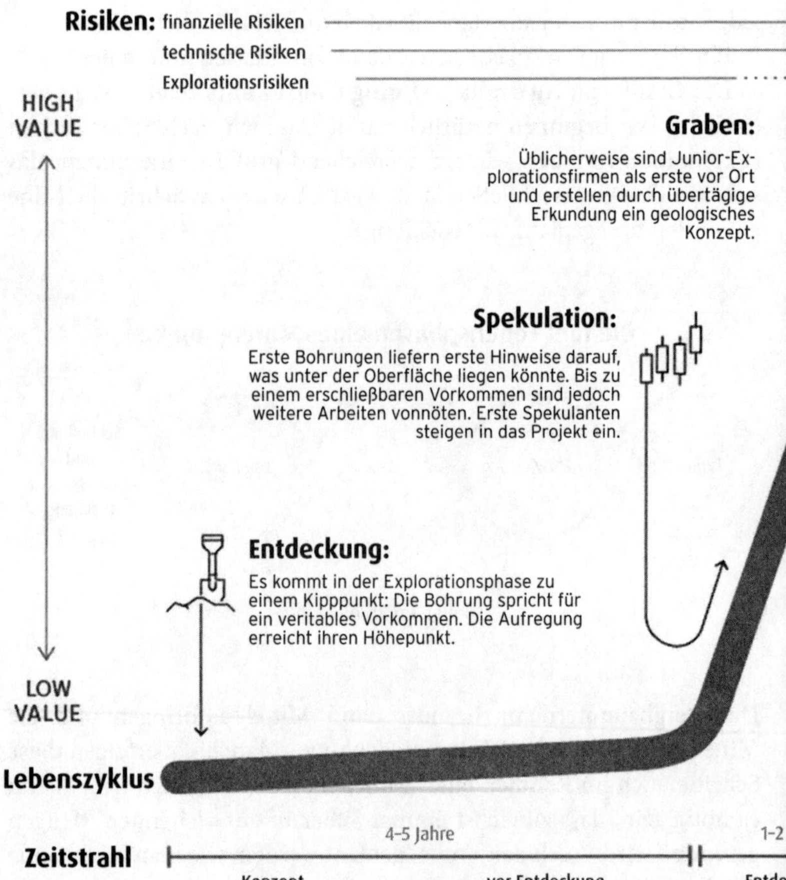

nen sind mindestens 6 oder 7 Jahre aktiv, bei vielen beträgt die erwartete Lebensdauer 10 bis 15 Jahre, aber es gibt auch deutlich ältere. Einige der reichsten Minen werden über 30 Jahre hinweg ohne Unter-

Quelle: Visual Capitalist

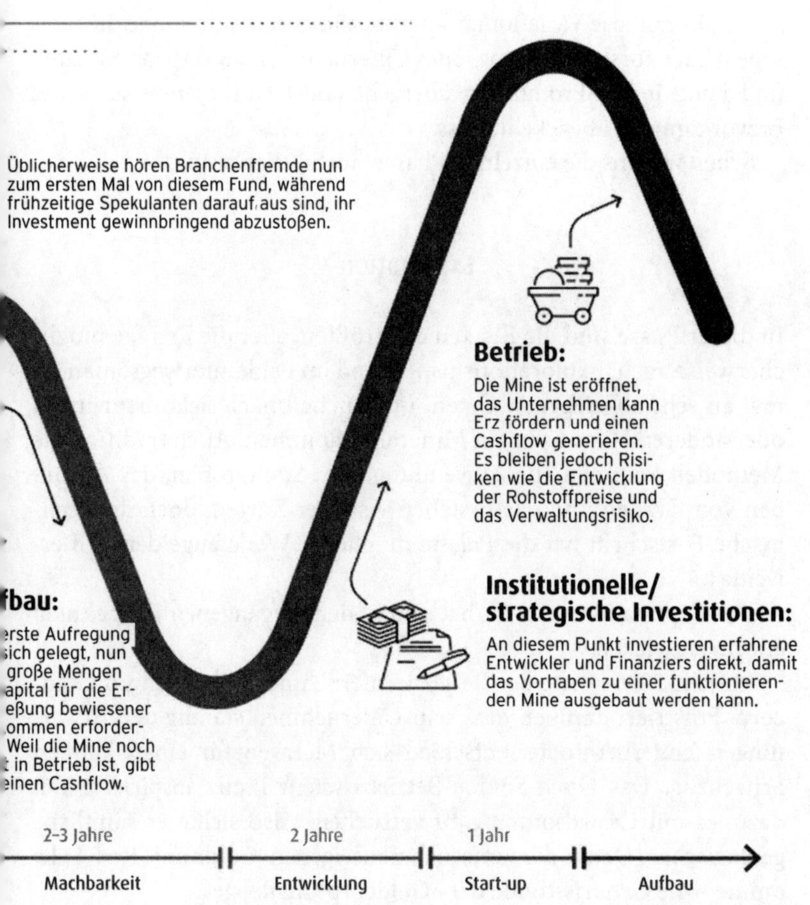

brechung ausgebeutet, einige wenige sogar über 100 Jahre lang. Ist eine Mine erschöpft oder wirtschaftlich nicht mehr tragbar, folgt die letzte Phase, Schließung und Wiedernutzbarmachung.

Diese fünf Phasen eines Bergbauprojekts fügen sich direkt in ein Konzept ein, das als »Lebenszyklus einer Mine« bezeichnet wird oder auch als »Lassonde-Kurve«. Pierre Lassonde ist eine legendäre Figur im Bergbaugeschäft. Er war einer der Gründer von Franco-Nevada, dem ersten Gold-Royalty-Unternehmen der Welt. Die folgende, inzwischen sehr bekannte Grafik hat er vor rund drei Jahrzehnten entwickelt.

Es gibt zahllose Variationen, aber sie alle bilden im Grunde die typische Aktienkursentwicklung eines Unternehmens ab, das von Konzept und Fund in die Produktion übergeht und letztlich ein erschöpftes Erzvorkommen abwickeln muss.

Sehen wir uns die einzelnen Phasen ausführlicher an.

Exploration

In dieser Phase sind die Risiken am größten, aber die Erträge möglicherweise auch. Explorationsfirmen sind im Feld unterwegs, manchmal an sehr abgelegenen Orten, und suchen nach Felsvorsprüngen oder anderen Hinweisen auf Mineralvorkommen. Auch traditionelle Methoden kommen zur Anwendung, also Stichproben, das Ausheben von Gräben und das Erstellen visueller Karten, doch der technische Fortschritt hat die Palette möglicher Werkzeuge deutlich erweitert.

Das Explorationsgeschäft hat sich in den vergangenen Jahrzehnten enorm entwickelt.

Im Jahr 2000 leitete der Bergbauunternehmer Rob McEwen Goldcorp. Frustriert darüber, dass sein Unternehmen ständig den Erwartungen hinterherhinkte, entschied sich McEwen für einen kühnen Schachzug. Das Open-Source-Betriebssystem Linux inspirierte ihn dazu, es mit Crowdsourcing zu versuchen. Also stellte er sämtliche geologischen Daten der unternehmenseigenen Goldmine Red Lake online – die Geburtsstunde der »Goldcorp Challenge«.

Viele hielten es für eine riskante, sogar verrückte Idee, interne Daten in einem derartigen Umfang öffentlich zu machen, aber McEwen ignorierte die Kritiker, und sein Wagnis machte sich bezahlt. Der ausgelobte Barpreis von 575 000 Dollar lockte 1000 Eingaben an. Eine 3-D-Karte der Mine förderte 110 Vorkommen zutage, und von der Hälfte hatte Goldcorp nichts gewusst. Letztlich holte Goldcorp mithilfe der Daten für 6 Milliarden Dollar Gold aus der Erde, und Goldcorp stand als ausgesprochen rentables Unternehmen da.

Heutzutage arbeiten Geologen mit Untersuchungen am Boden oder aus der Luft, wenn sie dahinterkommen wollen, was möglicherweise unter der Oberfläche verborgen ist. Mithilfe hochmoderner Gerätschaften messen sie Strahlungen, Schwerkraft, Magnet- und elektrische Felder. Auf diese Weise entdecken sie Dinge, die sie visuell ansonsten übersehen hätten. In letzter Zeit sind Satellitenaufnahmen unverzichtbar geworden, insbesondere unter dem Aspekt, dass die leichtesten Entdeckungen mittlerweile gemacht worden sind. Manche Firmen setzen sogar künstliche Intelligenz dafür ein, sich Untersuchungsdaten anzusehen und genauere Zielvorgaben für Probebohrungen zu entwickeln.

Im nächsten Schritt wird in Gebieten, die Untersuchungen zufolge vielversprechend sind, wo in der Vergangenheit gebohrt wurde oder wo die Bergbaudaten dafür sprechen, unter der Erdoberfläche gebohrt, um Proben zu nehmen. Die dabei gewonnenen Minerale werden dann ins Labor geschickt, wo man die Zusammensetzung untersucht und bestimmt, in welcher Konzentration Minerale enthalten sind.

Das Bergbauunternehmen veröffentlicht dann die Ergebnisse. Handelt es sich um ein kleineres Unternehmen und schlechte Ergebnisse, kann sich das dramatisch auf den Aktienkurs auswirken. Gute oder sogar herausragende Ergebnisse (sogenannte Bonanza-Grade) können einer Aktie ein Tagesplus von 50 Prozent oder mehr bescheren.

Führen weitere Bohrproben zu zusätzlichen guten Ergebnissen, erscheinen mehr Spekulanten auf der Bildfläche und treiben den Aktienkurs in die Höhe. Sprechen die Bohrergebnisse dafür, dass man es mit einem Silbervorkommen zu tun hat, dessen Erschließung sich wirtschaftlich lohnt, kann der Aktienkurs einen mittelfristigen Höhepunkt erreichen. Wenn der Fund allgemeiner bekannt wird, beschließen manche Investoren der ersten Stunde, ihr Engagement gewinnbringend zu beenden. Diese Phase kann sich über mehrere Jahre hinziehen.

Entwicklung

In dieser Phase wird viel Geld benötigt, um das Vorkommen ausführlichen Studien zu unterziehen. Mit diesen Studien soll bestimmt werden, inwieweit es sich lohnt, eine Mine zu bauen und die Minerale aus der Erde zu holen. Es finden Umweltprüfungen statt, Ingenieure entwickeln Vorschläge für einen möglichen Abbau und wie eine Mine aufgebaut sein könnte, welche Ausrüstung und Gebäude nötig wären und wie viel Personal zum Betrieb der Mine erforderlich wäre.

In diesem Stadium wird häufig weiter gebohrt, um zu einem akkurateren Modell des Vorkommens zu gelangen. Mithilfe metallurgischer Tests wird bestimmt, welche Metalle sich in welchen Mengen gewinnen lassen. Große Anstrengungen und Ressourcen fließen in den Kontakt mit den betroffenen Gemeinden, es werden Genehmigungen für weitere Explorationsarbeiten eingeholt und möglicherweise auch für den Kauf angrenzenden Lands.

Es kann geschehen, dass Anleger und/oder Spekulanten das Interesse verlieren, nachdem sich die erste große Aufregung gelegt hat. Neue Bohrergebnisse schmälern die Gesamtwirkung, was den Wert des Projekts angeht, und das gilt sogar für sehr günstige Ergebnisse. Selbst eine erfahrene Geschäftsleitung kann diese Phase vor sehr große Herausforderungen stellen.

Üblicherweise muss viel Fundraising betrieben werden, um sich kostspielige Studien zu leisten und ein derartiges Projekt voranzutreiben. Manchmal kauft sich ein Joint-Venture-Partner in das Projekt ein, beispielsweise ein größerer etablierter Bergbaukonzern, der über die finanziellen Mittel verfügt, die es für die nächsten Schritte braucht. In einigen Fällen geht zwischen erstem Fund bis zu dieser Phase ein Jahrzehnt ins Land.

Die Abschnitte Exploration und Entwicklung fallen möglicherweise in Zeiten eines starken Bullenmarkts. In einem derartigen Fall ziehen die Metallpreise spürbar an, was normalerweise die Bewertungen weiter in die Höhe treibt. Investoren sind bereit, mehr für die Möglichkeit zu bezahlen, dass der künftige Gewinn der Mine sogar noch höher sein könnte.

Bau

Die Entscheidung, tatsächlich eine Mine zu bauen, ist eine große Sache. Dazu sind große Investitionen erforderlich, häufig in einer Größenordnung von Hunderten Millionen Dollar oder sogar mehreren Milliarden. Sehr viele Anstrengungen sind nötig, um letztlich an diesen Punkt zu gelangen. Das Bergbauunternehmen muss sich mit Stakeholdern vor Ort, in der Kommune, auf Staatsebene und auf Bundesebene abstimmen.

Dazu zählt auch der Umgang mit Nichtregierungsorganisationen, die darauf bedacht sind, Risiken für die Menschen oder die Umwelt auszuschließen.

Zudem sind weitere Genehmigungen einzuholen, denn ein Bergbaukonzern hat es meistens mit zahlreichen Regierungsbehörden zu tun. Geht es um Dinge wie Wasser, Elektrizität, Straßen und zahlreiche andere Infrastrukturaktivitäten, sind Genehmigungen erforderlich und Gesetze zu beachten.

Minen können unterschiedliche Formen annehmen. Vom offenen Tagebau spricht man, wenn das Erz direkt an der Erdoberfläche gewonnen wird und eine große Grube entsteht.

Beim Untertagebau wird von der Oberfläche aus ein Tunnel und/oder Schacht in die Erde getrieben, der die Bergarbeiter und ihre Gerätschaften zum Erzkörper führt, den es abzutragen gilt. Einige Minen beginnen offen, und wenn die oberirdischen Vorkommen erschöpft sind, wird einige weitere Jahre unterirdisch abgebaut.

Zu einer voll integrierten Mine können Gebäude gehören, in denen Gerätschaften zum Erzbrechen und Trennen untergebracht sind, Flotationskreisläufe, Veredlungsanlagen, Lager, Reparaturmöglichkeiten und Verwaltung. Befindet sich die Mine an einem abgelegenen Ort, gehören möglicherweise auch Unterkünfte für Bergarbeiter dazu, die dort über längere Zeiträume hinweg leben. Das Unternehmen muss Fristen und Budgets im Blick behalten und einhalten, damit es nicht zu Verzögerungen kommt und/oder die Kosten aus dem Ruder laufen.

Studien haben gezeigt: *Wenn man in Bergbauaktien zu einem Zeitpunkt investiert, an dem die Bauentscheidung getroffen wurde, die Produktion aber noch nicht läuft, stehen die Erfolgsaussichten sehr gut.* Das erklärt sich dadurch, dass nun Klarheit herrscht und ein eindeutiger Zeitplan vorgegeben ist. Die Investoren können die Ziellinie sehen, die das Unternehmen erreichen muss, um die Produktion aufnehmen zu können. Und während die Aussichten auf einen Cashflow näher rücken, bieten Anleger die Aktien hoch, da sie dem Unternehmen einen zunehmend höheren Wert beimessen. Nun mischen auch größere Investoren wie Fondsmanager und Pensionskassen mit, denn die Risiken werden kleiner, und die Anleger können besser abschätzen, inwieweit sie mit Kapitalerträgen und möglicherweise einer steten Dividende rechnen können.

Produktion

Die Produktionsphase beginnt, wenn der Minenbetrieb endlich beginnt, Metalle aus dem Erzkörper zu fördern. Zur Vorproduktion kann es gehören, dass reichlich Erz extrahiert und für die ersten Behandlungsschritte gesammelt wird. Üblicherweise startet die Produktion nicht gleich auf der allerhöchsten Kapazitätsstufe, für die die Mine ausgelegt ist. Es muss jede Menge Feinabstimmung vorgenommen werden, um die Abläufe zu optimieren. Bis die Mine nach Produktionsbeginn tatsächlich bereit für die volle Kapazität ist, gehen rasch mehrere Monate bis zu einem Jahr ins Land.

Aber das ist das Endziel: eine Mine, die die geplante Produktionsleistung erreicht. Läuft alles gut, materialisiert sich ein Cashflow, und es wird mit Gewinn gearbeitet. Dennoch bleiben weiterhin Risiken. Die Metallpreise können schwanken, und es können Umweltprobleme auftreten. Bei der Erzförderung stößt man möglicherweise in Bereiche vor, in denen der Gehalt höher oder niedriger als erwartet ist, was die Verarbeitung durcheinanderwirbelt und Korrekturen erfordert.

Natürlich ist das Erzvorkommen irgendwann erschöpft. Bei vielen produzierenden Minen wird in der unmittelbaren oder weiteren Umgebung des Erzfelds nach weiterem abbaubaren Erz gesucht. Idealerweise findet man ausreichend Metall, das geförderte Erz zu ersetzen und die Nutzungsdauer der Mine auf mehrere Jahrzehnte oder länger auszuweiten.

Schließung und Wiedernutzbarmachung

Reichen die zusätzlichen Reserven für einen wirtschaftlichen Betrieb nicht aus oder sind die Metallpreise über einen längeren Zeitraum hinweg gefallen, kann es zur Schließung der Mine kommen. Manchmal werden Minen auch für Monate oder Jahre »eingemottet«, während der Betreiber darauf wartet, dass die Preise so weit steigen, dass sich eine Wiederinbetriebnahme rentiert.

Der Bau einer Mine von Grund auf erfordert meistens, dass gleich zu Beginn enorme Beträge zurückgestellt werden, die später in eine Wiedernutzbarmachung des Lands fließen. Als verantwortungsvolle Betreiber sind Bergbauunternehmen darauf bedacht, das Land während des gesamten Prozesses über von Exploration bis zur Schließung möglichst wenig zu stören. Haben die Bohrgeräte an einer Stelle den Betrieb eingestellt, wird die Fläche häufig mit Erde und Grassamen bedeckt, sodass innerhalb weniger Monate jegliche Spur einer Störung verschwunden sein sollte. Stätten offenen Tagebaus werden, nachdem das Vorkommen erschöpft ist, teilweise in Seen umgewandelt, die sich nahtlos in ihre Umgebung einfügen.

Diese Phase verlangt dem Minenbetreiber beträchtliche Kosten ab, doch es ist ein unerlässlicher Teil eines verantwortungsbewussten Bergbaus. Was an Mitteln für den Abschluss dieser Phase benötigt wird, stellt der Betreiber üblicherweise weit im Voraus zurück.

Wenn sich die Stimmung am Markt gedreht hat, kann es sein, dass einer alten Mine neues Leben eingehaucht wird, weil es sich wieder lohnt, die verbliebenen Erzreserven zu fördern. Auch der frische Blick eines neuen Explorationsteams, das möglicherweise über bessere technische Möglichkeiten verfügt, kann rund um ein altes Vorkommen neue Funde mit sich bringen und dazu führen, dass eine alte Mine wiedereröffnet wird und noch weitere Jahre oder Jahrzehnte produziert.

»Grüner« Bergbau im 21. Jahrhundert

Wie gut es um unsere Zukunft auf diesem Planeten bestellt sein wird, hängt davon ab, wie wir mit Bodenschätzen umgehen. Dabei geht es um viel mehr als darum, sich nach dem Schließen einer Mine um die Umwelt zu kümmern.

Bergbaukonzerne, die nicht verantwortungsvoll handeln, sollten mit ernsthaften Hürden konfrontiert werden, und meistens ist das auch der Fall.

Deshalb möchte ich, dass Sie diesen Aspekt begreifen, denn er ist wichtig, wenn es darum geht, in Silber zu investieren. Machen Sie sich ein Bild davon, ob ein Unternehmen ein guter Unternehmensbürger ist, und Sie werden bessere Anlageentscheidungen fällen … und höhere Gewinne erzielen.

Prägen Sie sich also die drei Buchstaben »ESG« ein. Sie stehen für »Environment, Social & Governance«, also »Umwelt, Soziales und Unternehmensführung«, Dinge mithin, die sich erfolgreiche Minenkonzerne heutzutage auf die Fahnen schreiben.

In der Branche breiten sich diese Werte aus. Dazu gehört es, umweltpolitische Aspekte zu berücksichtigen, die örtliche Bevölkerung nicht zu vergessen und während Planung, Betrieb und Abwicklung verantwortungsvoll zu agieren.

Minen reichen immer tiefer, liegen immer abgelegener und an Orten, die den Bergbau vor immer größere Herausforderungen stellen. Gleichzeitig werden viele von ihnen dank des technischen Fortschritts grüner. Manager setzen vermehrt mit Elektrizität oder Batterien betriebene Gerätschaften ein, um klimaneutral zu agieren. Sie greifen zu Mobilfunktechnologie und künstlicher Intelligenz, um Risiken zu reduzieren, um besser mit Risiken umzugehen und um effizienter zu produzieren.

Die Minenbetreiber haben begriffen, was von ihnen erwartet wird. Sie wissen, zum sozial verantwortlichen Bergbau gehört ein angemessener und fairer Umgang mit der Belegschaft und den angrenzenden Gemeinden – bei denen es sich häufig um Indigene handelt. In den meisten Jurisdiktionen werden die örtlichen und die überregionalen Regierungen immer strenger, was die Ansprüche auf Entschädigung und die Mitspracherechte der Menschen anbelangt, die in Minen arbeiten oder ihre Nachbarn sind.

Deshalb binden die besten Bergbaukonzerne die einheimische Bevölkerung bereits im absoluten Frühstadium ein und dann den gesamten Lebenszyklus der Mine über. Sie schließen langfristige Vereinbarungen ab, die den Einheimischen beim Einkauf von Dienstleistungen und Gerät, bei der Personalbeschaffung und bei der Weiterbildung für Facharbeiter Vorzüge einräumen. Auf diese Weise bauen sie das Vertrauen auf, dass die Mine der Region eine vernünftige wirtschaftliche Entwicklung und weitere positive Folgen bescheren wird. Häufig unterstützen die Bergbauunternehmen die Gemeinden auch, indem sie etwas für die medizinische Versorgung, für das Bildungswesen oder die Kultur beisteuern.

Dabei handelt es sich nicht um einen Modetrend, viele Unternehmen schreiben sich diese Aufgaben auch in ihre Satzung. Das ist der Teil »Unternehmensführung«. Ein vernünftiges Management stellt größere Mittel dafür ab, dass das Unternehmen die ESG-Praktiken einhält und dass man dies gegenüber den Aktionären auch belegen kann. Minenbetreiber informieren regelmäßig zum Geschäftsgebaren und dem Abschneiden in ethischen Fragen, zur Gesundheit und Sicherheit der Belegschaft, zum Umweltschutz, zur Nachhaltigkeit, zu Energie- und Klimafragen, zu den gemeinschaftlichen Verhältnissen und zur Entwicklung der örtlichen Wirtschaft.

Vergessen Sie nicht: Geht es um Wärme und Elektrizität, leitet nichts besser als Silber. Das macht Silber zu einem unabdingbaren Bestandteil umweltfreundlicher Anwendungen wie Solaranlagen, Elektrofahrzeugen und Mikroelektronik – also lauter Dingen, die dazu beitragen sollen, unseren CO_2-Fußabdruck zu verkleinern.

Wenn es darum geht, die ESG-Ziele zu erreichen, ist es von besonderer Bedeutung, den Silberabbau verantwortungsbewusst zu betreiben. Auf unserem Weg zu einer grünen Wirtschaft mit wenig oder gar keinen fossilen Brennstoffen werden wir wachsende Mengen an Silber benötigen.

Nach diesem Überblick über den Lebenszyklus einer Mine und die Herausforderungen, vor die ein verantwortungsvoller Bergbau die Branche stellt, sehen wir uns als Nächstes an, warum es so attraktiv und rentabel sein kann, in Silberaktien zu investieren.

Kurz zusammengefasst

- Für Investoren empfiehlt es sich, den Lebenszyklus von Minen und das Thema ESG zu verstehen.
- Exploration, Entwicklung, Bau, Produktion, Schließung und Wiedernutzbarmachung, verantwortungsbewusster Bergbau – all diese Punkte wirken sich auf unterschiedliche Weise und in unterschiedlichem Ausmaß auf den Preis von Silberaktien aus.
- In bestimmten Phasen sind die Risiken größer, aber auch die möglichen Erträge.

Kapitel 44

Silberaktien und ihre Hebelwirkung

Silberaktien gibt es in zahlreichen Formen und Größen – von gewaltigen, milliardenschweren Silberkonzernen bis hin zu winzigen Nano-Cap-Explorationsfirmen[11] und alles dazwischen.

Sie mögen sich sehr unterscheiden, was Marktbewertung und Investitionsrisiko anbelangt, aber eines haben sie doch alle gemein – die Hebelwirkung.

Diese Hebelwirkung auf den Silberpreis ist ein wesentlicher Grund dafür, dass sich Investoren für Silberaktien interessieren.

Gleich zu Beginn die Mahnung: Eine Hebelwirkung funktioniert in beide Richtungen, nach oben genauso wie nach unten. Was ich damit sagen möchte: Wenn die Silberpreise steigen, steigen die Silberaktien üblicherweise umso schneller. Aber wenn die Silberpreise fallen, fallen die Silberaktien auch schneller. Ein klassisches Beispiel für ein zweischneidiges Schwert.

Warum das wichtig ist? Befinden wir uns – wie jetzt – in einem Bullenmarkt für Silber, steigt der Silberpreis über Jahre oder Jahrzehnte hinweg betrachtet. Investiert man also während kräftiger Bullenmärkte in Silberaktien, kann das gewaltige Renditen abwerfen. Wiederholt habe ich miterlebt, wie die Kurse von Junior-Explorern im Silbersegment innerhalb eines einzigen Tages um bis zu 50 Prozent zugelegt haben.

Aber es ist keineswegs alles nur rosig. Preise können auch beträchtlich nachgeben, und das gilt auch während lang gezogener Bullenmärkte für Silber. Bei Junior-Silberaktien kann es geschehen, dass sie im Verlauf weniger Tage oder Wochen 20 bis 50 Prozent einbüßen. Doch es gibt Möglichkeiten, die Risiken einzugrenzen. Wie das geht,

11 Anm. d. Übers.: Als Nano Caps (für *nano capitalization*, etwa: »winziger Börsenwert«) werden Unternehmen bezeichnet, deren Börsenwert keine 50 Millionen Dollar erreicht.

erkläre ich in Kapitel 52. Der Punkt ist folgender: Haben Sie die Risiken im Griff, können Silberaktien unglaublich lohnende Anlageobjekte darstellen.

Für den Anfang sollten Sie folgende Grundregel verinnerlichen: Ein breit aufgestellter Korb von Silberaktien verdoppelt üblicherweise den Gewinn des Silberpreises. Tatsächlich gab es Phasen, während derer Silberaktien fünfmal besser als Silber abschnitten, wenn nicht noch mehr. Kommt es zu einer ausgewachsenen Silbermanie, kann es geschehen, dass manche Kurse um das 50- oder 100-Fache steigen, insbesondere von Explorationsfirmen, die möglicherweise auf ein Vorkommen gestoßen sind oder die Größe eines Vorkommens rasch nach oben korrigierten.

Aus diesem Grund empfiehlt es sich, derartige Aktien zu halten.

Wir sehen uns später die unterschiedlichen Arten von Silberaktien an und was für Gewinnchancen jede von ihnen bereithält. Aber zunächst möchte ich Ihnen einen kleinen Vorgeschmack davon geben, was Silberaktien im Verlauf eines Silber-Bullenmarkts zu leisten imstande sind.

Der kurze, aber deutliche Absturz im März 2020 ist aus meiner Sicht ein Ausreißer gewesen. Die Covid-19-Pandemie war ein Black Swan, ein »schwarzer Schwan«, ein unvorhersehbares Ereignis, das außer Kontrolle gerät und ernste Folgen hat, die weit über das Normale hinausreichen. Black-Swan-Ereignisse sind selten, wirken sich überdurchschnittlich stark aus und gelten häufig im Rückblick als etwas, das man doch eigentlich hätte kommen sehen sollen.

Anfang 2016 durchlief der Silbermarkt nach einer lang gezogenen, mehrjährigen Korrektur eine ausgesprochen starke Rallye. Aus diesem Grund glaube ich, das Ende des Bärenmarkts inmitten des Silber-Bullenmarkts (und des Goldmarkts) hat Ende 2015 stattgefunden.

Die folgenden Entwicklungen waren recht erstaunlich. Als die Silberpreise stiegen, hebelten die Silberaktien diese Zugewinne auf ziemlich dramatische Weise.

Stellvertretend für Silberminenfirmen nutze ich den Global X Silber Miners ETF (NYSE: SIL) und für den Silberkurs den iShares Silver Trust (NYSE: SLV).

Global X Silver Miners ETF (NYSE: SIL) im Vergleich zu iShares Silver Trust (NYSE: SLV)
Januar bis August 2016

Quelle: Tradingview, *silverstockinvestor.com*

Wie Sie sehen, legte Silber im Verlauf von 7 Monaten um beeindruckende 41 Prozent zu. Gleichzeitig allerdings verzeichnete ein Korb von Silberaktien atemberaubende 248 Prozent Plus. Im Verlauf dieses kurzen Zeitraums outperformten Silberaktien Silber also 6:1. Das ist ein starker Beleg für die Hebelwirkung, die Silberaktien gegenüber Silber genießen.

Und genau aus diesem Grund möchte ich Silberaktien besitzen – die Hebelwirkung kann enorm sein.

Ich möchte Ihnen verdeutlichen, wie gut sich Silberaktien während eines Bullenmarkts entwickeln können, deshalb hier einige weitere Beispiele.

Im November 2001 fiel der Kurs von Coeur Mining (NYSE: CDE) auf 6,70 Dollar. In gerade einmal 2½ Jahren zog Coeur anschließend im Verlauf einer gewaltigen Rallye auf 74,10 Dollar, ein Plus von 1005 Prozent.

Aktienkurs Coeur Mining

November 2001 bis März 2004

Quelle: Tradingview, *silverstockinvestor.com*

Im April 2001 wurde Pan American Silver (Nasdaq: PAAS; TSX: PAAS) für teilweise gerade einmal 2,52 Dollar gehandelt. Im Juni 2002 lag der Preis bei 9,22 Dollar, was einem Plus von 265 Prozent in etwas über einem Jahr entspricht. Noch besser erging es allen, die nicht im Juni 2002 verkauften, sondern 3 Jahre und länger an der Aktie festhielten. Bis zum März 2006 kletterte die Pan-American-Aktie auf 25,60 Dollar, ein Plus von 915 Prozent. Das entspricht einer Verzehnfachung des Werts in knapp 5 Jahren.

Bis März 2008 waren die Pan-American-Anteile noch höher gestiegen und erreichten 42,53 Dollar. Wer seit April 2001 die Aktien besaß, konnte sich über ein Plus von 1587 Prozent freuen.

Dann hätten wir Wheaton Precious Metals (TSX: WPM; NYSE: WPM). Wheaton ist ein Royalty- und Streamingunternehmen, das kein Silber abbaut, sondern stattdessen Silber-Royaltys und -Streams kauft. Wie dieses Geschäftsmodell im Detail aussieht, werde ich später erklären, für den Augenblick reicht es zu wissen, dass Wheatons Aktienkurs sehr stark durch den Silberpreis gehebelt wird.

Aktienkurs Pan American Silver
April 2001 bis März 2008

Quelle: Tradingview, *silverstockinvestor.com*

Aktienkurs Wheaton Precious Metals
November 2008 bis April 2011

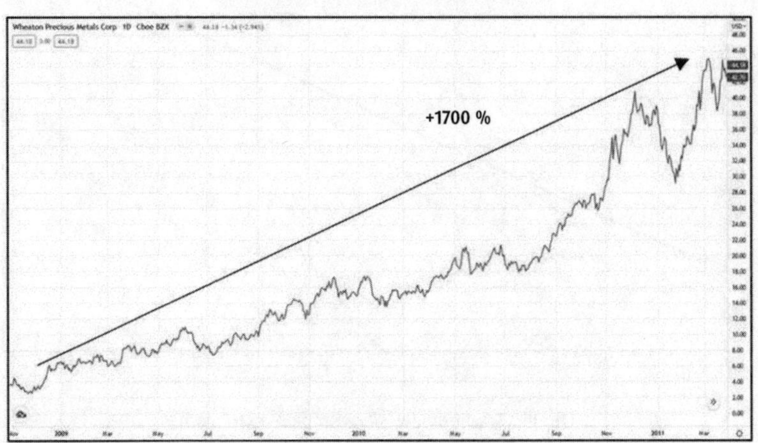

Quelle: Tradingview, *silverstockinvestor.com*

Im November 2008 – die Weltfinanzkrise stand kurz vor ihrem Höhepunkt – fiel der Kurs von Wheaton Precious Metals auf etwa 2,60 Dollar. Bis April 2011, als Silber mit 49 Dollar einen Hochstand erreichte, kletterte Wheaton auf 47 Dollar – ein Gewinn von 1700 Prozent in gerade einmal 2½ Jahren.

Panik rund um die Covid-19-Pandemie führte Anfang 2020 dazu, dass Silber und Silberaktien abgestoßen wurden und Mitte März auf einen Tiefstand fielen. Doch als Anleger wieder Zuflucht in Edelmetallen suchten, begannen der Silberpreis und die Aktienkurse in den 5 folgenden Monaten in die Höhe zu schnellen.

Silber legte um rund 150 Prozent zu. Eine erstaunliche Leistung. Aber viele Silberaktien schnitten noch weitaus besser ab.

Endeavour Silver legte zwischen März und August 2020 gleich 316 Prozent zu.

Aktienkurs Endeavour Silver

März bis August 2020

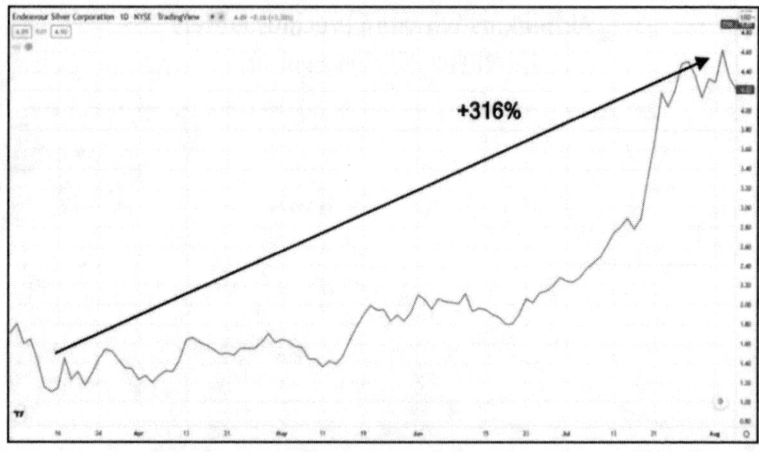

Quelle: Tradingview, *silverstockinvestor.com*

GoGold Resources, Explorationsunternehmen und Silberproduzent, legte in diesen 5 Monaten beeindruckende 364 Prozent zu.

Aktienkurs GoGold Resources
März bis August 2020

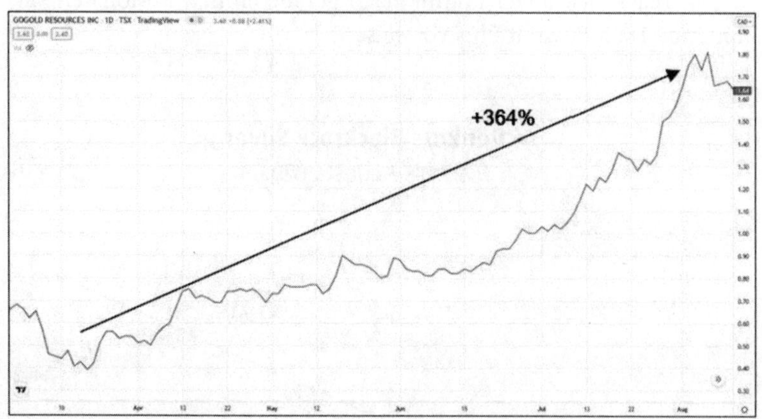

Quelle: Tradingview, *silverstockinvestor.com*

Aktienkurs GR Silver Mining
März bis August 2020

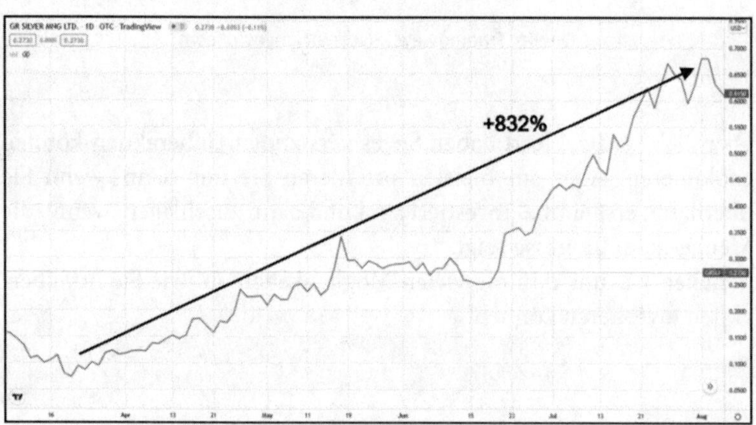

Quelle: Tradingview, silverstockinvestor.com

Die Aktie von GR Silver Mining generierte großartige 832 Prozent Plus.

Und Blackrock Silver konnte nach gerade einmal 5 Monaten verblüffende 1863 Prozent Plus vorweisen!

Aktienkurs Blackrock Silver

März bis August 2020

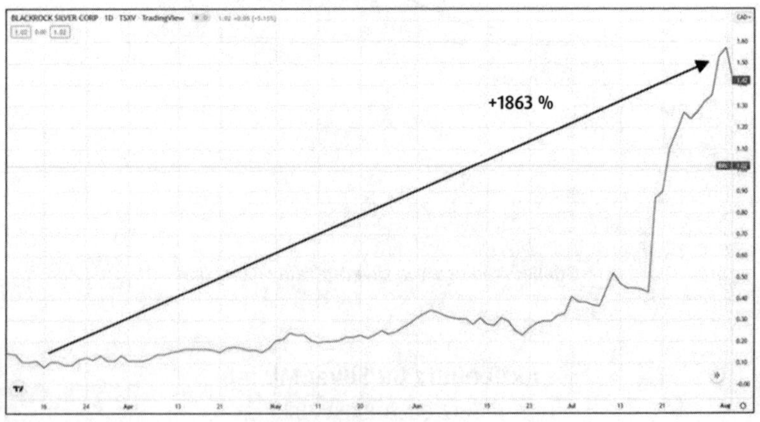

Quelle: Tradingview, *silverstockinvestor.com*

Okay, ich schätze, jetzt haben Sie es verstanden: Silberaktien können explodieren. Aber am meisten profitieren Sie nur dann, wenn Sie überhaupt erst einmal investiert sind und dann zuschlagen, wenn »die Menge« kein Interesse zeigt.

Sehen wir uns nun die vielen Möglichkeiten an, wie Sie in Silberaktien investieren können.

Kurz zusammengefasst

- Silberaktien bieten eine Hebelwirkung auf den Silberpreis, sowohl nach oben wie auch nach unten.
- Während eines Bullenmarkts für Silber kann diese Hebelwirkung 6:1 oder sogar noch mehr betragen.
- Selbst große Silberunternehmen können innerhalb weniger Jahre eine 10-fache Rendite abwerfen.

Kapitel 45

ETFs von Silberproduzenten

Manchen Menschen fehlt die Zeit oder schlicht der Wille, sich um ein Aktienportfolio zu kümmern. Das ist auch völlig in Ordnung.

Gehören auch Sie zu dieser Gruppe, machen Sie sich deswegen keine Sorgen. Wichtiger ist, dass Sie eine gute Gelegenheit erkennen und entsprechend handeln.

Geht es Ihnen darum, sich möglichst unverzüglich bei Silberaktien zu diversifizieren, dann ist ein ETF die einfachste und schnellste Möglichkeit dazu. ETFs bündeln Unternehmen, die Silber kaufen, danach suchen, Silberminen entwickeln und Silber produzieren. Bedenken Sie dabei, dass viele dieser Bergbauunternehmen auch andere Metalle wie Gold, Kupfer, Zink und Blei produzieren. Wie ich in Kapitel 21 dargelegt habe, stammen nur 27 Prozent des Silbers aus echten Silberminen, die restlichen 73 Prozent sind ein Nebenprodukt beim Schürfen anderer Metalle. Bergbauunternehmen, die 50 Prozent oder mehr ihrer Einnahmen mit Silber machen, heißen primäre Silberproduzenten.

Es gibt nicht viele Unternehmen dieser Art, insofern können ETFs auch in Bergbauunternehmen investieren, deren Silberproduktion geringer ist, die aber dennoch substanzielle Umsätze mit Silber erzeugen. Die meisten Firmen, die in den ETFs vertreten sind, können eine beträchtliche Silberproduktion vorweisen, sind in der Entwicklung vertreten oder in der Exploration. Investiert der Silberbegeisterte in einen Silber-ETF, erhält er sofortigen Zugang zu dieser Branche, ohne dafür unterschiedliche Anlageentscheidungen treffen zu müssen.

Die Ausgaben, die der ETF in Rechnung stellt, belaufen sich auf etwa 0,7 Prozent im Jahr, was ein ziemlich vernünftiger Preis ist. Üblicherweise trackt der ETF einen bestimmten Bergbauindex, und die Auswahl der Unternehmen hängt von einer Untergrenze bei der Marktkapitalisierung und beim täglichen Handelsvolumen ab sowie davon, dass ein geregeltes Kotierungsverfahren durchlaufen wurde.

Damit ein vernünftiges Maß an Diversifizierung erreicht wird, dürfen einzelne Aktien nur einen bestimmten maximalen Prozentsatz der Gesamtmenge ausmachen. Die Gewichtung wird abhängig von dem Index, auf dem das Modell basiert, jedes Quartal oder halbjährlich aktualisiert.

Für mich stellen ETFs eine hervorragende Möglichkeit dar, insbesondere für Anleger, die noch keine Erfahrung mit Silberaktien gemacht haben. Sie müssen keine übermäßig großen Summen investieren, und Sie bekommen auf einen Schlag diverse Silberaktien. Natürlich hebeln die ETFs von Silberproduzenten den Silberpreis. Im vorangegangenen Kapitel habe ich Ihnen gezeigt, dass diese Hebelwirkung enorm sein kann, und das macht diese ETFs attraktiv.

Kurz zusammengefasst

- Mit einem ETF auf Silberproduzenten erhalten Sie einfach und unmittelbar breit gestreuten Zugang zu Silberaktien.
- Diese ETFs tracken üblicherweise einen bestimmten Bergbauindex und nehmen in periodischen Abständen eine Neugewichtung vor.
- ETFs von Silberproduzenten sind eine großartige Gelegenheit für Anleger, die noch keine Erfahrung mit dem Silbersektor haben.

Kapitel 46

Royalty- und Streaming-Unternehmen

Das Royalty- und Streaming-Geschäft ist möglicherweise das beste und einträglichste Geschäft, das je erfunden wurde: Die Geschäftsleitung sammelt Geld ein, investiert es im Vorfeld in ein Projekt und kann sich dann zurücklehnen und die nächsten Jahre oder Jahrzehnte zusehen, wie die Schecks eintrudeln.

Selbstredend übertreibe ich – so einfach ist es nie. Aber dennoch handelt es sich um einen außergewöhnlich attraktiven Weg, Geld zu verdienen.

Die Ursprünge dieses Geschäftsmodells im Bergbausektor werden Franco-Nevada zugeschrieben. In den 1980er-Jahren beschlossen Pierre Lassonde (über ihn haben wir in Kapitel 43 wegen der Lassonde-Kurve im Zusammenhang mit dem Lebenszyklus einer Mine gesprochen) und Seymour Schulich, sich den Anspruch auf 4 Prozent der Umsätze einer Goldmine in Nevada zu sichern, die Western State Minerals gehörte. In einer Zeitung aus Reno war Lassonde eine kleine Anzeige aufgefallen, in der die Royaltys der Mine zum Verkauf angeboten wurden. Sie gaben 2 Millionen Dollar aus dem Geld von Franco-Nevada aus, womit dann auch die Barreserven des Unternehmens erschöpft waren. Aber diese Royaltys haben bislang herausragende 800 Millionen Dollar eingebracht. Letztendlich dürfte sich der Gewinn voraussichtlich auf 1,2 Milliarden Dollar belaufen.

2004 schloss Wheaton River (inzwischen: Wheaton Precious Metals) die **erste Streaming-Vereinbarung** ab. Das Unternehmen bezahlte im Voraus und erhielt dafür zu einem Sonderpreis einen steten Fluss von Silber aus der mexikanischen Goldmine San Dimas.

Das Geschäftsfeld Royalty und Streaming ist in den vergangenen Jahrzehnten enorm gewachsen. Es ist viel kleiner als der traditionelle

Bergbau, aber es handelt sich um einen Anlagebereich, den Sie verstehen müssen, denn das Geschäftsmodell, das dahintersteht, ist großartig. Sehen wir uns also an, wie dieser Nischenbereich der Bergbauaktien operiert.

Royalty- und Streaming-Unternehmen verleihen Geld an Bergbauunternehmen, deren Projekte in unterschiedlichen Entwicklungsphasen stecken. Das Kapital wird beispielsweise dafür genutzt, ein Projekt zu erweitern, es voranzutreiben oder es überhaupt erst zu bauen. Im Gegenzug erhält das Royalty- oder Streaming-Unternehmen einen Anteil an den aktuellen oder künftigen Einnahmen der Mine oder mit großem Abschlag auf den Spotpreis an ihrer Metallproduktion.

Was ist der Unterschied zwischen Royaltys und Streams? Royaltys werden häufig als NSR (Net Smelter Return, Nettoschmelzertrag) bezeichnet. Der Minenbetreiber zahlt dem Royalty-Eigner einen Anteil des Werts des produzierten Metalls oder der generierten Gewinne. Typischerweise handelt es sich um einen Wert zwischen 1 und 3 Prozent, und die Vereinbarung gilt für die Lebensdauer der Mine. Selbst wenn die Mine vorübergehend schließt oder den Besitzer wechselt, bleibt der Royalty-Anspruch bestehen, solange die Mine produziert.

Bei Streams wiederum besteht ein Anspruch auf das tatsächlich von der Mine produzierte Metall. Der Besitzer des Streams hat Anspruch auf einen Prozentsatz von einem Metall oder mehreren, die in der Mine produziert werden. Üblicherweise liegt diese Beteiligung zwischen 5 und 20 Prozent, und das Streaming-Unternehmen kauft die Metalle zu einem niedrigen Festpreis oder mit deutlichem Abschlag auf den jeweils gültigen Spotpreis.

Für Bergbaufirmen kann es attraktiv sein, sich über Royaltys oder Streaming eine alternative Geldquelle zu erschließen. Es handelt sich nicht um Schulden und auch um kein Aktienkapital, die Rückzahlungskonditionen sind zumeist langfristig, und es sind keine festen Zahlungsverpflichtungen daran gebunden. Aktionäre müssen nicht fürchten, dass ihre Beteiligung verwässert wird, denn es müssen keine zusätzlichen Firmenanteile ausgegeben werden, und die Vereinbarungen beziehen sich normalerweise auf einzelne Vermögenswerte.

Streams können zudem ein Metall oder einen Rohstoff betreffen, der ein Nebenprodukt darstellt und deshalb für den Cashflow des Unternehmens bloß von nachrangiger Bedeutung ist.

Ein großer Vorteil, den Royalty- und Streaming-Unternehmen gegenüber Bergbaufirmen aufweisen: Die Risiken sind geringer, schließlich sind die Unternehmen nicht an der Exploration beteiligt, sie müssen keine Genehmigungen einholen, nichts bauen und später auch nicht die Mine betreiben. Jede dieser Phasen kann die Kosten aus dem Ruder laufen oder die Betriebskosten in die Höhe schnellen lassen. Royalty- und Streaming-Unternehmen müssen stattdessen ein bestehendes Projekt bewerten und dann entscheiden, ob sie es finanzieren wollen. Das war es dann mit ihrer Beteiligung. Läuft die Mine und die Royalty- oder Streaming-Vereinbarungen beginnen zu greifen, können sie anfangen, ihre Schecks einzulösen.

Das Geschäftsmodell ist dermaßen effizient, dass die größten Royalty-Unternehmen im Goldsegment für 2020 einen Umsatz pro Mitarbeiter von mehr als 20 Millionen Dollar im Jahr meldeten! Zum Vergleich: Bei den beiden größten Goldproduzenten, Newmont und Barrick, waren es »nur« 634 000 Dollar beziehungsweise 692 000 Dollar pro Mitarbeiter. Aller Wahrscheinlichkeit nach handelt es sich hier um das lukrativste Geschäftsmodell aller Zeiten. Wichtig in diesem Zusammenhang: Gerade weil das Modell dermaßen rentabel ist, neigen Anleger dazu, die Aktien dieser Firmen deutlich höher zu bieten als die von Bergbaufirmen. Die Einnahmen sind üblicherweise stark und verlässlich, sodass mit der Zeit beständigere Kursgewinne möglich sind.

Ein weiterer Vorteil: die geografische Streuung. Viele Bergbaukonzerne haben es nur mit ein oder zwei Jurisdiktionen zu tun, aber Royalty- und Streaming-Unternehmen können ihre Mittel über den Globus verteilt in unterschiedliche Projekte stecken. Sie können einen Marktabschwung dazu nutzen, Royaltys und/oder Streams günstiger zu erstehen, und dann abwarten, bis wieder ein Bullenmarkt herrscht und für die Zukunft noch höhere Einnahmen verspricht.

Und damit nicht genug der positiven Aspekte. Wenn eine Mine expandiert und ihre Produktion ausweitet oder die Laufzeit verlängert, profitiert auch der Royalty-Inhaber von der höheren und/oder längeren Produktion. Royalty- und Streaming-Firmen schreiben nach einer

Investition rascher wieder Gewinn als Minenbetreiber. Und weil ihre Barmittel beträchtlich und verlässlich sind, schütten viele von ihnen Dividenden an ihre Aktionäre aus.

Das führt dazu, dass sie im Laufe der Zeit üblicherweise besser abschneiden als »ihr« Metall. Das liegt an der Hebelwirkung und daran, dass ihre Dividenden dazu neigen, beständiger zu sein, da sie weniger stark von der Preisentwicklung der zugrundeliegenden Metalle abhängen.

Andererseits neigen Bergbaukonzerne dazu, während eines Abschwungs die Dividenden zu kürzen, um die Kosten zu senken und Geld zu sparen.

Während des Bärenmarkts von 2013 bis 2018 entwickelten sich Royalty-Unternehmen besser als Bergbaufirmen. Anleger hatten sich ihre Aktien als sicheren und stabilen Zufluchtsort auserkoren.

Streaming-Unternehmen outperformten Bergbaufirmen
2011–2020

Quelle: McKinsey & Company

Royalty- und Streaming-Unternehmen sind häufig schuldenfrei oder nur gering verschuldet, was mit ihrem Geschäftsmodell zusammenhängt. Damit stehen sie zumeist deutlich besser da als ihre Partner aus dem Bergbau. McKinsey veröffentlichte Anfang 2021 einen Bericht zum Streaming- und Royalty-Geschäft. In der Studie heißt es, in den 10 Jahren bis 2019 sei die Branche um das 7-Fache gewachsen und habe nun einen Wert von 15 Milliarden Dollar. Für die nächsten 10 Jahre wird beträchtliches Wachstum in Aussicht gestellt.

Wir haben es hier mit einer Anlageoption zu tun, die gut informierte Silberinvestoren unbedingt bedenken sollten, wenn sie auf der Suche nach einem soliden Gewinnpotenzial sind.

Kurz zusammengefasst

- Royalty und Streaming ist ein großartiges und lukratives Geschäftsmodell.
- Die Royalty- und Streaming-Unternehmen weisen mehrere Vorteile gegenüber Bergbaukonzernen auf.
- Ihr Risiko ist geringer als das von Bergbaufirmen, gleichzeitig bieten sie eine starke Hebelwirkung auf den Silberpreis.

Kapitel 47

Große Produzenten

Die großen Silberproduzenten sind die Schwergewichte der Branche.

Nachdem ich Ihnen eben vorgeschwärmt habe, was für eine fantastische Sache Royalty/Streaming ist, fragen Sie sich nun möglicherweise, warum Sie sich überhaupt mit Bergbaufirmen abgeben sollten.

Und theoretisch haben Sie recht, aber in einem starken, langwierigen Bullenmarkt für Silber entwickeln sich Bergbaufirmen gerne besser als ihre Kollegen aus dem Royalty- und Streaming-Geschäft.

Wir sprechen hier von einem Börsenwert ab 2 Milliarden Dollar aufwärts. Es handelt sich um die größten und stabilsten Bergbaufirmen.

Normalerweise betreiben sie zahlreiche Minen über diverse Jurisdiktionen hinweg. Das trägt dazu bei, Risiken zu minimieren. Gerät eine Mine in Schwierigkeiten und muss den Betrieb unterbrechen, wirkt sich das oftmals nur bedingt auf die Rentabilität des Gesamtkonzerns aus. Im Einzelfall ist das natürlich immer abhängig von der Bedeutung der jeweiligen Mine für das Unternehmen. Wenn sie Minen in unterschiedlichen Jurisdiktionen betreiben, reduzieren die Konzerne natürlich auch die Auswirkungen, die es hätte, wenn eine bestimmte Regierung Genehmigungen aussetzt oder einzieht.

Bei den großen Produzenten ist der Cashflow vergleichsweise gut absehbar, und die meisten schütten eine anständige Rendite aus, vor allem während günstiger Marktbedingungen. Die großen Unternehmen betreiben laufend Explorationsarbeit in der Absicht, schwindende Reserven auszugleichen. Einige investieren in Explorationsfirmen oder in der Entwicklungsphase befindliche Unternehmen. Schulden, Barmittel oder Aktien werden eingesetzt, um eine Beteiligung an einem Projekt, eine Teileigentümerschaft oder sogar eine vollständige Übernahme oder Fusion zu bezahlen.

Die riskanteste Explorationsarbeit, etwa die Suche nach völlig neuen Vorkommen, überlassen die großen Unternehmen zumeist den kleineren Explorationsfirmen. Sie bezahlen dann lieber einen höheren Preis, wenn das Risiko ausreichend überschaubar geworden ist, und kaufen das Unternehmen oder ein Projekt in Teilen oder in Gänze. Für einen großen Bergbaukonzern ist es normal, gleichzeitig unterschiedliche Projekte in unterschiedlichen Phasen des Lebenszyklus einer Mine zu unterhalten.

In manchen kleineren Ländern zählen große Bergbaukonzerne zu den wichtigsten Arbeitgebern, Steuerzahlern und Einnahmenbringern. Dieser Umstand kann allerdings auch zum Nachteil für das Unternehmen werden, nämlich dann, wenn eine Regierung dem Unternehmen feindselig gegenübersteht, denn bei einer Mine kann man nicht einfach die Zelte abbrechen und mit dem Vorkommen an einen anderen Standort umziehen. Regierungen entziehen gelegentlich Betriebserlaubnisse (oder drohen mit dem Entziehen), weil sie höhere Steuereinnahmen oder Royaltys fordern.

Das ändert nichts daran, dass ein gut geführter großer Bergbaukonzern einen wichtigen Beitrag für die lokale, regionale oder sogar nationale Wirtschaft leisten kann. Verantwortungsvolle Minenbetreiber sind gute Unternehmensbürger, die ihr Bestes tun, sicher zu agieren und die Umwelt mit Respekt zu behandeln. Viele unterstützen ihre örtlichen Gemeinden durch unterschiedliche Programme, indem sie beispielsweise Krankenhäuser, andere medizinische Einrichtungen und Schulen errichten oder finanziell fördern und indem sie lokale Arbeitskräfte einbinden und vor Ort einkaufen.

Kurz zusammengefasst

- Große Produzenten sind die stabilsten und am breitesten aufgestellten Silberproduzenten.
- Häufig betreiben sie über diverse Jurisdiktionen hinweg mehrere Minen. Sie wachsen aus sich heraus, aber auch durch Fusionen und Zukäufe.
- Verantwortungsbewusste Bergbaufirmen tragen häufig viel zur Wirtschaft bei, sowohl auf lokaler Ebene wie auch landesweit.

Kapitel 48

Mittelgroße Produzenten und Entwickler

Die Rede ist hier von Bergbauunternehmen, die sich von der Größe und ihren Aktivitäten her teilweise stark unterscheiden. Der Börsenwert reicht üblicherweise von 200 Millionen Dollar bis zu 2 Milliarden Dollar, weshalb man auch von »Mid-Tier-Produzenten« spricht, also dem Mittelstand zuzurechnenden Firmen. Sie sind wachstumsorientierter und bieten mehr Hebelwirkung auf den Silberpreis als ihre größeren Konkurrenten.

Solche Produzenten besitzen üblicherweise nur eine Mine (oder eine kleine Handvoll), während sie parallel dazu ein weiteres Projekt (oder Projekte) vorantreiben. Hauptunterschied gegenüber größeren Produzenten ist der, dass die Wachstumsprojekte die Produktionsmengen des Unternehmens deutlich erhöhen könnten.

Viele verwenden einen Großteil ihres Cashflows aus dem laufenden Betrieb dafür, ihr Wachstum zu finanzieren – im Explorationsgeschäft zum Aufbau von Reserven und Ressourcen oder zum Bau einer neuen Mine beziehungsweise dem Ausbau einer bestehenden Mine. Mittelgroße Produzenten und Entwickler werden manchmal von größeren Konkurrenten geschluckt. Sie können eine großartige Anlagemöglichkeit von mittlerem Risiko und starkem Aufwärtspotenzial darstellen.

Während der stärkeren Phasen eines Silber-Bullenmarkts erzielen mittelgroße Produzenten üblicherweise stärkere Kursgewinne als große Produzenten. Das hängt damit zusammen, dass der Markt bei höheren Silberpreisen beginnt, höhere künftige Cashflow-Ergebnisse und Gewinne einzupreisen. Für eine höhere künftige Silberproduktion sind Investoren auch bereit, mehr zu zahlen.

Und genau das ist es, was mittelgroße Produzenten bieten.

Unter reinen Entwicklern versteht man normalerweise Firmen mit einem größeren zentralen Vermögenswert, der sich der Inbetriebnahme annähert. Gründliche Studien zu dem Flaggschiffvorhaben zeigen die zu erwartende Rentabilität des Projekts. Der reine Entwickler muss viel Kapital einsammeln, um die erforderlichen Studien durchführen zu können, die Betriebserlaubnis zu erhalten und die Mine zu bauen, bevor dann schließlich der Cashflow in Gange kommt. Um Geld einzuspielen und sich auf das große zentrale Vorhaben fokussieren zu können, verkaufen diese Unternehmen häufiger Vermögenswerte, denen sie nur geringen Wert beimessen.

Wichtig ist hier, dass das Unternehmen sehr gut geführt wird. Ein bestehender Produzent muss die aktuelle(n) Mine(n) betreiben und das neue Projekt beziehungsweise die neuen Projekte startklar machen. Das verlangt einem Management enorme Fähigkeiten ab. Umfassende Erfahrung mit den angemessenen Strukturen und dem Delegieren von Aufgaben kann darüber entscheiden, ob ein Projekt erfolgreich wird oder zum Fehlschlag.

Es kann sich für Sie jedoch als ausgesprochen lohnend erweisen, in die am besten geführten mittelgroßen Produzenten und Entwickler zu investieren.

Kurz zusammengefasst

- Bei mittelgroßen Produzenten und Entwicklern sind die Wachstumsaussichten besser als bei großen Produzenten, aber die Risiken auch größer.
- Sie verfügen häufig über einen zentralen Vermögenswert und einige weitere, weniger bedeutende Werte.
- Üblicherweise bieten sie einen größeren Hebel auf Silber, wenn Investoren bereit sind, mit Blick auf die künftige Produktion auch höhere Bewertungen zu zahlen.

Kapitel 49

Bergbaustudien

Unterbrechen wir für einen Augenblick unser Gespräch über die unterschiedlichen Arten und Größen von Silberunternehmen und tauchen in die geschäftlichen Abläufe selbst ein.

Ich möchte Ihnen einen echten Insiderblick ermöglichen.

Wir sind nämlich gerade an einem idealen Zeitpunkt angelangt, rasch die vier wesentlichen Arten von Bergbaustudien vorzustellen, also der Art Analyse, die auf dem Weg zu einem laufenden Minenbetrieb zu absolvieren ist. Dieser »Insiderblick« wird Ihnen beim Investieren in Silber helfen zu erkennen, wie weit die Entwicklung eines Projekts bereits vorangeschritten ist.

KJ Kuchling Consulting zählt zu den führenden Beraterunternehmen in der Bergbaubranche. Kuchling spricht von vier wesentlichen Formen von Studien.

Die **Konzeptstudie** ist eine einleitende Studie, die intern erstellt wird, um sich einen ersten Überblick über die wirtschaftlichen Kennzahlen eines Projekts zu verschaffen. Hier wird noch keine Rücksicht auf mögliche börsenrelevante Regulierungen genommen, aber die Geschäftsleitung erhält einen Eindruck vom Gesamtpotenzial des Projekts.

Mit der **vorläufigen Wirtschaftlichkeitsstudie** wird den Anlegern zunächst einmal ein solider Überblick über Ausmaß, Umfang und mögliche wirtschaftliche Eckdaten gegeben. Sie erfüllt die Ansprüche der Börsenaufsicht, es handelt sich aber weiterhin um eine grobe Schätzung. Die Gesamtmenge an Metall im Boden wird noch in der **abgeleiteten Kategorie** geführt, bei der die Unsicherheit größer ist. Auch können Kapitalbedarf und Betriebskosten um bis zu 40 Prozent zu hoch oder zu niedrig angesetzt werden. Die vorläufige Wirtschaftlichkeitsstudie unterstützt die Geschäftsleitung dabei, unterschiedliche Szenarien durchzuspielen, etwa Tagebau und Untertagebau, kleinere Mine oder größere Mine und so weiter.

Eine **Vormachbarkeitsstudie (Pre-Feasibility Study, PFS)** geht man nur dann an, wenn das Vorkommen einen höheren Gewissheitsgrad hat (»gemessen und angezeigt« anstatt »abgeleitet«). Das kann heißen, dass die Erzmenge geringer ist als in der vorläufigen Wirtschaftlichkeitsstudie, dafür ist aber die Gewissheit höher. Die Kosten werden genauer beziffert, und diese Studie ermöglicht es, eine endgültige Entscheidung über eine vorstellbare Entwicklung zu fällen. Unter Umständen werden weitere Bohrungen (sogenannte Infill-Bohrungen) notwendig, um präzisere Aussagen über die Größe eines Vorkommens treffen zu können. Bei einigen kleineren, einfacheren Projekte mit einer soliden Wirtschaftlichkeitsstudie ist eine Vormachbarkeitsstudie nicht erforderlich, dort geht man gleich zur Machbarkeitsstudie über.

Die **Machbarkeitsstudie (Feasibility Study, FS)** ist normalerweise der letzte Schritt, bevor ein Unternehmen entscheidet, ob ein Projekt gebaut und erschlossen wird. Eine Machbarkeitsstudie ist eine kostspielige Angelegenheit, denn sie ist sehr ausführlich und enthält Studien zu den Auswirkungen des Vorhabens auf die Umwelt und die Gesellschaft. Sie deckt die ganze Spanne ab von ingenieurstechnischen Fragen und Aufbau der Mine über Genehmigungen, technische Details und erforderliche Ausrüstung bis hin zu Kosten und unterschiedlichen Rentabilitätsszenarien abhängig von Kosten und Metallpreisen, und sie befasst sich auch mit der Schließung und Wiedernutzbarmachung der Mine. Beschließt das Unternehmen, das Projekt zu verkaufen, ist eine Machbarkeitsstudie eventuell nicht vonnöten, denn viele Käufer verfügen über die erforderlichen Mittel, diese Studie intern zu erstellen, und bevorzugen diesen Weg.

Kurz zusammengefasst

- Wenn Sie wissen, in welchem Stadium sich ein Projekt befindet, verstehen Sie besser, welchen Weg es noch vor sich hat.
- Eine Konzeptstudie wird intern durchgeführt, um sich ein Bild von den möglichen wirtschaftlichen Eckdaten zu machen. Eine vorläufige Wirtschaftlichkeitsstudie (PEA) liefert den Investoren ein erstes Bild von Umfang, Größe und möglichem Wert.
- Die Vormachbarkeitsstudie (PFS) sorgt für präzisere Daten und hilft bei der Entscheidung über das weitere Vorgehen. Die Machbarkeitsstudie (FS) ist der letzte Schritt, bevor entschieden wird, ob man tatsächlich eine Mine bauen möchte.

Kapitel 50

Junior-Explorationsfirmen

Einige der größten Funde der Bergbaugeschichte gehen auf Prospektoren zurück – Menschen ohne formale Ausbildung, die aber über ein scharfes Auge und jede Menge Motivation verfügen.

Ein aktuelles Beispiel (und eine Geschichte, die ich einfach liebe) kommt aus dem kanadischen Neufundland, wo 2016 ein Silber/Basismetall-Projekt entdeckt wurde. Ein örtlicher Rektor war mit seinem Sohn auf der Suche nach Bodenschätzen, als ihm ein Aufschluss aus bläulichem Gestein auffiel.

Beeindruckt war der zum Metallschürfer gewordene Pädagoge so klug, Proben zu nehmen und sie zur Untersuchung einzuschicken.

Jackpot!

Einige Steine wiesen einen Silbergehalt von fast 500 Gramm pro Tonne auf. Der Mann steckte daraufhin 30 Claims ab und verkaufte das Projekt später an ein großes Explorationsunternehmen. Probebohrungen bestätigten, dass unter der Stelle, wo der Rektor seinen Fund gemacht hatte, noch sehr viel mehr Silber lagerte.

Warum ich diese Geschichte so sehr liebe: Es ist die nahezu perfekte Geschichte eines Junior-Explorers – Aktien, die als »Moonshots« bezeichnet werden, »Schüsse ins Blaue«, bei denen frühe Investoren ihr Geld verhundertfachen oder sogar noch mehr Profit einstreichen können.

Mit *eigenen Augen* habe ich Derartiges schon viele Male geschehen sehen.

Keine Kategorie bietet derart große potenzielle Profite wie die der Junior-Explorationsfirmen – und aus genau demselben Grund geht sie natürlich auch mit den größten Risiken einher.

Vor diesem Hintergrund möchte ich noch einmal betonen: Junior-Explorationsfirmen sind supervolatile Aktien – sie können innerhalb weniger Stunden, teils innerhalb von Minuten, wilde Kursschwankungen nach oben oder nach unten durchlaufen.

Es braucht dazu nur ein Bohrergebnis, das für einen Bonanza-Grade-Fund auf einem Stück Gelände spricht, auf dem vorher noch nicht gesucht worden war. Ich habe miterlebt, wie Aktienkurse um 50 Prozent, um 100 Prozent oder noch mehr in die Höhe schossen … so schnell konnten Sie gar nicht gucken.

Üblicherweise reden wir hier von kleinen Unternehmen, deren Börsenwert von unter 10 Millionen Dollar (sogenannte »Nano Caps«) bis zu 200 Millionen Dollar reicht. Manchmal handelt es sich hier bloß um eine Handvoll Leute (idealerweise jemand, der sich mit den Finanzmärkten auskennt, plus ein erfahrener Geologe) sowie ein vielversprechendes, aber noch unerforschtes Stück Land.

Etabliertere »Juniors« verfügen vielleicht über eine größere Geschäftsführung, ein Board of Directors, Berater, ein Explorationsteam und mehrere Projekte in fortgeschrittenem Stadium. Darunter können auch Minen sein, die früher produzierten, den Betrieb aber aufgrund zu niedriger Preise oder vermeintlich erschöpfter Reserven eingestellt haben.

Im Silbersektor gibt es viel mehr Explorationsfirmen als mittelständische und große Produzenten. Nur ein geringer Prozentsatz an Silberfunden und Silberprojekten wird tatsächlich zu einer Mine.

Manchmal liegt das einfach daran, dass die Zeitverzögerung dermaßen groß ist, dass der Marktzyklus seinen Zenit überschritten hat, wenn das Projekt ausreichend vorangeschritten ist. Sollten die Metallpreise fallen, lassen größere Bergbaukonzerne schon mal Vorsicht walten und fahren ihre Aktivitäten zurück. Damit gehen oftmals Kürzungen der Ausgaben bei Explorationen einher und sogar die (vorübergehende) Schließung bestimmter Aktivitäten. Vielversprechende Projekte beginnen ermutigend, versanden dann jedoch, weil Folgebohrungen die ersten Eindrücke nicht bestätigen können. In solchen Fällen ist das Vorkommen möglicherweise nicht groß genug, um wirtschaftlich erschlossen zu werden.

Aber gewiefte Junior-Unternehmen kaufen derartige Projekte zu Schleuderpreisen, bringen sie durch die Explorationsphase und holen die erforderlichen Genehmigungen ein, während sie ihre Ausgaben mit strenger Hand möglichst klein halten. Erholen sich die Silberpreise ausreichend, können derartige, vermeintlich dem Tod geweihte Projekte rasch wieder an Wert gewinnen.

Greenfield- und Brownfield-Exploration

Ein letztes Mal noch möchte ich technisch werden, denn es ist nützlich, den Unterschied zwischen *Greenfield-* und *Brownfield-Exploration* zu kennen.

Von *Greenfield-Exploration* spricht man, wenn die Existenz eines Mineralvorkommens bis zu seiner Entdeckung nicht bekannt war. Greenfield-Projekte lassen sich noch in »Grassroot-Projekte« und »Advanced-Projekte« herunterbrechen. Bei einem Grassroot-Projekt hat ein Geologe eine Vermutung, wo ein Vorkommen existieren könnte, also wendet er Ressourcen auf, um seine Theorie auf die Probe zu stellen. Mit Ressourcen können beispielsweise Satellitenaufnahmen gemeint sein, Luftbildvermessungen, geologische und geophysische Untersuchungen und die Kartierung am Boden. Unter allen Explorationsarten weist eine Greenfield-Exploration die höchsten Risiken auf. Einigen Statistiken zufolge schafft es von 5000 bis 10 000 Projekten gerade einmal ein einziges bis zur Produktionsphase.

Als *Brownfield-Exploration* wiederum gilt es, wenn Geologen in der Nähe oder im etwas größeren Umfeld noch aktiver oder früher aktiver Minen nach Vorkommen suchen. Bei diesem Szenario sind die Erfolgsaussichten etwas höher. Frühere Explorationsdaten können das Risiko verringern und die Explorationsbemühungen in eine Richtung lenken, bei der die Erfolgsaussichten größer sind. Wenn sich dann in der Nachbarschaft auch noch Anlagen zum Abbau und zur Verarbeitung von Erzen befinden, ist die Wahrscheinlichkeit höher, dass ein neuer Fund auch tatsächlich entwickelt wird und die Lebensdauer der Mine verlängert.

Junior-Explorationsfirmen können sowohl Greenfield- als auch Brownfield-Exploration betreiben. Mittelgroße Entwickler und große Konzerne werden sich im Regelfall eher an einer Brownfield-Exploration beteiligen. Wenn sie doch bei einer Greenfield-Exploration mitmischen, dann zumeist über Gemeinschaftsunternehmen oder indem sie einfach direkt in einen Junior-Explorer investieren. Die Explorationsarbeit mit den höchsten Risiken überlassen die größeren Firmen zumeist den Juniors, die sich ausschließlich auf diese spezielle Aufgabe konzentrieren können.

Kurz zusammengefasst

- Junior-Explorationsunternehmen weisen unter den Silberunternehmen die größten Risiken auf, aber auch die Aussicht auf die höchsten Gewinne.
- Bei einer Greenfield-Exploration ist die Existenz eines Vorkommens im Vorfeld nicht bekannt.
- Bei einer Brownfield-Exploration sucht man in der Nachbarschaft eines Vorkommens nach weiteren Vorkommen.

Kapitel 51

Das relative Abschneiden von Silberaktien

In Kapitel 32 habe ich Ihnen das Gold-Silber-Verhältnis vorgestellt. Ich habe Ihnen gezeigt, wie wir an der historischen Entwicklung dieses Verhältnisses ablesen können, ob Silber im Vergleich zu Gold eher zu teuer oder zu günstig dasteht. Außerdem kann es uns sagen, wann es sinnvoll ist, unsere Gewichtung von Silber gegenüber Gold zu erhöhen oder zu reduzieren.

Lassen Sie mich Ihnen nun zwei weitere Verhältnisse zeigen, die uns helfen zu ermessen, wie sich Silberaktien gegenüber anderen ähnlichen Vermögenswerten verhalten. Auch diese Vergleiche können viel über die Stimmung und die Entwicklung aussagen.

Verhältnis Silberaktien zu Silberpreis

Das Verhältnis von Silberaktien zum Silberpreis gehört zu meinen Lieblingen. Als »Stellvertreter« für Silberaktien greife ich dabei zu SIL (Global X Silver Miners ETF).

Vergleichen wir, wie sich im Laufe der Zeit die Kurse von SIL geteilt durch den Silberpreis entwickelt haben, können wir auf einen Blick sehen, wann sich Silberaktien besser oder schlechter als der Silberpreis entwickelt haben.

Verhältnis Silberaktien zu Silberpreis

Quelle: StockCharts, *silverstockinvestor.com*

Was sagt uns diese Grafik? Knapp 2½ Jahre lang, von Ende 2017 bis Anfang 2019, entwickelten sich Silberaktien schwächer als der Silberpreis, das Verhältnis entwickelte sich nach unten. Dann kippte der Trend zugunsten der Silberaktien, und langsam begannen sie, sich besser als Silber zu entwickeln.

Auch wenn diese Trendwende erst mehrere Monate später aufgefallen wäre, als nämlich das Verhältnis Ende 2019 ein **höheres Hoch** (das »Kaufsignal«) setzte, wäre es noch ein guter Zeitpunkt gewesen, Silberaktien zu kaufen.

Was ich damit meine, sehen Sie an der nächsten Grafik zum SIL-ETF.

SIL-ETF September 2016 bis 2021

Quelle: StockCharts, *silverstockinvestor.com*

Zunächst einmal: Der rollierende 50-Tage-Durchschnitt von SIL sank im Juli und August 2019 auf einen klaren Tiefpunkt (»Trendwende«). Das war ein zusätzlicher Hinweis darauf, dass Silberaktien möglicherweise beginnen würden, sich gut zu entwickeln.

Die obige Grafik zeigt uns, dass der Trend dabei war, zugunsten der Silberaktien zu kippen. Das Signal hätte Ihnen als Bestätigung dienen können, dass der Zeitpunkt für einen ersten Kauf gut ist.

Und ja, es kam kurz darauf zu einem großen, vorübergehenden Preiseinbruch. Das war der Marktschock infolge der Pandemie-Panik rund um Covid-19 im März 2020.

Silberaktien brachen rasch ein, aber schon 6 Wochen später hatten sie sich wieder erholt, nach wenigen Monaten hatten sie sich in neue Höhen aufgeschwungen. Das war der Auftakt für einen neuen, längeren Aufstieg der Silberaktien.

Verhältnis von Silberaktien zu Goldaktien

Sehen wir uns nun einen Vergleich von Silberaktien zu Goldaktien an. Ich arbeite erneut mit dem SIL als Stellvertreter für Silberaktien und mit GDX (VanEck Vectors Gold Miners ETF) als Stellvertreter für Goldaktien.

Die Grafik zeigt den Preis von SIL geteilt durch den Preis von GDX.

Verhältnis von Silberaktien zu Goldaktien

Quelle: StockCharts, *silverstockinvestor.com*

Wir sehen: Bis Ende 2019 fiel das Verhältnis von SIL zu GDX, Silberaktien entwickelten sich schlechter als Goldaktien und erreichten neue Tiefen. Ende 2019 kam es in dem Verhältnis zu einem »Durchbruch« über die fallende Trendlinie hinweg – passend zum obigen »Kaufen«-Signal. Das sprach dafür, dass Silberaktien anfingen, sich besser als Goldaktien zu entwickeln, und dass dies der Auftakt für einen neuen Aufschwung bei Silberaktien darstellen könnte.

Der rollierende 50-Tage-Durchschnitt erreichte Ende Juni 2020 seinen Tiefstand (»Trendwende«). Das war später als das Signal aus dem SIL-Silber-Verhältnis, lieferte aber die zusätzliche Bestätigung, dass Silberaktien in eine neue Rallyephase traten.

Das sind nur einige der Werkzeuge, die mich bei der Entscheidungsfindung unterstützen. Zusammen können sie wertvolle Indikatoren dafür sein, wann ein guter Zeitpunkt gekommen zu sein scheint, in Silberinvestments einzusteigen oder das Engagement zu verstärken.

Kurz zusammengefasst

- Das Verhältnis Silberaktien zu Silber zeigt uns, wie sich Silberaktien im Vergleich zu Silber entwickeln.
- Das Verhältnis Silberaktien zu Goldaktien zeigt uns, wie sich Silberaktien im Vergleich zu Goldaktien entwickeln.
- Kehrt sich ein Trend um, kann Ihnen das bei der Entscheidungsfindung helfen, wenn es darum geht, stärker in Silber zu investieren oder Mittel abzuziehen.

Kapitel 52

Meine Blaupause für das ideale Silberportfolio

Wenn Sie in Silber investieren, besteht eine der Hauptaufgaben darin, dass Sie sich dadurch gegenüber Ihren anderen Investitionen diversifizieren. Aber natürlich möchte man auch, dass sich die Silberinvestitionen bezahlt machen.

Kurzum: Sie möchten Ihre Renditen maximieren und gleichzeitig Ihre Risiken im Griff haben.

Das ist an sich natürlich keine Überraschung, aber der zentrale Punkt ist das »Wie«. Deshalb habe ich einen leicht zu merkenden Ansatz für Silberinvestitionen entwickelt.

Darf ich präsentieren?

Das Silber-M.A.P.-System

Das **Silber-M.A.P.-System** soll Ihnen leicht verständlich helfen, in Silber zu investieren und Ihre Investitionen zu managen.

So funktioniert das Ganze:

- **Silber** für die Vermögensabsicherung
- **M** steht für **Minenunternehmen**, für die Hebelwirkung
- **A** steht für **Allokation**, für die Diversifizierung
- **P** steht für **Profit**, für den Nutzen aus Ihrem Einsatz.

Silber: Halten Sie Silber in physischer Form als Absicherung und als Wertspeicher. Inzwischen sollten Sie erkannt haben, wie wichtig Silber für Ihr Portfolio ist.

Minenunternehmen: Halten Sie Minenunternehmen, um einen Hebel auf den Silberpreis zu haben. In einem säkularen Silber-Bullenmarkt ist es sinnvoll, sich den zusätzlichen Schwung zunutze zu machen, den Silberproduzenten und -Explorationsunternehmen mitbringen.

Allokation: Verteilen Sie Ihre Beteiligungen über mehrere Silberunternehmen, die innerhalb des Lebenszyklus der Minen in unterschiedlichen Phasen aktiv sind. Egal, ob Sie sich auf Royalty-Unternehmen und große Produzenten beschränken oder sich auf Entwicklung und Explorationsfirmen einlassen – richtig aufgestellt, werden Ihre Risiken geringer sein.

Profit: Vergessen Sie nicht, Ihre Gewinne zu managen und Profite einzustreichen.

Das war's. Befolgen Sie mein einfaches, unkompliziertes **Silber-M.A.P.-System**, und Sie halten Ihre ganz persönliche »Schatzkarte« in Händen, die Ihnen dabei helfen kann, aus diesem gewaltigen Silber-Bullenmarkt das Beste für sich herauszuholen.

Nun möchte ich Ihnen zeigen, wie ich mir mein ideales Silberportfolio aufbaue.

Vergessen Sie nicht: Es handelt sich hier um eine Daumenregel von mir und nicht um eine individualisierte Anlageempfehlung. Sie sollten Anpassungen vornehmen, damit dieses Vorgehen zu Ihren sonstigen Investitionen passt – und zu Ihrer Risikobereitschaft. Diese unterscheidet sich von Person zu Person.

Für mich sieht der beste Weg, Risiken zu begrenzen und die Gewinne aus Silberinvestitionen zu maximieren so aus:

- 10 Prozent physisches Silber
- 50 Prozent ETF, Royalty/Streaming und große Produzenten
- 20 Prozent mittelgroße Produzenten und Entwickler
- 20 Prozent Junior-Explorationsfirmen

So einfach ist das. Sehen wir uns nun die Aufteilung im Detail an.

Physisches Silber – 10 Prozent

Ich bin fest davon überzeugt, dass jeder Silberinvestor physisches Silber halten sollte. Das geht über Münzen (meine bevorzugte Methode), Barren oder sogar Junksilber. Wenn ich von Münzen spreche, meine ich nicht numismatische Münzen oder Sammlerstücke. Es gibt Münzen wie den American Silver Eagle, die keinen eigenen Sammlerwert besitzen, sondern die vor allem wegen ihres Silbergehalts wertvoll sind. Beachten Sie jedoch, dass die Aufschläge extrem hoch sein können, bis zum 3-Fachen des Normalen, zum Teil sogar noch höher. Wenn die Aufschläge hoch sind, begnügen Sie sich am besten mit einer geringen Menge und warten darauf, dass die Aufschläge wieder auf ein normales Maß zurückgehen. »Normal« heißt für mich etwa 12 bis 15 Prozent Aufschlag auf den Spotpreis für Silber.

Sollten Sie während einer Phase hoher Aufschläge stärker in Silber investieren wollen, könnte ein Ansatz darin bestehen, sich bei einem silbergestützten ETF einzukaufen (siehe dazu Kapitel 42.)

Ich rechne damit, dass im Laufe der Zeit die Spotpreise und die Futures-Preise auf den Preis für physisches Silber aufholen werden. Bedenken Sie: Aufgrund der Kosten für die Herstellung, Verteilung und dergleichen wird der Preis für physisches Silber immer höher liegen als der Spotpreis. Reguläre Aufschläge liegen eher um die 12 bis 15 Prozent, aber wenn die Nachfrage hoch ist und das Angebot schwach, dann können sie auch 45 bis 50 Prozent erreichen. Ich habe Phasen miterlebt, in denen die Silberaufschläge auf den Spotpreis über Monate hinweg 75 Prozent oder sogar noch mehr betrugen.

ETFs, Royalty/Streaming und große Produzenten – 50 Prozent

Anleger, die auf der Suche nach einem sofortigen und breit gestreuten Zugang zu Silberaktien sind, sollten meinen Rat aus Kapitel 45 befolgen und sich bei einem ETF auf Silberproduzenten einkaufen. Dabei handelt es sich um attraktive Anlagemöglichkeiten, die sich mit einem einzigen Mausklick und zu geringen Kosten realisieren lassen.

Wer sich mit Silber noch gar nicht auskennt, tut möglicherweise gut daran, mit Silber-ETFs zu beginnen und sich schrittweise an den Kauf von Aktien einzelner Silberunternehmen heranzutasten, wenn das Wissen über den Sektor gewachsen ist und man sich in diesem Segment wohler fühlt.

Es gibt natürlich auch andere Möglichkeiten, aber die erste Anlaufstelle, was ETFs für größere Bergbauunternehmen anbelangt, ist der Global X Silver Miners ETF (NYSE: SIL). Er verwaltet ungefähr 1 Milliarde Dollar, und täglich werden um die 500 000 Aktien des Fonds gehandelt. Es gibt auch noch den ETFMG Prime Junior Silver Miners ETF (NYSE: SILJ). Im Namen mag er ein »Junior« tragen, aber die Mehrheit der Beteiligungen stellen mittelgroße und große Silberproduzenten. SILJ hat einen Börsenwert von um die 750 Millionen Dollar, und es werden täglich rund 1,2 Millionen Aktien des Fonds gehandelt. Beide ETFs sind also groß genug und mithin liquide genug, um als diversifizierte Investitionen zu gelten – und dennoch weisen beide noch viel Aufwärtspotenzial auf.

Royalty- beziehungsweise Streaming-Unternehmen sowie große Produzenten sind die größten und stabilsten Silberfirmen. Üblicherweise kommen sie auf einen Marktwert von mindestens 2 Milliarden Dollar.

Royalty- und Streaming-Unternehmen finanzieren andere Bergbaufirmen im Vorfeld und erhalten dafür Lizenzeinnahmen oder einen steten Strom (deswegen »Streaming«) dieses speziellen Vermögenswerts. Diese Firmen betreiben keine Minen, sind entsprechend auch keinen Explorationsrisiken ausgesetzt und müssen keine Genehmigungen für den Aufbau oder den Betrieb einer Mine einholen. Royalty- und Streaming-Unternehmen haben mehrere Vermögenswerte, die zu ihren Einnahmen beitragen, und häufig sind sie breit über unterschiedliche Firmen und Jurisdiktionen hinweg aufgestellt.

Große Produzenten betreiben mehrere größere Minen, oftmals über diverse Jurisdiktionen hinweg. Sowohl die Royalty- und Streaming-Unternehmen als auch die großen Produzenten sind ständig bestrebt, schwindende Reserven zu ersetzen und den Umsatz beziehungsweise die Produktion auszuweiten – nur geschieht das üblicherweise langsamer als bei mittelgroßen oder kleinen Produzenten.

Üblicherweise handele ich nicht mit derartigen Unternehmen. Habe ich sie gekauft, geschieht das in der Absicht, sie über die gesamte Dauer des Bullenmarkts hinweg zu halten, was durchaus mehrere Jahre bedeuten kann. Aber ich halte sie auch nicht bis in alle Ewigkeit. Habe ich das Gefühl, dass die Aktien stark überbewertet sind, realisiere ich auch schon mal einen Teilprofit. Und bin ich der Ansicht, dass das Unternehmen nicht gut geführt wird oder dass ich es durch einen deutlich besseren Betreiber ersetzen kann, überlege ich mir, die Aktien zu verkaufen und meine Mittel umzuschichten.

Ebenfalls wichtig: Nur weil es sich um größere Konzerne handelt, sollten Sie nicht dem Glauben erliegen, dass sie keine großen Renditen erzielen können. Wir haben vorhin gesehen: Wer im April 2001 Anteile von Pan American Silver besaß und diese bis zum März 2008 hielt, strich 1687 Prozent Rendite ein, also fast das 18-Fache. Und Wheaton Precious Metals kam in gerade einmal 2½ Jahren, zwischen 2008 und 2011, auf 1880 Prozent Gewinn. Und wir sprechen hier von zwei der größten Silberunternehmen, die es gibt!

Mittelgroße Produzenten und Entwickler – 20 Prozent

Sie können von der Größe her beträchtlich variieren, aber was sie gemeinsam haben, ist, dass sie üblicherweise eine große Hebelwirkung auf den Silberpreis bieten.

Ihr Risikoprofil mag geringer sein als das von Junior-Explorationsfirmen, dennoch ist diese Kategorie weniger sicher als große Produzenten und Royalty-Unternehmen. Sie sind weniger rentabel als ihre großen Gegenstücke, da sie ihren Cashflow in Expansionsbemühungen investieren.

Betreiben sie Minen, sind diese eher kleiner. Sie sind an Brownfield-Exploration beteiligt, die darauf abzielt, die produktive Phase einer Mine zu verlängern und die eigenen Reserven aufzustocken. Arbeiten sie an einer Ausweitung bestehender Minen, fließen die Gewinne möglicherweise in kostspielige Gerätschaften, die dazu dienen, die Verarbeitungskapazitäten zu vermehren. Sie treiben ein Flaggschiff-

Projekt voran (oder bauen es auf) oder legen sich eine Mine zu, bei der es bis zur Inbetriebnahme noch Jahre dauern kann.

Aber wenn wir uns in einem Silber-Bullenmarkt befinden, sorgt ihr größeres Wachstumsprofil üblicherweise dafür, dass der Aktienpreis rascher in die Höhe schießt. Schnelleres Wachstum kann dazu führen, dass größere Produzenten aufmerksam werden, die selbst nach Möglichkeiten für ein rasches Wachstum suchen. Das gilt umso mehr, wenn die Konzerne eine starke Bilanz und einen hohen Aktienkurs vorweisen können. Mittelgroße Produzenten und Entwickler können also rasch zu einem Übernahmeziel werden, was sie zu großartigen mittelriskanten Anlagemöglichkeiten mit dem Potenzial für heftige Zugewinne macht.

Junior-Explorationsfirmen – 20 Prozent

Es sei hier noch einmal betont, dass Junior-Explorationsunternehmen zumeist sehr riskante und volatile Anlageziele darstellen und man seine Investitionen hier also am besten über mehrere Firmen streut.

Bei einem Börsenwert von unter 10 Millionen Dollar bis zu 200 Millionen Dollar können bereits kleinere Aktienkäufe oder -verkäufe den Kurs in Bewegung versetzen. Abhängig davon, wie viel Geld Sie hier einsetzen möchten, würde ich empfehlen, mindestens fünf Titel zu halten, besser noch bis zu zehn.

Junior-Explorationsunternehmen wurden als die volatilsten Aktien der Welt bezeichnet – eine Einschätzung, der ich gewiss nicht widersprechen würde. Noch schwankungsanfälliger sind möglicherweise nur Optionsscheine und Futures. Aber genau das macht auch den Reiz dieser Aktien aus. Wenn wir in diese Titel investieren, spekulieren wir auf immense Gewinne.

Doch Sie können vor einer Investitionsentscheidung noch so ausführlich und gründlich zu den Firmen recherchieren, Sie werden dennoch keine Gewissheit bekommen, welche Anlage überwältigende Ergebnisse abliefern wird.

Auch aus diesem Grund ist es sinnvoll, unterschiedliche Titel zu halten. Von zehn werden einige möglicherweise eine 5- bis 10-fache

Rendite erzielen, einige werden sich dahinschleppen, einige werden untergehen. Aber vielleicht ist die eine Aktie darunter, mit der Sie Ihren Einsatz verzwanzigfachen, verfünfzigfachen oder sogar verhundertfachen. Und dieser eine »Moonshot« wäre mehr als ausreichend, eine hübsche Rendite für die ganze Gruppe zu generieren.

Ein kritischer Aspekt, was den Junior-Bereich des Silbermarkts angeht: Die Produzenten haben in den vergangenen Jahren nur wenig Geld in den Ausbau alter Minen oder den Aufbau neuer Minen gesteckt.

Sehen Sie sich an, wie sich die Kapitalausgaben der Branche in den vergangenen Jahren entwickelt haben.

Investitionszyklus der Silberproduzenten

Silver Miners CAPEX Cycle

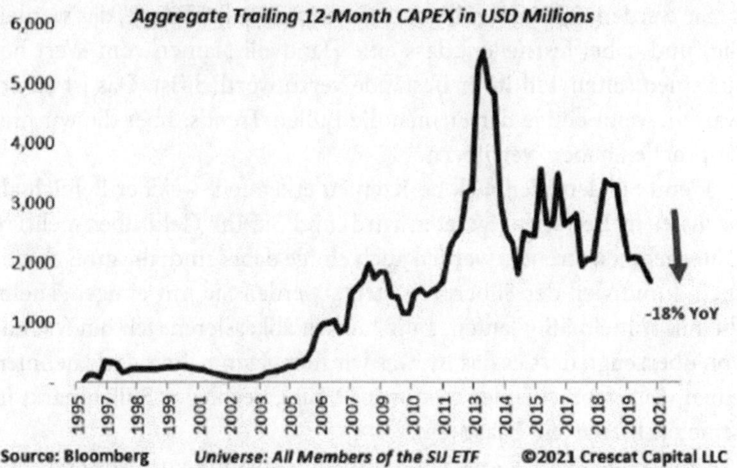

Quelle: Crescat Capital

Einige der Kürzungen betrafen Personal, Gerätschaften, Einrichtungen und Modernisierung, doch das ändert nichts daran, dass die Exploration zu den Bereichen zählt, die am stärksten von Sparmaßnahmen betroffen sind. Viele Silberkonzerne haben in mageren Jahren schlicht die Exploration eingestellt, um Geld zu sparen. In anderen Fällen haben sie qualitativ höheres Erz abgebaut, um den Cashflow zu maximieren oder die Verluste möglichst gering zu halten.

Die Folge: Viele haben ihre Reserven erschöpft. Und jetzt verdienen sie viel Geld mit den anhaltend höheren Silberpreisen, aber sie werden auch mehr investieren müssen, um durch Exploration weitere Vorkommen ausfindig zu machen oder um durch Zukäufe die Kapazitäten aufzustocken. Aus diesem Grund sind viele Junior-Explorationsunternehmen so interessant, während sich dieser Investitionszyklus intensiviert. Abhängig von Aspekten wie dem Standort, der Projektqualität und dem regulatorischen Umfeld können die Juniors zu Übernahmezielen werden, was enorme Kursgewinne nach sich ziehen kann.

Hier einige andere wichtige Punkte.

Sie werden sich immer besser auskennen (keine Bange, das werden Sie) und dabei feststellen, dass eine Handvoll Namen vom Wert her für einen satten Teil Ihrer Bestände verantwortlich ist. Das ist zu erwarten, wenn einige der Firmen die Bullen-Trends, über die wir hier gesprochen haben, versilbern.

Wenn Sie den Weitblick besitzen zu erkennen, welcher Bereich als nächster in Bewegung geraten wird, und Sie Ihr Geld über mehrere Unternehmen streuen, werden auch einige dabei sind, die groß abräumen – und weil der Silberpreis steigt, werden Sie mit einigen Titeln, die nur mittelmäßig laufen, ganz hübsch abkassieren. Ich bin fest davon überzeugt, dass es das ist, was wir hier getan haben – wir nehmen einen vielversprechenden Sektor ins Visier, bevor der Bullenmarkt in seine nächste große Phase tritt.

Und schließlich: Vergessen Sie nicht, Gewinne zu realisieren. Juniors sind sehr volatil, es kann also passieren, dass sie große Teile ihrer Zugewinne oder sogar alles wieder abgeben. Verdoppelt sich der Wert einer Aktie, insbesondere die eines Junior-Bergbau- oder -Explorationsunternehmens, verkaufen Sie die Hälfte Ihres Bestands. Auf diese Weise bewahren Sie Ihren ursprünglichen Einsatz und »spielen mit dem Geld des Hauses«, wie man an der Börse sagt. Sie haben für diesen Anteil praktisch nichts bezahlt, möglicherweise fällt es Ihnen nun auch leichter, diese Beteiligung erst einmal eine Weile laufen zu lassen, bevor Sie weitere Gewinne realisieren.

Ich bin der Meinung, dass Sie die Risiken minimieren und die Rendite maximieren können, indem Sie Ihre Mittel über die unterschiedlichen Unterabschnitte der Silberwelt verteilt investieren. Und wenn Sie in jedem Unterabschnitt Beteiligungen an mehreren Unternehmen halten, können Sie noch weiter diversifizieren und sich vor Schwankungen absichern.

Ihre Aufgabe ist es, das von Ihnen investierte Geld zu bewahren und zu mehren. Ich halte den von mir umrissenen Weg für den besten.

Und wie ich Ihnen in **Kapitel 44 – Silberaktien und ihre Hebelwirkung** gezeigt habe, kann es sich als ausgesprochen lohnenswert erweisen, in Silberaktien zu investieren. Aber investieren müssen Sie schon, sonst können Sie nicht profitieren.

Kurz zusammengefasst

- Das **Silber-M.A.P.-System** erleichtert es Ihnen, Anlageposten im Silbersegment aufzubauen und zu verwalten.
- Wenn Sie sich ein Portfolio mit physischem Silber und Silberaktien aufbauen, sind Sie breit aufgestellt und können vom Aufwärtspotenzial profitieren.
- Wichtig ist es, frühzeitig einen Bullenmarkt zu erkennen, in ihn zu investieren und Gewinne mitzunehmen.

Kapitel 53

Die fünf Geheimnisse des Risikomanagements

Seit zwei Jahrzehnten beobachte und analysiere ich die Märkte. Dabei ist mir ein Fehler aufgefallen, den Anleger wieder und wieder und wieder begehen.

Sie sind ganz besessen von Gewinnen – und der Frage: »Wie viel kann ich da verdienen?«

Wonach sie dagegen selten fragen, sind die Risiken. Ich möchte nicht, dass Sie denselben Fehler begehen.

Investieren Sie in die richtigen Branchen (und Vermögensklassen), haben Sie Ihre Risiken im Griff, und die Frage »Wie viel kann ich da verdienen?« erledigt sich von ganz allein.

Fünf zentrale Werkzeuge helfen Ihnen bei Silber und Silberaktien – und allen anderen Formen von Investitionen –, Ihre Risiken im Griff zu haben und die Gewinne zu maximieren.

Ich spreche von **Position-Sizing, Trancheneinkauf, Spielen mit dem Geld des Hauses, Trailing-Stops** und **Rebalancing**.

Position-Sizing

Position-Sizing bedeutet, die Größe von Positionen abhängig vom jeweiligen Risiko zu berechnen. Sie kennen sicherlich den Spruch »Nicht alles auf eine Karte setzen«. Das ist ein guter Ratschlag für jede Form von Investment – und ganz besonders für Ihr Silberportfolio.

In **Kapitel 52 – Meine Blaupause für das ideale Silberportfolio** habe ich Ihnen gezeigt, wie ich Kapital über die unterschiedlichen Arten von Silberinvestments verteile: 10 Prozent physisches Silber, 50 Prozent gemanagte Investitionen, Royalty- und Streaming-Unternehmen und große Produzenten, 20 Prozent mittelgroße Produzenten und Entwickler und 20 Prozent Junior-Explorationsfirmen.

Es ist aber auch wichtig, innerhalb jeder dieser Kategorien die jeweiligen Posten zu deckeln. Nehmen wir das gesamte Kapital, das Sie in den Silbersektor investieren möchten. Aus meiner Sicht sieht die ideale Aufteilung dann aus wie folgt:

Silverinvestitionen: maximaler Prozentanteil pro Posten

Total Allocation	Category	Maximum per Holding
10%	Physical Silver	10%
50%	Managed Investments (ETFs)	10%
	Royalty/Streaming	5%
	Large Producers	5%
20%	Growing Producers & Developers	5%
20%	Junior Explorers	4%
100%	Total	

Quelle: *silverstockinvestor.com*

Sie sehen: Für gemanagte Silberinvestitionen wie ETFs würde ich maximal 10 Prozent des Gesamtportfolios reservieren, denn hier handelt es sich bereits um diversifizierte Investitionen. Bei Royalty- und Streaming-Unternehmen sowie großen Produzenten würde ich bis zu 5 Prozent pro Firma investieren, dasselbe gilt für mittelgroße Produzenten und Entwickler. Was die Junior-Explorationsunternehmen anbelangt, würde ich maximal 4 Prozent auf bis zu fünf unterschiedliche Firmen verteilen (was einem Maximum von 20 Prozent für die »Juniors« entspricht).

Begrenzen Sie sorgfältig jede dieser Zuteilungen, und Sie minimieren das Risiko, das jeder einzelne Posten mit sich bringt. Sollte eine dieser Investitionen massiv einbrechen, sind die Auswirkungen auf das Gesamtportfolio gering.

Trancheneinkauf

Haben Sie sich für den Kauf einer bestimmten Aktie entschieden, besteht das Ziel nun darin, die Aktie zum bestmöglichen Preis zu erstehen. Um zu wissen, welcher Preis das ist, müssten Sie allerdings in die Zukunft sehen können. Wir anderen wissen es erst im Nachhinein.

Natürlich gibt es keine Möglichkeit zu erkennen, wann der Preis kurz vor der Talsohle steht, allerdings gibt es einen Weg, die Wahrscheinlichkeit zu erhöhen, dass Sie nicht zu viel bezahlen. Die Rede ist davon, in Tranchen zu kaufen.

Es handelt sich um eine simple Methode, die aber nur von wenigen Anlegern befolgt wird, obwohl sie sich doch wieder und wieder in der Praxis bewährt hat.

Nachdem ich jahrelang investiert und gehandelt habe, bin ich zu dem Schluss gelangt, dass ich zum niedrigstmöglichen Preis in ein Investment einsteigen möchte. Dazu gehe ich wie folgt vor:

»Habe ich die Talsohle erwischt, habe ich Glück. Steige ich schrittweise in Bodennähe ein, bin ich klug … und habe Glück.«

Ich möchte Ihnen mithilfe eines simplen Szenarios zeigen, wie das funktionieren kann.

Sagen wir, Sie haben beschlossen, insgesamt 1500 Dollar in eine Silberaktie zu investieren, und die Aktie steht aktuell bei 1 Dollar. Sie könnten nun einfach losgehen und die gesamten 1500 Dollar dafür nehmen, 1500 Aktien zu kaufen. Oder Sie kaufen in Tranchen – und begrenzen damit Ihr Risiko, zu viel zu zahlen.

Nehmen wir an, Sie teilen Ihr Kapital in drei gleichgroße Blöcke von jeweils 500 Dollar auf. Nun gehen Sie und kaufen die erste Tranche für 1 Dollar. Sie besitzen nun also Aktien für 500 Dollar. Die nächsten Wochen über beobachten Sie die Kursentwicklung, und leider sackt der Preis ab. Spaß bringt das nicht, mit anzusehen, wie Ihre Investition an Wert verliert, aber zum Glück haben Sie bloß die erste von Ihren insgesamt drei »Tranchen« investiert.

2 Wochen vergehen, und der Aktienkurs fällt kurzzeitig auf 80 Cent, klettert dann in den nächsten Tagen wieder auf 85 Cent. Zu diesem Preis kaufen Sie ihre zweite Tranche von 500 Aktien und bezahlen dafür 425 Dollar.

Sie halten nun also 1000 Aktien, und die beobachten Sie weiter. Der Kurs erholt sich weiter, nach 2 Wochen stehen die Aktien bei 95 Cent. Nun kaufen Sie die dritte und letzte Tranche. Bei einem Preis von 95 Cent kosten diese 500 Aktien Sie 475 Dollar.

Addieren Sie die Kosten der drei Tranchen – 500 Dollar plus 425 Dollar plus 475 Dollar, macht 1400 Dollar insgesamt. Sie haben also wie beabsichtigt 1500 Aktien erstanden – aber zu einem Durchschnittspreis von 93,33 Dollar, was bedeutet, Sie haben 100 Dollar gespart.

Natürlich funktioniert das nicht immer auf diese Weise. Vielleicht kaufen Sie die erste Tranche, und von da an steigt und steigt der Preis. Ihre nächsten beiden Tranchen kosten Sie also möglicherweise mehr und heben Ihre durchschnittlichen Kosten an. Was ich mit alledem sagen will: Man kann es nie wissen.

Aber diese Methode, in Tranchen zu kaufen, trägt häufig dazu bei, das Risiko zu verringern, dass man zu viel bezahlt. Als Investor müssen wir mit sämtlichen Mitteln arbeiten, die uns zur Verfügung stehen, und das führt mich zur nächsten Taktik.

Spielen mit dem Geld des Hauses

Hier eine weitere Strategie, die die gewieftesten Investoren nutzen, um Risiken zu minimieren.

Dieser Ansatz funktioniert bei allen Aktien in Ihrem Portfolio, aber aus meiner Sicht ist er unerlässlich, geht es um Junior-Bergbauunternehmen und Junior-Explorationsfirmen, denn deren Aktien sind ganz besonders volatil, und bei ihnen kann sich das Blatt mit rasender Geschwindigkeit wenden. Die Ergebnisse des nächstes Bohrlochs oder auch nur ein Stimmungsumschwung am Markt können ausreichen.

Es ist ganz simpel und basiert auf dem alten Investmentgrundsatz: »Du kannst nicht verlieren, wenn du einen Gewinn einstreichst.« Erzielt eine riskantere Aktie erhebliche Gewinne, achten Sie darauf, diese Gewinne auch zu realisieren, indem Sie einige Aktien verkaufen.

Wann immer sich der Wert einer Investition verdoppelt hat, verkaufen Sie die Hälfte Ihrer Beteiligung. Auf diese Weise haben Sie Ihren ursprünglichen Einsatz wieder hereingeholt. Jetzt sind Sie ohne Kosten investiert und können dieser Anlage ihren Lauf lassen.

Sie spielen ab diesem Zeitpunkt sozusagen mit dem Geld des Hauses, soll heißen, es gibt nunmehr kein Szenario, bei dem Sie ein Minus machen.

Sie müssen nicht extra warten, bis sich der Aktienpreis verdoppelt. Ein Plus von 70 oder 90 Prozent kann ausreichend sein, einen Teil der Gewinne zu realisieren. Einige Investoren verkaufen dann genügend Aktien, um sich diese Gewinne zu sichern, und behalten Anteile im Wert der Ausgangsinvestition.

Wählen Sie den Weg, der für Sie am bequemsten ist, der also am besten zu Ihrer persönlichen Risikotoleranz passt.

Und Sie können einen Teil dieser Gewinne oder den gesamten Gewinn nehmen und in eine andere Silberaktie stecken, die Sie beobachtet haben.

Manche Leute tun das sogar mit den größeren Silberproduzenten in ihrem Portfolio. Ich lehne das nicht ab, denn niemand von uns weiß, was die Zukunft bringt, schon gar nicht für einzelne Unternehmen. Häufig dienen diese Erlöse dazu, in einen anderen großen Produzenten zu investieren und sich auf diese Weise noch breiter aufzustellen.

Trailing-Stops

Trailing-Stops können eine großartige Methode sein, das eigene Kapital zu schützen und gleichzeitig einen Gutteil der Gewinne abzusichern.

Sagen wir, Sie sind vollständig in Bergbauunternehmen X investiert. Sie haben per Trancheneinkauf 4000 Anteile des Unternehmens erstanden und dabei durchschnittlich 1 Dollar für die Aktie bezahlt. Ihre Gesamtinvestition beträgt also 4000 Dollar.

Im Verlauf des folgenden Jahres ziehen diese Aktien stark an und klettern auf 2 Dollar. Sie haben Ihre Beteiligung die gesamte Zeit über gehalten und beschlossen, frühestens dann Aktien abzustoßen, wenn sie sich im Wert verdoppelt haben. Vielleicht waren Sie aber auch zu beschäftigt, um es zu bemerken. Wie auch immer: Die Aktienpreise sind deutlich gestiegen, Ihre Gesamtinvestition ist inzwischen 8000 Dollar wert. Verkaufen wollen Sie nicht, denn Sie gehen davon aus, dass der Kurs noch weiter steigt.

Sie haben aber auch kein Interesse daran, einen großen Teil dieser mühsam erkämpften Gewinne wieder aus der Hand zu geben.

Also beschließen Sie, den gesamten Posten abzustoßen, sollte der Karren an die Wand fahren. Anleger arbeiten mit einem **Trailing-Stop**, das bedeutet, sie verkaufen ihre Beteilung, sollte diese einen vorher festgelegten Prozentsatz gegenüber einem neuen Höhepunkt einbüßen. Und das funktioniert so:

Eine Marktkorrektur setzt ein, und der Aktienkurs von Bergbauunternehmen X beginnt zu bröckeln. Sie haben für sich festgelegt, dass ein Einbruch um 25 Prozent unter den Spitzenpreis Ihr Auslöser dafür ist, die gesamte Position zum Verkauf zu stellen. Der Einfachheit halber nehme ich beim Berechnen von Trailing-Stops immer den Schlusskurs, also den Preis, mit dem eine Aktie aus einem Handelstag geht.

Der Preis Ihres Bergbauunternehmens beginnt zu steigen, aus aktuell 2 Dollar pro Anteil werden 2,50 Dollar. Dann beginnen die Aktien wieder zu fallen und rutschen zurück auf 2 Dollar. Dieser Fall um 50 Cent entspricht jedoch nur 20 Prozent auf den 2,50-Dollar-Schlusskurs, also beschließen Sie zu warten.

Von den 2 Dollar aus klettern die Aktien wieder in die Höhe und erreichen schließlich 3 Dollar. Dann entwickelt sich der Preis wieder ins Negative und eines Tages beträgt der Schlusskurs 2,25 Dollar. Diese 75 Cents unter 3 Dollar entsprechen 25 Prozent, also verkaufen Sie am nächsten Tag den gesamten Posten.

Bei diesem Beispiel hielten Sie an den Aktien während des Kursverfalls von 2,50 auf 2 Dollar fest, erlebten dann den Anstieg auf 3 Dollar mit sowie die erneute Abwertung auf letztlich 2,25 Dollar. Bei einem Verkaufspreis von 2,25 Dollar erlösen Ihre 4000 Aktien 9000 Dollar. Hätten Sie bei 2 Dollar verkauft, wären es nur 8000 Dollar gewesen.

Natürlich laufen die Dinge in der Realität keineswegs immer so ab. Ein anderes Beispiel: Sie haben sich 4000 Aktien zu 1 Dollar das Stück gekauft. Dann setzt ein mehrjähriger Bärenmarkt ein, und ihre Aktien rutschen immer weiter bis auf 75 Cent ab. Das entspricht einem 25-Prozent-Minus gegenüber dem Kaufpreis, und Sie verkaufen Ihre Beteiligung, um Ihr Kapital zu erhalten und Ihre Verluste zu begrenzen. Die Aktie fällt weiter auf 50 Cent und bleibt dort die kommenden 5 Jahre. In diesem Fall haben Sie Ihre Verluste minimiert und verfügen noch immer über 3000 Dollar, die Sie an anderer Stelle investieren können.

Am wichtigsten ist es, dass Sie sich darüber klarwerden, bis zu welchem Punkt Sie bereit sind, Kursverluste gegenüber dem Kaufpreis oder einem neuen Hoch zu akzeptieren, und dass Sie sich dann auch daran halten.

Rebalancing

Eine andere Methode, wie Sie Ihr Gesamtrisiko verringern können, besteht im Rebalancing, also dem Neugewichten des Portfolios. Hier ein Beispiel, wie das funktioniert:

Rebalancing bedeutet im Grunde, dass Sie die Gewinne aus Ihren Gewinneraktien nehmen und Ihren schwächeren Aktien zukommen lassen – oder neuen Möglichkeiten, die sich Ihnen eröffnet haben. Einschränkend muss ich dazusagen, dass ich bei meinen schwächeren Aktien nur dann nachkaufe, wenn sie mir noch immer zusagen und ich weiterhin der Ansicht bin, dass ihre Erfolgsaussichten gut sind.

Sagen wir, Sie halten drei Silberaktien (Firma A, Firma B und Firma C). Zu Beginn von Jahr 1 investieren Sie in jedes dieser Unternehmen 1000 Dollar. Am Ende des Jahres ist Firma A 2000 Dollar wert, Firma B 1200 Dollar und Firma C 800 Dollar.

Rebalancing könnte in diesem Fall bedeuten, dass Sie die Hälfte Ihrer Beteiligung an Firma A verkaufen und für 200 Dollar Anteile von Firma B, um mit dem Geld weitere Anteile von Firma C zu erstehen. Sie könnten die 1000 Dollar Gewinn aus Firma A auch dafür nutzen, Aktien einer vierten Firma zu erstehen, Firma D.

Zu Beginn von Jahr 2 umfasst Ihr Portfolio nunmehr vier Silberproduzenten, und jede Beteiligung ist 1000 Dollar wert. Am Ende von Jahr 2 wiederholen Sie diesen Vorgang und lenken Gewinne in schwächere Aktien um und/oder in neue Investitionen.

Silber und Silberinvestitionen im Blick behalten

Um zu verfolgen, wie sich der Silberpreis entwickelt, gehe ich auf *kitco.com*. Dort werden in Echtzeit die Kurse von Silber, Gold und anderen Edelmetallen angezeigt.

Gleichzeitig finden Sie dort jede Menge Nachrichten und Kommentare zu Edelmetallen, zur Konjunkturlage und zu Trends, die Sie im Auge behalten sollten. Viele Mitwirkende stellen Analysen kostenlos zur Verfügung. Kitco ist eine vorzügliche Adresse, sich mit allem rund um Silber und Edelmetalle vertraut zu machen.

Finance.yahoo.com ist eine hervorragende und kostenlose Adresse, die Ihnen hilft, Ihr Silberportfolio im Blick zu behalten. Sie können dort unterschiedliche Portfolios mit all Ihren Aktien anlegen und erfassen, wann Sie welche Aktien in welchen Mengen zu welchen Preisen gekauft und verkauft haben. Sie können die Preisentwicklung verfolgen und erhalten Nachrichten zu den Aktien in Ihrem Besitz.

Gleichzeitig finden Sie dort viele Finanzdaten zu jeder Aktie, beispielsweise die historische Entwicklung, Verschuldung und Barreserven des Unternehmens, Angaben zu den Dividenden, Kurs-Gewinn-Verhältnis, Börsenwert und so weiter. Sie können sogar detaillierte Kurs-Charts und Analysten-Prognosen abrufen.

Kurz zusammengefasst

- Fünf einfache Methoden können Ihnen helfen, Risiken zu managen, Verluste zu minimieren und Gewinne zu maximieren.
- Diese Methoden heißen Position-Sizing, Trancheneinkauf, Spielen mit dem Geld des Hauses, Trailing-Stops und Rebalancing.
- Kitco und Yahoo! Finance sind zwei großartige Websites, auf denen Sie die Silberpreise und Branchennachrichten verfolgen, die Entwicklung Ihres Portfolios im Blick behalten und ausführliche Finanzinformationen einsehen können.

Kapitel 54

Wann verkaufe ich Silber und Silberaktien?

Inzwischen werden Sie es zweifelsohne begriffen haben: Ein kluger Investor besitzt physisches Silber und Silberaktien.

Aber leider ist es so, dass wir uns wachsender Ungewissheit ausgesetzt sehen, dass die Haushaltsdefizite und die Staatsverschuldung gewaltig sind und weiter wachsen, dass am laufenden Band frisches Geld gedruckt wird und dass die Zinsen gleichzeitig auf historisch niedrigem Niveau verharren. Für Silber ist das ein perfektes Szenario.

Niemand kann genau sagen, wie sich die Dinge entwickeln werden. Ich werde nicht so tun, als wüsste ich auf alle Fragen eine Antwort, und wenn jemand diesen Eindruck zu erwecken versucht, sollten Sie argwöhnisch werden.

Was ich allerdings vorweisen kann, sind jahrzehntelange Erfahrung, historische Präzedenzfälle und ein funktionierendes Glaubenssystem.

In den 1970er-Jahren haben wir es bei Edelmetallen gesehen: Irgendwann erreichen alle Bullenmärkte ihren Höhepunkt und enden daraufhin. Der Tag wird kommen, an dem Sie sich von Ihren Silberaktien und vielleicht sogar von weiten Teilen Ihres physischen Silbers trennen sollten.

Wahrscheinlich jedoch werden Sie immer etwas Silber besitzen wollen – und sei es nur, um es an ihre Kinder oder Enkelkinder weiterzugeben. Ein wunderschönes Geschenk ist Silber allemal.

Gehen Sie nicht davon aus, bei einem Verkauf den exakten Höchstwert zu erreichen, das wäre unrealistisch.

Das bedeutet jedoch nicht, dass Sie nicht einen Zeitpunkt in der Nähe des Spitzenwerts erwischen können. Dafür müssen Sie die Werkzeuge und Ratschläge und Indikatoren, die Sie hier kennengelernt haben, einsetzen und versuchen, mit ihrer Hilfe den bestmöglichen

Zeitpunkt zu bestimmen. Ist die Stimmung auf dem Höhepunkt, ist vermutlich auch der Preis auf dem Höhepunkt angelangt. Wenn Sie also in den Abendnachrichten im Fernsehen Berichte über Silberpreise sehen und wenn die wichtigsten Kommentatoren der Finanzmedien darüber sprechen, dann sollten Sie sich schon einmal nach dem nächsten Ausgang umschauen.

Wenn alle anderen hineindrängen, sollten Sie sich verabschieden. Wie geht der alte Spruch: »Kaufe, wenn alle anderen Angst haben, und verkaufe, wenn sie gierig sind.«

Sehen wir uns noch einmal einige Indikatoren an, die ich Ihnen in vorangegangenen Kapiteln vorgestellt habe. Ich zeige Ihnen, wie man sie in der Praxis einsetzen kann.

Meine **vier Hinweise auf einen Silber-Peak** sind:

1. **FOMO**
2. **Gold-Silber-Verhältnis**
3. **Dow-Silber-Verhältnis**
4. **Silber-Immobilien-Verhältnis**

Ich möchte Ihnen anhand eines anekdotenhaften Beispiels verdeutlichen, wann der richtige Zeitpunkt zum Verkauf gekommen ist.

Hinweis Nummer 1 für einen Silber-Peak: FOMO

Ende 1979 und Anfang 1980 verdoppelte sich der Silberpreis innerhalb von Wochen einmal und dann ein weiteres Mal. Alle wollten Silber. Um an Silber zu kommen, waren viele Anleger bereit, sich (mitten im Winter!) vor Bankgebäuden und bei Barrenhändlern in lange Schlangen einzureihen. Teilweise standen mehrere Hundert Menschen entlang ganzer Straßenzüge. Das war ein ganz klares Signal, sich auf den Verkauf vorzubereiten.

Nun greift nämlich FOMO, die Furcht, etwas zu verpassen, und Leute, die nicht die geringste Ahnung von Silber haben, reden darüber, als seien sie seit Jahren große Fachleute. Sie erklären jedem, um wie viel der Silberpreis im vorangegangenen Monat oder im vorangegangenen Jahr gestiegen sei und wie viel Gewinn sie mit ihren Silberaktien gemacht haben. Die meisten von ihnen sind vermutlich erst seit wenigen Wochen oder Monaten dabei, nachdem sie in den sozialen Medien etwas darüber gelesen haben. Es ist das klassische »Cocktailparty-Warnsignal«.

Aller Wahrscheinlichkeit nach wird es nicht nur ein Hinweis sein, sondern gleich mehrere, die einen anspringen, sobald der Höhepunkt des Silberpreises kurz bevorsteht.

An welcher Stelle des Weges wir uns befinden, kann uns die Geschichte zeigen. Nehmen wir beispielsweise das Gold-Silber-Verhältnis.

Hinweis Nummer 2 für einen Silber-Peak: Das Gold-Silber-Verhältnis

In Kapitel 32 habe ich das Gold-Silber-Verhältnis eingeführt. Es hilft Ihnen zu bestimmen, ob Silber im Vergleich zu Gold zu teuer, zu billig oder gerecht bewertet ist.

Gold-Silber-Verhältnis 1975–2001

Quelle: *goldprice.org, silverstockinvestor.com*

Wenn wir das Verhältnis dahin gehend untersuchen, inwieweit es uns Hinweise auf einen Silber-Peak liefert, ist es durchaus lohnend, sich anzusehen, wie die Dinge während des vorangegangenen säkularen Bullenmarkts lagen.

Noch einmal: Diese Methode liefert Hinweise, aber keine Garantien. Als Silber Anfang 1980 einen Preis von 50 Dollar die Unze erreichte, hängte der Preis den Goldpreis (der seinerseits in Richtung 800 Dollar schoss) rasch ab. Mit rund 15 erreichte das Gold-Silber-Verhältnis einen Tiefstand, der seitdem nicht einmal annähernd in Gefahr geriet.

Ich bin überzeugt, wenn dieser Bullenmarkt seinen Höhepunkt erreicht, wird das Verhältnis unter 30 betragen und wahrscheinlich sogar in Richtung 15 gehen. Sollten wir meine Kursziele von 5000 Dollar für die Unze Gold und von 300 Dollar für die Unze Silber erreichen, entspräche das einem Verhältnis von 16,7:1 – gar nicht einmal so weit entfernt von den 15 aus dem Jahr 1980.

Sobald wir ein Verhältnis von unter 30 beobachten, ist die Zeit zum Verkaufen gekommen.

Hinweis Nummer 3 für einen Silber-Peak: Dow-Silber-Verhältnis

Für dieses Verhältnis wird die Punktzahl des Dow Jones Industrial Average durch den Silberpreis geteilt.

Betrachten wir, wie sich dieses Verhältnis in den 1970er-Jahren entwickelte, können wir Hinweise ableiten, was der aktuelle Silber-Bullenmarkt mit Blick auf den Dow Jones für uns bereithält.

Dow-Silber-Verhältnis
1970–2022

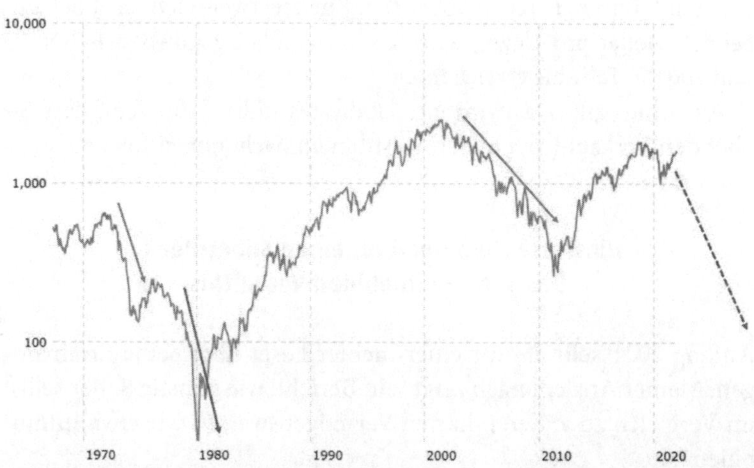

Quelle: *macrotrends.net, silverstockinvestor.com*

Welche Lehren Sie meiner Ansicht nach aus dieser Grafik ziehen sollten: Zwischen 1970 und 1980 durchlief das Dow-Silber-Verhältnis zwei lange Abwärtswellen, während derer der Silberpreis in die Höhe schoss und der Dow stagnierte. Die erste Welle fand 1974 statt, die zweite trug sich 1980 zu.

Als Silber 1980 endlich seinen Höhepunkt erreichte, betrug das Verhältnis mit 24,5 so wenig wie nie zuvor. Es bedeutete, 24,5 Unzen Silber (zu 50 Dollar die Unze) hätten ausgereicht, den Dow Jones Industrial Average Index zu kaufen.

Im aktuellen Silber-Bullenmarkt erreichte das Dow-Silber-Verhältnis im April 2011, als Silber bei knapp 49 Dollar die Unze lag, einen vorläufigen Tiefstand. Das war die erste Abwärtswelle.

Meiner Meinung nach treten wir in die zweite Abwärtswelle ein, und diese wird das Verhältnis von Dow zu Silber auf einen endgültigen Tiefstand führen. Erreicht Silber sein Kursziel (wenn ich recht behalte, bei 300 Dollar pro Unze), wird das Verhältnis irgendwo zwischen 25 und 100 die Talsohle erreichen.

Auch hier gilt: Das wird ein handfestes Indiz dafür sein, dass Sie über den Verkauf Ihrer Silberinvestitionen nachdenken sollten.

Hinweise Nummer 4 für einen Silber-Peak: Das Silber-Immobilien-Verhältnis

Anfang 2021 schrieb mir einer meiner Leser über seine Erfahrungen. Meiner Ansicht nach zeigt sein Bericht, wie günstig Silber selbst im Vergleich zu anderen harten Vermögenswerten wie etwa Immobilien ist:

> *»Hallo. Fand Ihren Artikel auf Kitco großartig. Hier ist eine Geschichte, die Sie vielleicht verwenden möchten. Wir haben 1980 auf der britischen Insel Guernsey für 15 000 britische Pfund (420 Unzen Silber) ein wunderbares Einfamilienhaus mit drei Schlafzimmern gekauft. Aktuell wird es mit mehr als 700 000 Pfund (34 000 Unzen Silber) bewertet – nein, das ist kein Tippfehler. Okay, seitdem ist eine Generation vergangen, aber diese Statistik zeigt, wie stark unterbewertet Silber ist. ODER wie überbewertet Immobilien geworden sind. Der wahre Wert liegt vermutlich irgendwo dazwischen. Könnte interessant sein, denselben Vergleich für die USA und Kanada oder sogar global anzustellen.«*
>
> JEFF, Kitco-Leser

Wie es scheint, hat Jeff den Nagel auf den Kopf getroffen. Die folgende Grafik zeigt das Verhältnis zwischen dem durchschnittlichen Hauspreis in den USA und Silber. Je niedriger der Wert, desto weniger Silber benötigt man zum Kauf eines Hauses. Silber ist in so einem Fall gegenüber Immobilien hoch bewertet.

Silberpreis im Vergleich zum durchschnittlichen Hauspreis in den USA
1975–2021

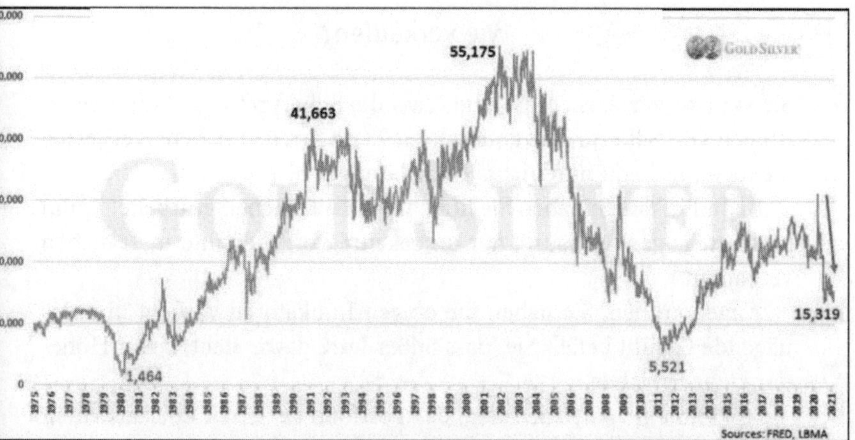

Quelle: *goldsilver.com*

Eine klare Untergrenze entstand 1980, als zum Kauf eines amerikanischen Durchschnittshauses 1464 Unzen Silber ausgereicht hätten. Eine Obergrenze wurde zu Beginn der 2000er-Jahre erreicht. Der Silberpreis schleppte sich zu diesem Zeitpunkt seit zwei Jahrzehnten dahin, und es hätte 55 175 Unzen Silber benötigt, um den Preis für ein durchschnittliches US-Haus aufzubringen.

Fällt dieses Verhältnis auf 5000 oder darunter, ist das ein weiterer Indikator dafür, dass die Zeit gekommen ist, aus dem Silbermarkt auszusteigen.

Auch hier gilt: Wahrscheinlich wird es keinen eindeutigen und glasklaren Hinweis darauf geben, dass Silber und Silberaktien den Zenit ihres säkularen Bullenmarkts erreicht haben. Zusammengenommen sollten diese Indikatoren – und vielleicht noch weitere Aspekte – die Entscheidung erleichtern, zum Verkauf zu schreiten.

Häufig nutze ich viele dieser Verhältnisse und andere Indikatoren zugleich. Auf diese Weise kann ich mir ein Bild davon verschaffen, ob Silber aktuell überbewertet, unterbewertet oder in etwa gerecht bewertet zu sein scheint.

Wie verkaufen?

Sie sind zu der Ansicht gelangt, dass die Silberpreise und die Bewertungen von Silberproduzenten ihren Zenit erreicht haben? Vergessen Sie nicht: Es heißt nun nicht »Ganz oder gar nicht«.

Beim Einkaufen haben Sie hoffentlich in Tranchen gearbeitet – nun können Sie ganz genauso, nur umgekehrt, vorgehen und in Tranchen verkaufen.

Angenommen, Sie haben die obigen Indikatoren verfolgt und das nagende Gefühl befällt Sie, dass Silber kurz davor steht, einen Höhepunkt zu erreichen.

Es kann eine gute Idee sein, das Portfolio geviertelt oder gedrittelt zu verkaufen. Verkaufen Sie ein Viertel Ihres Bestands, und warten Sie dann ab, wie sich der Markt entwickelt, bevor Sie über 3 Monate oder sogar 6 Monate hinweg alles abstoßen, was Sie zum Verkauf stellen möchten.

Der Vorteil: Die Chancen stehen gut, dass Sie zu einem guten Preis verkaufen. Und wenn Sie nicht alles auf einen Schlag verkaufen, haben Sie den Vorteil, dass Sie weiterhin in den Markt investiert sind und regelmäßig die Lage neu bewerten können. Sollte sich also herausstellen, dass Sie zu früh dran waren, profitieren Sie noch vom anhaltenden Boom. Natürlich kann es auch passieren, dass Sie einen Teil verkaufen und dann zu dem Schluss gelangen, dass sich die Lage geändert hat und Sie am Rest Ihrer Silberinvestitionen festhalten möchten, bis sich ein noch deutlicheres Verkaufssignal ablesen lässt.

Was ich damit sagen möchte: Wenn Sie in Tranchen verkaufen, erhöht das Ihre Chancen, die Renditen zu maximieren.

Kurz zusammengefasst

- Zusammengenommen können mehrere Indikatoren bei der Beantwortung der Frage helfen, ob der Silberpreis seinen Zenit erreicht hat.
- FOMO, Gold-Silber-Verhältnis, Dow-Silber-Verhältnis und Silber-Immobilen-Verhältnis können nützliche Hinweise auf einen möglichen Silber-Peak liefern.
- Ein Verkauf in Tranchen kann ein guter Weg sein, das Risiko zu minimieren, dass man zu früh verkauft.

Teil V sollte Sie mit den Grundlagen des Investierens in Silber und Silberaktien vertraut machen.

Nun verstehen Sie, wie die Dinge laufen, können bessere Investment-Entscheidungen treffen und sich ein auf Ihre Bedürfnisse maßgeschneidertes Silberportfolio aufbauen.

Wir haben uns die unterschiedlichen Arten von physischem Silber angesehen, von Münzen und Barren bis hin zu Junksilber. Was Silberaktien angeht, stellen ETFs den einfachsten Weg dar, Geld anzulegen und sich dabei gleichzeitig breit aufzustellen. Einzelne Unternehmen oder deren Projekte befinden sich möglicherweise in unterschiedlichen Phasen des Lebenszyklus, und jeder Abschnitt birgt seine eigenen Risiken und Vorteile.

Je besser Sie die Abläufe im Bergbau verstehen, desto besser werden Sie als Investor sein. Deshalb haben wir uns Dinge wie Bergbaustudien und die unterschiedlichen Formen der Exploration angesehen.

Der Hauptvorteil von Silberaktien besteht jedoch in ihrer Hebelwirkung auf den Silberpreis. Die Arbeit mit bestimmten Indikatoren kann Ihnen einen Vorteil verschaffen.

Während Sie sich Ihr eigenes Silberportfolio aufbauen, sollten Sie meine fünf Regeln für das Risikomanagement unbedingt im Hinterkopf behalten.

Der Tag wird kommen, an dem dieser große Bullenmarkt endet. Meine vier Hinweise für den Silber-Peak sollen Ihnen dabei helfen zu erkennen, wann dieser Punkt erreicht ist und ob es an der Zeit ist, aus den Silberinvestitionen auszusteigen. Und zu guter Letzt habe ich Ihnen auch noch einige Möglichkeiten gezeigt, wie Sie diese Gewinne sichern können.

Damit haben Sie alles an der Hand, was Sie benötigen.

Vergessen Sie nicht: Wir sind bereits in der zweiten Hälfte des größten Silber-Bullenmarkts, den Sie und ich jemals erleben werden.

Doch die größten Gewinne liegen noch vor uns. Nun kommt es ganz auf Sie an.

Reicht es Ihnen, sich das Ganze aus der Ferne anzusehen, oder wollen Sie daran beteiligt sein – ein »Player« sein, der von dieser einzigartigen Gelegenheit profitiert und vielleicht sogar groß abkassiert?

Wie es weitergeht, hängt von Ihnen allein ab.

Zusammenfassung

Ich kann gar nicht beschreiben, wie gut es mir tut, in Silber investiert zu sein.

Ich weiß, dass Silber eine solide Absicherung gegen Inflation und Wertverlust ist. Silber hat sich über Jahrtausende hinweg als Wertanlage bewiesen, und im Gegensatz zu Anleihen oder Aktien hängt sein Wert nicht von einem Zahlungsversprechen ab.

Silber wird stets eigenen Wert haben.

Kurz gesagt: Ich kenne keine Methode, die mit höherer Sicherheit die finanzielle Zukunft meiner Familie schützen könnte.

Inzwischen dürfte Ihnen klargeworden sein, wie inspirierend die früheren Höhenflüge von Silber gewesen sind.

Es ist leicht nachzuvollziehen, dass bei säkularen Bullenmärkten Investoren durch Silber und Silberaktien immens reich geworden sind.

Doch was mich wirklich in Begeisterung versetzt, ist das Potenzial, das Silber auf diesem historischen Bullenmarkt entfachen könnte.

Wir leben in einer Zeit, in der – der Modern Monetary Theory sei Dank – ungebremstes Gelddrucken angesagt ist.

Die Zinsen werden auf dem nahezu tiefsten Stand seit 5000 Jahren gehalten, weil die Verschuldung historische Ausmaße angenommen hat und immer weiter wächst. Digitales Zentralbankgeld steht in den Startlöchern und soll Transaktionen und die weitere Schuldenaufnahme erleichtern.

Regierungen verschulden sich wie verrückt bei dem Versuch, die Wirtschaft am Laufen zu halten und zu neuem Wachstum zu bewegen. Höhere Zinsen können sie sich nicht erlauben, weil das bedeuten würde, dass die Zahlungen für die stetig wachsenden Schulden noch weiter explodieren. Irgendwann in naher Zukunft wird man, allein schon, um die Zinsen bedienen zu können, wieder Geld drucken müssen.

Fiatgeld wird in eine Krise geraten. Eine hohe und hartnäckige Inflation wird den Menschen verdeutlichen, dass ihr Geld keine sichere Wertanlage mehr darstellt. Das wird den Tod des Dollar noch beschleunigen.

Gegenüber CNBC sagte Ray Dalio, der Gründer des weltgrößten Hedgefonds, Ende 2021: »Bargeld ist keine sichere Anlage … denn sie wird durch die Inflation besteuert.«

Und wahrscheinlich wird das eine weitere Finanzkrise nach sich ziehen – möglicherweise schlimmer als alle, die wir zuvor erlebt haben.

Die Federal Reserve mit ihren über 23 000 Beschäftigten ist die wohl mächtigste und einflussreichste Finanzinstitution auf diesem Planeten. Und dennoch erklärten die letzten drei amerikanischen Notenbankchefs – Ben Bernanke, Janet Yellen und Jerome Powell –, sie hätten Vermögensblasen nicht kommen sehen, nicht mit ihnen gerechnet oder sie nicht erkennen können.

Ich habe es bereits in der Einleitung gesagt: Es gab durchaus Fondsmanager, die die Hypothekenkrise von 2008 haben aufziehen sehen. Deshalb richteten sie ihre Investitionen so aus, dass sie von den kommenden Entwicklungen profitieren würden – und das taten sie in großem Maße.

Gerade einmal 3 Jahre nachdem die ehemalige Fed-Chefin Janet Yellen erklärte, wir würden »zu unseren Lebzeiten« keine weitere Finanzkrise mehr erleben, war ihre Aussage bereits widerlegt.

Anfang 2020 schlug die Covid-19-Pandemie zu und sorgte dafür, dass die Weltwirtschaft über Monate hinweg heruntergefahren wurde. Innerhalb von gerade einmal 1½ Jahren verdoppelte sich die Bilanzsumme der Fed von 4000 auf 8000 Milliarden Dollar. Die Defizite schossen in die Höhe, die weltweite Verschuldung brach alle Rekorde. Nachdem die Inflation jahrzehntelang geschrumpft war, stürmte sie nun rasch auf den höchsten Stand seit 40 Jahren.

Was ich mit alledem sagen möchte: Suchen Sie nicht bei den Zentralbanken Rat, und hoffen Sie nicht, dass die Zentralbanken Sie retten werden. Zu viele eigene Motive und Zwänge hindern sie daran, Ihnen eine ehrliche Prognose zu geben und das zu tun, was für die Wirtschaft wirklich das Beste wäre.

Weil sie die Zinsen manipulieren und Geld in gewaltigen Mengen drucken, sind die Zentralbanken selbst häufig sogar die Wurzel des Problems.

Wenn Zentralbanken Geld erschaffen möchten, kostet es sie keine Anstrengung. Mit einigen Eingaben im Computer können sie innerhalb weniger Sekunden Milliarden an Dollar in die Welt setzen. Sie beraten die Menschen nicht, und sie warnen sie auch nicht davor, ihre Lebensersparnisse in dieser Währung anzulegen.

Im Vergleich dazu sind sehr große Anstrengungen erforderlich, um Silber zu produzieren. Und das Angebot ist sehr beschränkt. Das macht Silber zum ultimativen Schutz vor Regierungen, die ohne Ende die Geldmenge aufblähen, um ihre fortwährenden Fehler zu übertünchen.

Es *wird* eine weitere Finanzkrise geben. Und die nächste wird aller Wahrscheinlichkeit nach ein Prachtexemplar werden. Die Exzesse der vergangenen Jahrzehnte verschmelzen zu einem enormen finanziellen Neustart auf globaler Ebene.

Wir rasen auf *die größte Umschichtung von Vermögen in der Geschichte der Menschheit* zu.

Leider werden die meisten Menschen davon überrascht werden – sie werden ahnungslos sein und unvorbereitet.

Gehören Sie nicht dazu.

Ihr Vermögen haben die meisten Menschen zu großen Teilen in ETFs geparkt, in Investmentfonds, in Aktien und Anleihen – also vor allem in Bereichen, die beim nächsten Bärenmarkt richtig Prügel einstecken werden.

Kluge Anleger schichten einen Teil ihres Kapitals in Alternativen wie Silber, Gold und andere Sachanlagen um, bevor es alle anderen auch tun.

Die meisten Anleger werden erst mit Verspätung feststellen, dass Silber und Silberaktien als Absicherung gegen Inflation gefragter werden. Wenn sie beginnen, ihr Geld in diesen Bereich zu investieren, werden sie den gesamten Sektor noch weiter in die Höhe treiben.

Auf diese Weise wird der größte Teil des Vermögenstransfers erfolgen. Aber wenn Sie in Silber investieren, solange es noch *unterbewertet* ist, werden Sie in Stellung sein, bevor die Herde eintrifft und die Preise in unvorstellbare Höhen drückt.

Aktuell sind Silber und Gold noch viel zu wenig gefragt.

Anteil von Gold an den globalen Vermögensklassen 2020

Im Vergleich zu globalen Vermögensklassen ist der Goldmarkt winzig

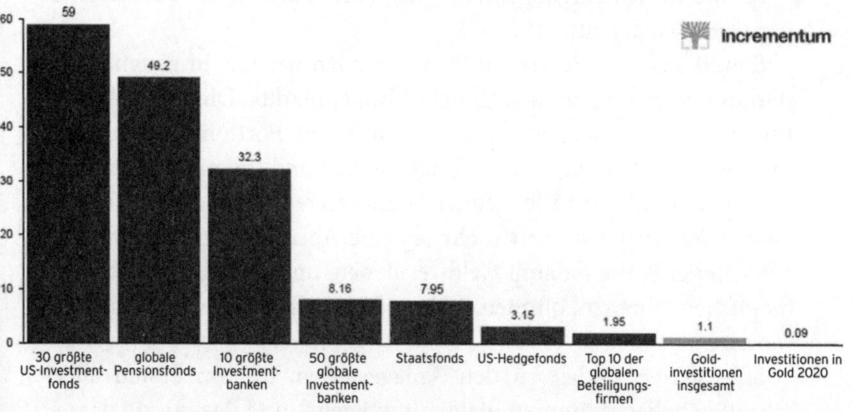

Quelle: Incrementum AG

Gold macht gerade einmal 1,1 Prozent der globalen Vermögenswerte aus – gerade genug, um in der Grafik überhaupt sichtbar zu sein.

Und der Silbermarkt hat nur 10 Prozent der Größe des Goldmarkts.

Damit die Preise enorm ansteigen, muss nicht viel Geld aus Aktien und Anleihen abgezogen und in Silber umgeschichtet werden.

Die gewieftesten Investoren – und dazu zählen auch meine Follower aus dem **Silver Stock Investor**-Newsletter – haben Teile ihres Kapitals bereits aus überbewerteten Branchen in Edelmetalle umgeschichtet. Sie können sicher sein, dass diese Leute den größten Reibach machen werden.

Der Schlüssel zum Erfolg besteht darin, diesen säkularen Silber-Bullenmarkt zu erahnen – einen Teil seines Kapitals dort zu parken – und den Bullen dann so lang wie möglich zu reiten, wenn er erst einmal losstürmt.

Und er *wird* losstürmen.

Silber wird seit Tausenden von Jahren hochgeschätzt, und ich hoffe, Ihnen ist inzwischen bewusst, dass es auch weiterhin Anleger schützen wird.

So wie in der Vergangenheit wird Silber auch in der nächsten Finanzkrise wieder aufblühen.

Soweit sich das beurteilen lässt, befinden wir uns in einem Frühstadium eines säkularen Edelmetall-Bullenmarkts. Dieses Buch zeigt Ihnen, warum Silber unbedingt Platz in Ihrem Portfolio finden sollte: Es ist ein Schutz gegen Chaos, Ungewissheit und Inflation.

Zweifelsohne wird Silber Ihnen Schutz bieten, wenn das Fahrwasser rauer wird, aber Silber ist **mehr** als eine Absicherung. Sie können – auf vielerlei Weise – damit Geld verdienen, und das wird es Ihnen ermöglichen, voranzukommen, während so viele andere in Not geraten werden.

Silberaktien zählen zu den Anlagewerten, die am besten abgeschnitten haben. Stimmen die Bedingungen – und das tun sie derzeit in großem Stil –, verwandeln sie sich in extrem dynamische, renditestarke Investitionen.

2020 habe ich in Echtzeit miterlebt, wie Silber nach den finanziellen Belastungen durch die Coronapandemie einen unglaublichen Höhenflug hinlegte. Mir wurde klar: Dass Silber sich deutlich besser als Gold entwickelt, spricht dafür, dass der Silber-Bullenmarkt in seine Beschleunigungsphase tritt.

In dieser Phase spielen alle Faktoren Silber in die Karten, während es weiter steigt und sogar schneller als Gold zulegt.

Seit über 20 Jahren investiere ich in Bodenschätze und Edelmetalle, analysiere sie und schreibe über sie. Und noch nie in all der Zeit habe ich derart vielversprechende Umstände für Silber und Silberinvestitionen erlebt.

Ich habe mehrere Newsletter zu Bodenschätzen herausgegeben und zahllose Anlagemöglichkeiten im Silbersegment analysiert. Ich besuche Minen, lerne die Geschäftsleitung und Geologen kennen, klopfe Projekte und Unternehmen auf ihr Potenzial ab. Über die Jahre hinweg habe ich mir ein Netzwerk aufgebaut, das es mir ermöglicht hat, Dutzende von Brancheninsidern zu interviewen.

Ich habe zahlreiche Artikel und Interviews für *Forbes, Kitco.com, BNN Bloomberg, The Financial Post, Seeking Alpha* und andere beigesteuert. Als Fachmann für Silber habe ich bei zahlreichen Tagungen Vorträge gehalten und bei Veranstaltungen der Bergbaubranche moderiert, entweder vor Ort oder online. Und ich bin regelmäßig zu Gast bei Medien, die sich mit Edelmetallen und Finanzen befassen.

All das, was ich dabei gelernt und erfahren habe – und dazu mein Studium der Wirtschaftshistorie –, sagt mir, dass Silber in den nächsten Jahren praktisch alle anderen Vermögensklassen outperformen wird. Die Menschen werden sich, ganz so wie früher, in Scharen in Silber flüchten auf der Suche nach Schutz und Profit.

Als ich sah, welche wirtschaftlichen Folgen die Covid-19-Pandemie angestoßen hat, fühlte ich mich genötigt, meine Analysen und Erkenntnisse mit einer breiteren Öffentlichkeit zu teilen. Aus diesem Grund beschloss ich, einen auf Silber spezialisierten Newsletter ins Leben zu rufen (**Silver Stock Investor**, *silverstockinvestor.com*), um zu zeigen, was ich persönlich kaufe und verkaufe, um aus diesem Sektor Gewinn zu ziehen.

Vergessen Sie nicht: Der Silbermarkt macht gerade einmal ein Zehntel des Goldmarkts aus.

Nicht viele Menschen befassen sich damit. Und das eröffnet natürlich die Möglichkeit, gewaltige Gewinne mit Silber und Silberaktien zu machen.

Wir wissen bereits, dass Gold in seinen eigenen säkularen Bullenmarkt eingetreten ist und dass Silber stets besser abschneidet als Gold.

Mithilfe von **Silver Stock Investor** teile ich all meine ausführlichen Analysen und Erkenntnisse. Dazu gehören auch meine Ansichten und meine Prognosen zur Wirtschaft insgesamt und zur Silberindustrie sowie zu den Unternehmen, die innerhalb dieser Branche vertreten sind. Wichtiger noch: Indem ich darlege, wie ich mein eigenes Geld derzeit investiere, bringe ich umsetzbare Analysen ein. Das umfasst Empfehlungen für spezielle Unternehmen und meine Einschätzung, ob ich eine bestimmte Firma für überbewertet oder für unterbewertet halte.

Aber begehen Sie bitte nicht den Fehler zu glauben, dass es sich dabei um Mainstream-Analysen handelt. **Silver Stock Investor** ist der einzige Anlage-Newsletter, der sich ausschließlich auf Silber konzentriert *und* die gesamte Spanne an Silberinvestitionen abdeckt.

Ich werfe einen gründlichen Blick auf alles, was mit dem Investieren in Silber und Silberaktien zu tun hat, und versuche dabei, nicht einseitig zu informieren. Keines der Unternehmen, das bei Silver Stock Investor vorkommt, das ich analysiere und in das ich investiere, bezahlt mir Geld.

Ich befasse mich ausführlich damit, welches Potenzial die Minen, Projekte und Explorationsarbeiten dieser Firmen haben. Ich untersuche die Qualität der Geschäftsleitung und wie es um die Finanzen bestellt ist, um die allerbesten Produzenten, Entwickler und Explorationsfirmen der Branche zu finden.

Silver Stock Investor bietet ausführliche Erkenntnisse zu jeder einzelnen Aktie im Portfolio, dazu unvoreingenommene Analysen und Kommentare sowie regelmäßig Updates zu den Unternehmen.

Die Abonnenten wissen, was ich mit meinem eigenen Geld anstelle und wann ich welche Schritte unternehme.

Vergessen Sie nicht: Wir treten in einen Markt ein, der bestimmt wird von massivem Gelddrucken, von Infrastrukturprogrammen, die den Umstieg auf eine grüne Wirtschaft vorantreiben sollen, und vom größten Vermögenstransfer, den wir je erlebt haben.

Sie brauchen Silber, um Ihr Investmentportfolio vor Ungewissheit und den schädlichen Folgen der Inflation abzusichern, während Sie gleichzeitig vom explosiven Aufwärtspotenzial von Silber profitieren.

Abschließende Bemerkungen

Dieses Buch zu schreiben war mir wirklich ein Herzenswunsch.

Ich danke meinem guten Freund Bill Patalon III. dafür, dass er mir die Idee eingepflanzt hat, aus welcher *Der große Silber-Bulle* erwachsen ist.

Ich schätze mich glücklich und bin sehr dankbar für die enorme Expertenhilfe, die ich bei der Entstehung dieses Buchs erhalten habe. Das Schreiben war beizeiten eine Herausforderung und erwies sich als viel größeres Projekt, als ich es mir vorgestellt hätte.

Das ist aber auch in Ordnung, denn auf diese Weise habe ich tatsächlich noch Dinge über Silber herausgefunden, die mir bis dahin nicht bekannt gewesen waren.

Mein Ziel war es aber, all dieses Wissen mit Ihnen zu *teilen*. Insofern bin ich froh, dass Sie es bis hierhin geschafft haben.

Sie haben einen wichtigen Schritt getan, um etwas über Investitionen in Silber zu lernen und darüber, welch wichtige Rolle es in Ihrem Finanzportfolio einnehmen sollte.

Das bedeutet, Sie sind ein Mensch mit eigenem Kopf, der nicht nur passiv in sich aufnimmt, was die Finanzmedien tagtäglich absondern. Es spricht dafür, dass Sie über den Tellerrand der üblichen »60 Prozent Aktien, 40 Prozent Anleihen« hinausschauen und nach Möglichkeiten suchen, wie Sie, speziell für die kommenden Jahre, Ihr Rentenportfolio aufstellen können.

Einen wichtigen Aspekt sollten Sie stets im Blick behalten: Keinem liegen Ihr Geld und Ihre finanzielle Zukunft mehr am Herzen als Ihnen. Deshalb müssen Sie aktiv werden und sich ein gewisses Maß an Kontrolle zurückholen. Und aus diesem Grund sollte Ihnen nun auch klar sein, dass Silber in *jedem* Portfolio, egal ob groß oder klein, vertreten sein sollte.

In einem wirklich diversifizierten Investmentportfolio zählen Edelmetalle zu den solidesten und grundlegendsten Kernbeteiligungen. Erwarten Sie jedoch nicht, dass Mainstream-Finanzberater viel darüber wissen oder sie womöglich empfehlen.

Und seien Sie nicht überrascht, wenn man versucht, Ihnen Edelmetalle auszureden. Berater verdienen nichts oder nur wenig, wenn Sie physisches Silber kaufen. Wenn Sie hartnäckig bleiben, wird man Ihnen möglicherweise einen einfachen Silber-ETF ans Herz legen. Silber-ETFs sind nützliche Anlagevehikel, aber kein Ersatz für physisches Silber.

Allein in den USA verwalten Onlinebroker rund 20 000 Milliarden Dollar. Das heißt, Anlegern fällt es zunehmend leichter, ihre Investmententscheidungen selbst zu treffen. Dank des Internets stehen heute unüberschaubare Mengen an Informationen auf Abruf bereit.

Doch das kann auch schlicht zu viel sein und überwältigen. Man muss wissen, wie man diese Informationen filtert und deutet.

Mit diesem Buch tauchen Sie tief in die *Hintergründe* ab und ebnen den Weg für die gewaltige Möglichkeit, die sich am Silbermarkt für Sie auftut. Ich habe mich nach Leibeskräften bemüht, Ihnen ein solides Wissen über den Silbermarkt zu vermitteln und darüber, wie Silberinvestitionen funktionieren. Jetzt besitzen Sie ein *Grundgerüst*, auf dem Sie Ihr eigenes Silber-Anlageportfolio aufbauen können.

Aber ganz egal, wie gut unsere Vorhersagen auch sein mögen: Keiner kann mit einer Glaskugel in die Zukunft schauen und mit absoluter Gewissheit etwas prognostizieren. In der Wirtschaft und der Finanzwelt laufen die Dinge nicht immer so, wie wir es erwarten. Als Anleger müssen wir diese Veränderungen erkennen und darauf reagieren können. Können Sie sich an neue Umstände anpassen, werden Sie nicht nur überleben, es wird Ihnen dabei auch gut ergehen.

Eines kann dieses Buch *nicht* leisten: Es kann den Silbermarkt nicht in Echtzeit mitverfolgen. Doch das ist *sehr wichtig* für Sie: Sie müssen Ihr Silberportfolio aktiv betreiben und Korrekturen vornehmen, wann immer sich die Bedingungen für Anleger verändern.

Im Newsletter **Silver Stock Investor** tue ich genau das. Ich bin die ganze Zeit dabei, auf Veränderungen der Konjunktur, der Märkte, der Finanzlage oder auch nur der Stimmung zu achten, um gegebenenfalls Korrekturen vorzunehmen. Und dank meiner umfassenden Erfahrung und meiner guten Vernetzung innerhalb der Branche gelingt es mir *frühzeitig*, versteckte Möglichkeiten aufzuspüren, was die Renditeaussichten noch verbessert.

Ihnen sollte inzwischen klar sein, dass gewaltige Gewinne möglich sind, wenn Sie in Silber investieren. Doch Sie müssen nicht die ganze Arbeit selbst machen.

Werden Sie Teil der schnell wachsenden Gemeinschaft von **Silver Stock Investor**-Abonnenten und verfolgen Sie meine Schritte. Das hilft Ihnen möglicherweise nicht nur dabei, Ihre Vermögenswerte zu schützen, sondern könnte dazu führen, dass Ihre eigenen Silberinvestitionen lebensverändernde Gewinne abwerfen.

Nehmen Sie das Wissen aus diesem Buch und handeln Sie danach.

Kaufen Sie einige Silbermünzen. Investieren Sie in einen Silber-ETF oder in Silberaktien, und sei es nur mit einem kleinen Betrag.

Dieser erste Schritt verwandelt Sie umgehend in einen Silberinvestor und verbindet Sie mit der wachsenden Gemeinde von Silberbegeisterten.

Warten Sie nicht. Und lassen Sie nicht zu, dass Zentralbanken Sie um Ihre finanzielle Zukunft und einen angenehmen Lebensabend bringen.

Eine Gelegenheit wie diese gibt es nur einmal in jeder Generation, und die Dinge kommen gerade erst ins Laufen. Irgendwann ist die Aussicht auf maximale Gewinne dahin.

Hier und heute ist der Zeitpunkt, vom größten Silber-Bullenmarkt aller Zeiten zu profitieren.